从零开始学做仓库主管

徐 健 编著

人 民 邮 电 出 版 社
北 京

图书在版编目（CIP）数据

从零开始学做仓库主管 / 徐健编著. —北京：人民邮电出版社，2016. 11

ISBN 978-7-115-44063-1

Ⅰ. ①从… Ⅱ. ①徐… Ⅲ. ①仓库管理 Ⅳ. ①F253

中国版本图书馆CIP数据核字（2016）第271366号

内容提要

仓库主管是现代企业中重要的管理人员。如何成为一名优秀的仓库主管？如何高效地开展仓库管理工作？这是每一位仓库主管都要面临的问题。

《从零开始学做仓库主管》一书共11章，分别介绍了仓库主管的主要职责、仓库人员管理、仓库规划设计、物料入库控制、储存保管物品、物料盘点工作、控制仓库库存、管理出库工作、仓库搬运工作、仓库6S活动、现代仓库管理系统等内容，为仓库主管顺利开展工作提供了重要的参考。全书着重突出仓库管理工作的方法、流程、技巧和细节，具有很强的实用性和可操作性。

本书适合各类企事业单位的各级仓库管理人员以及希望从事或即将走向仓库工作岗位的人员阅读，也可供高等院校相关专业的师生阅读和参考。

◆ 编　　著　徐　健
责任编辑　张国才
执行编辑　徐晓菲
责任印制　焦志炜

◆ 人民邮电出版社出版发行　　北京市丰台区成寿寺路11号
邮编　100164　　电子邮件　315@ptpress.com.cn
网址　http://www.ptpress.com.cn
廊坊市印艺阁数字科技有限公司印刷

◆ 开本：787×1092　1/16
印张：17.5　　2016年11月第1版
字数：180千字　　2025年7月河北第43次印刷

定　价：49.00元

读者服务热线：（010）81055656　印装质量热线：（010）81055316
反盗版热线：（010）81055315

前　言 | preface

常言道："入门容易，做好难。"不论从事什么工作，贵在坚持，只有坚持下去，才能实现自己的理想。

仓库管理又称仓储管理（Warehouse Management，简称WM），是指对仓储货物的收发、结存等活动进行有效控制，保证仓储货物完好无损，确保生产经营活动正常进行，并在此基础上对各类货物的活动状况进行分类记录，以明确的图表方式展示仓储货物在数量、品质方面的状况，以及目前所在的地理位置、部门、订单归属和仓储分散程度等情况而进行的综合管理。

企业的物流从供应商开始流动（信息流早于物料的流动），其后的流动过程是：经过供应商出货－客户企业采购－运输－搬运－配送－卸货－客户企业检验－仓库－生产－半成品存储－成品加工或装配－成品仓库－配送给客户。在这个漫长的流程中，所有的环节都有可能产生误差，而所有的误差都有可能最终导致库存。库存虽然散落在供应链的不同环节，但是最终却要积蓄在仓库。因此，仓库管理通常承担了企业所有决策误差所带来的库存压力，但又没有权力和能力解决这些问题，因为人们很少从企业总体物流的高度来看待仓库和库存控制和管理，它是生产企业仓库管理的一个"死点"。

仓库管理是供应链管理中的重要环节，而供应链管理的初衷是消除一切无效率的活动。产品在仓储中的组合、妥善配载和流通包装、成组等活动就是为了提高装卸效率，充分利用运输工具，从而降低运输成本。合理和准确的仓储活动能够减少商品的换装、流动，减少作业次数。此外，采取机械化和自动化的仓储作业也有利于降低仓储作业成本。优良的仓储管理能够对商品实施有效的保管和养护，并进行准确的数量控制，从而大大降低仓储风险。

仓库管理不仅仅是看守工作那么简单，更多的是如何高效、科学地理顺供应商出货、客户企业采购、运输、搬运、配送、卸货、客户企业检验、仓库、生产、半成品存储、成品加工或装配、成品仓库、配送给客户这一系列工作。如何才能让自己成为一名优秀的仓库主管，并游刃有余地开展仓管管理工作？这是每一位仓库主管都高度关注的问题，也是本书要解答的问题。

《从零开始学做仓库主管》一书共11章，以仓库管理的主要内容为主线，力求全面、实用。第1章首先对仓库主管要做什么进行了阐述，第2章至第11章分别讲述了仓库人员管理、仓库规划设计、物料入库控制、储存保管物品、物料盘点工作、控制仓库库存、管理出库工作、仓库搬运工作、仓库6S活动、现代仓库管理系统等方面的管理方法、流程、技巧和细节。

本书实用性强，着重突出可操作性，为刚晋升为仓库主管的人士提供了科学的工作思路和管理模板，也为仓库管理人员开展工作提供了有益的参考。

本书由江西财经大学工商管理学院的徐健老师负责编写，滕宝红、安建伟、齐小娟、陈超、车转、陈宇娇、成晓霞、程思敏、李建伟、李相田、马晓娟、王丹、王雅兰、王振彪、武晓婷、徐亚楠、冯永华、李景安、吴少佳、陈海川、马会玲、卢硕果、闻世渺、唐琼、任克勇、梁文敏、樊春元参与了本书的资料收集和整理工作，同时全书由徐健老师完成定稿并对书中相关内容进行了认真、细致的审核。

目 录 contents

第3章 仓库规划设计 /39

仓库的规划设计是为了合理、有效地对各种物料和产品进行储存和周转。仓库主管应组织相关人员做好仓库的整体设计布置，使仓库有效地发挥储存、保管的功能。

第4章 物料入库控制 /59

物料入库是生产管理的重要组成部分，也是仓库管理的一个重要环节。做好物料入库控制工作，对于降低生产成本有重要作用。因此，仓库主管必须做好物料入库的控制工作。

第5章 储存保管物品 /77

物品检验入库后，仓库主管就要着手组织相关人员进行储存保管工作。各种在库品包括成品、半成品、其他物品等，都需要做好储存保管。仓库主管一方面要对仓管员进行储存保管相关知识的培训；另一方面应组织人员做好物品堆放、保管、质量监督等工作。

第6章 物料盘点工作 /109

盘点是指为了确定仓库内或其他场所内所存物料的实际数量，而对物料的现存数量加以清点。要想做好盘点管理，仓库主管必须根据仓库的实际储存状况，确定科学、合理的盘点方法。

第7章　控制仓库库存　/135

仓库库存控制是指对生产经营全过程所需的各种物料、产成品以及其他资源进行管理和控制，使其储备保持在经济合理的水平。仓库主管要做好仓库库存控制工作，不断优化库存量。

第8章　管理出库工作　/161

物料的发出是物料管理的重要组成部分。仓库主管要认真做好物流出库管理工作，按照生产的需要及时地向各车间、各部门供应适用的物料，以保证生产正常进行。严格地根据生产计划、消耗定额和规定的手续做好发料工作，对于物料的节约使用有着相当重要的促进作用。

第9章 仓库搬运工作 /193

物品搬运装卸通常是指物品在车间或仓库内部的移动，以及在仓库与生产设施之间和仓库与运输车辆之间的转移过程。仓库主管必须熟悉了解搬运的各种基本知识，对搬运工作做好计划控制。

第10章 仓库6S活动 /217

仓库6S管理是一种科学、合理的管理方法，具体来说，就是应用6S的管理思想和理念，营造干净、舒适的工作环境，以提高员工的工作效率和建立良好的企业形象。

第11章　现代仓库管理系统　/243

仓库的功能主要是储存和保管物品。随着时代的发展，仓库的管理也融入了现代化管理理念。仓库主管对仓库进行现代化的管理，必须使用各种信息化管理系统，MRP和ERP就是对仓库物料进行科学化管理的系统。

第1章 仓库主管要做什么

仓库是储存保管物料的场所，仓储部连接着生产、采购、销售与财务四个部门，在保证生产顺利进行、降低物流成本等方面起着很重要的作用。

学习指引

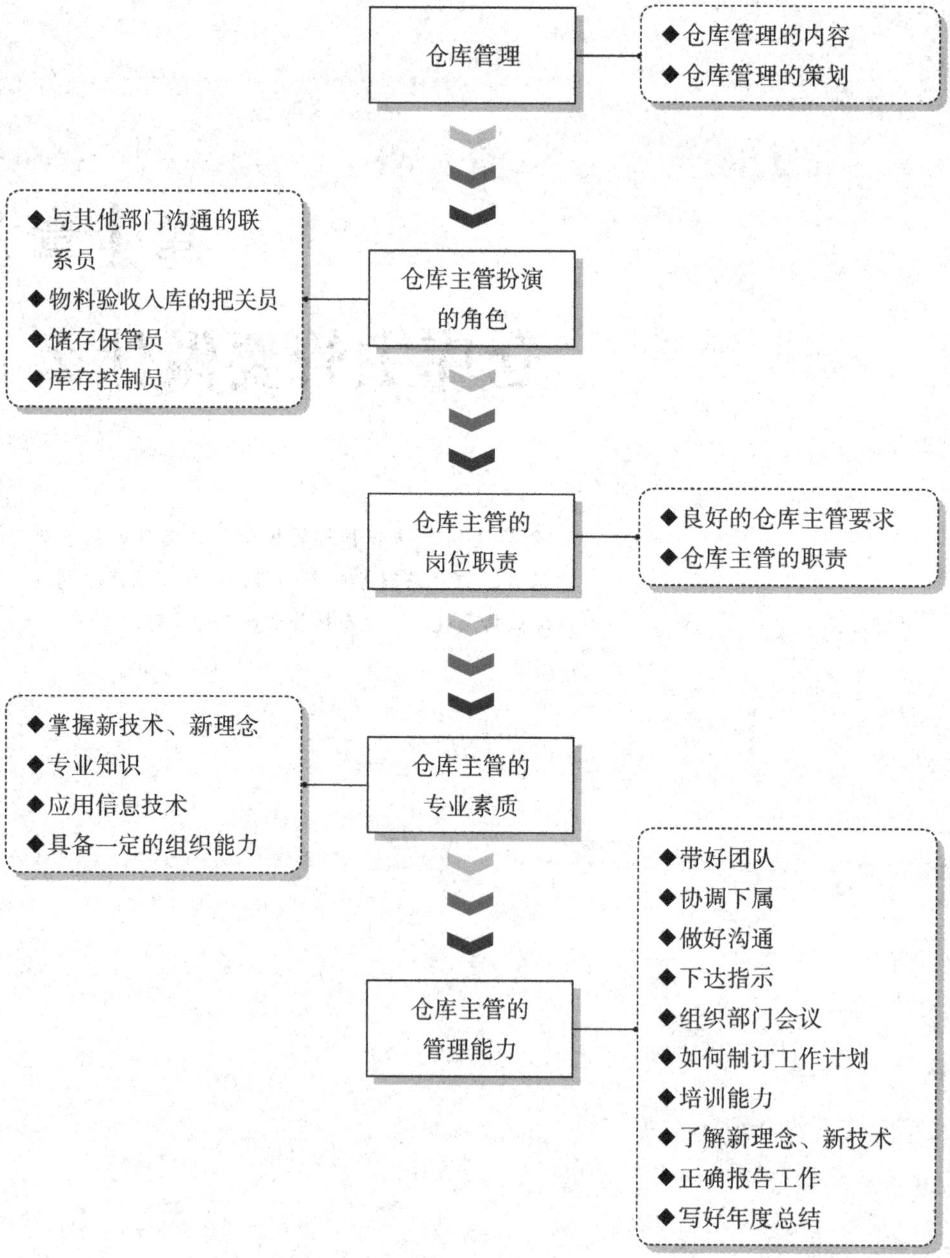

- 仓库管理
  - ◆仓库管理的内容
  - ◆仓库管理的策划
- 仓库主管扮演的角色
  - ◆与其他部门沟通的联系员
  - ◆物料验收入库的把关员
  - ◆储存保管员
  - ◆库存控制员
- 仓库主管的岗位职责
  - ◆良好的仓库主管要求
  - ◆仓库主管的职责
- 仓库主管的专业素质
  - ◆掌握新技术、新理念
  - ◆专业知识
  - ◆应用信息技术
  - ◆具备一定的组织能力
- 仓库主管的管理能力
  - ◆带好团队
  - ◆协调下属
  - ◆做好沟通
  - ◆下达指示
  - ◆组织部门会议
  - ◆如何制订工作计划
  - ◆培训能力
  - ◆了解新理念、新技术
  - ◆正确报告工作
  - ◆写好年度总结

1.1 仓库管理

1. 仓库管理的内容

仓库管理主要包括七个方面的内容，具体如图1–1所示。

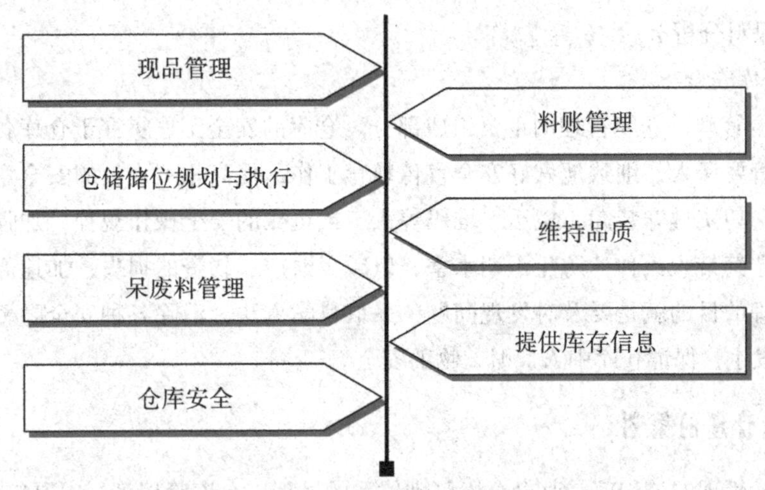

图1–1 仓库管理的内容

（1）现品管理

现品管理的主要目的是维护库存各料项的品质与数量，而且要保证物料可以便捷取用，以满足生产所需。在品质方面，要讲求环境因素，使库存物料不因变质而导致报废损失。在数量方面，则要防止流失或因数字本身的失误影响到料账的准确性。

（2）料账管理

物料账是依据永续盘存的会计理念和前期盘点量，再把入库、出库作业的各项传票表单予以登账，使料与账在数量上一致，并制作出有关的库存信息报表，提供给生产、采购、会计等各部门及时、准确的信息。料账管理既是计算机化的基础，也是盘点的依据。

（3）仓储储位规划与执行

除非管理人员善加规划，否则仓库是不会自己变得很“系统”的。如果仓库人员规划不到位，某些物料就不易被找到，还会出现将一物放置于两处或多处的情况，造成备料工作上的失误，也会造成备料工时损失，而且更浪费仓储空间，更无效率；呆料也不易被发现。

（4）维持品质

仓库有责任保持库存物料原有的品质，否则只有大幅缩短存仓时间以减少损失。生产需用时由供料厂商直接送达现场。

针对这项原则，仓储人员一定要掌握先进先出的原则，对储位的环境（如温度、湿度、灰尘，以及其他影响品质变化的各种因素）要进行深入的了解。

（5）呆废料管理

仓库管理可能没有能力完全防止呆料的产生，但至少有责任想出办法使呆料凸显出来，也有能力使呆料及早活用；至于废料的管理，道理相同。

（6）提供库存信息

在计算机化“整合系统”的环境下，库存信息既要具备稽核功能、统计功能，成为成本分析的基础、资产分析的来源（如单价计价方式与库存存值），也要提供其他重要的经营信息（如呆料分析）。

（7）仓库安全

仓库安全管理是仓库管理的重要组成部分。仓库的安全工作贯穿于仓库各个作业环节中，仓库主管要深入、细致地做好安全宣传教育工作，提高相关人员的安全意识。严格执行安全制度，切实遵守装卸、搬运、堆码等人工或机械的安全操作规程，加强危险品的监督与检查，严禁带入火种，防止汛期水害，以减少财产、物资的损失，加速商品周转。因此，仓库管理的目的就是要及时发现问题，采取科学方法，消除各种安全隐患，有效防止灾害事故的发生，保证仓库中人、财、物的安全。

2. 仓库管理的策划

策划仓库管理的过程就是整合仓库管理体系的过程，仓库管理策划主要包括如图1–2所示的三点内容。

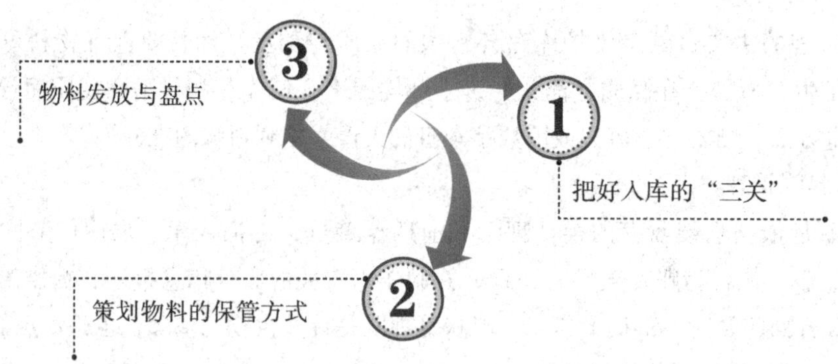

图1–2　仓库管理策划的内容

（1）把好入库的“三关”

“三关”是指验收数量关、检查质量关和保存单据关。物料只有顺利地通过这三关，才能办理入库、登账、立卡等手续。

（2）策划物料的保管方式

凡需要在仓库保管的物料，要注意如图1–3所示的四个要点。

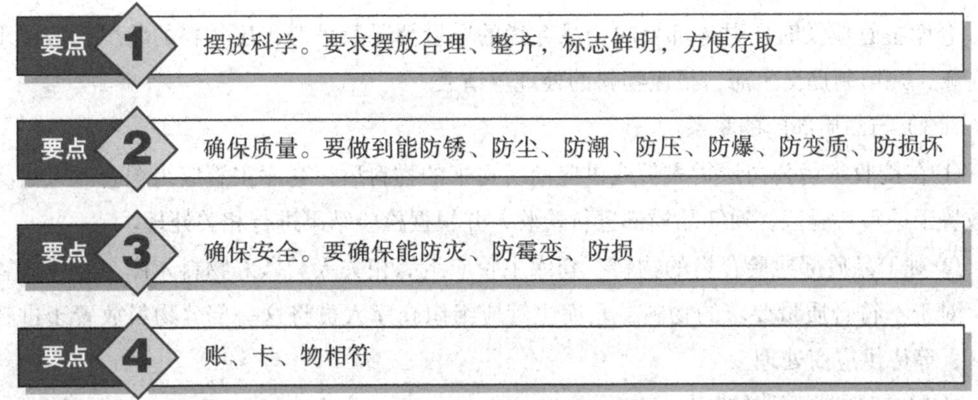

图1–3　物料保管要点

（3）物料发放与盘点

发放物料的方式应与具体的生产方式相适应，目的是确保仓库能够及时供给物料。盘点则相当于总结，规范物料的核销，严防浪费，消除呆料、坏账。

对于仓库管理策划的结果应以文字的形式记录下来。

1.2　仓库主管扮演的角色

在日常工作中，仓库主管主要扮演着四种角色，具体如图1–4所示。

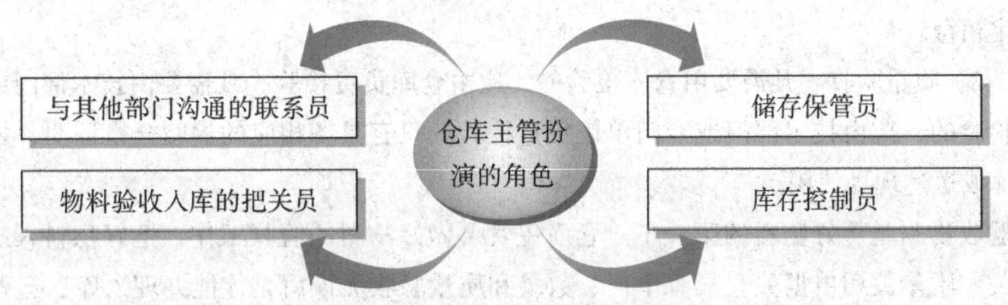

图1–4　仓库主管扮演的角色

1. 与其他部门沟通的联系员

仓库与生产、采购、财务等部门具有密切的联系，仓库主管应维护好与相关部门的工作联系，建立良好的工作沟通渠道。

（1）与生产部门的联系

仓库主管需要与车间领料组密切配合，做好生产物料的调度工作，切实履行物料储备和配送的物流职能，并及时掌握生产物料的短缺或过剩等异常信息情况。

（2）与财务部门的联系

仓库主管应及时向财务部反映物品存货的质量情况及呆滞积压物料的状况，按要求做好台账，并填制提交呆滞、报废物料的处理申请表。

（3）与品质部门的联系

① 在接收货运公司送货人员或供应商所送来的物料后，仓库主管应组织仓库人员将物料放置于进料待验区，通知品质部进行检验，并根据检验结果进行相关处理。

② 对于品质部检验合格的物料，仓库主管应组织相关人员做好物料入库与定位放置工作。对于不符合质量要求的物料，仓库主管应组织仓库人员将这一部分物料放置于进料验退区，等待供应商处理。

（4）与制造部门的联系

① 制造部在收到仓库所制发的发料单后，应依发料单到仓库领料。生产单位在领料时，仓库主管一定要协助仓管员做好现场发放物料工作。

② 领取重要零件，当因数量不足而需使用和物料清单表（BOM）不一样的料件时，须有企业所承认的文件证明才可代用，否则不得发料。

③ 仓库主管要及时核对剩余物料与盘查账料是否相符，如有差异要马上询问仓管员，明确问题所在并及时指导改正，防止再次发生。

2. 物料验收入库的把关员

在物料验收入库时，仓库主管应组织相关人员进行严格检验，把好物料入库关。

（1）数量、品种、规格验收。检查到货在数量、品种、规格上是否与运单、发票及合同规定相符。

（2）质量验收。凡需要由仓库检验的，应由仓库负责检验；凡需要由技术部门或专门单位检验的，应由技术部门或专门单位负责检验。只有具备相应的检验合格证明，才能点收入库或送达现场使用。

验收物料是管好物料的第一步。仓库主管要做好物料的验收工作，把好物料入库前的数量关、质量关和单据关。只有单据、数量和质量验收无误后，才能办理入库、记账、设卡等手续，并将入库通知单连同发票、运单等一起送交财务部。

3. 储存保管员

当收货、检验的工作告一段落之后，接下来就是要保管这些物料。仓库主管要指导员工推行“4S”——整理、整顿、清洁、清扫作业，做好物料的储存保管工作。

4. 库存控制员

对于出入库的各种物料，仓管员都要做好相应记录（如“出入库登记表”），并制作日常的登记账。仓库主管要定期查看各种记录、账目，并将现货与总账对照检查，切实做好库存控制管理工作。

1.3 仓库主管的岗位职责

1. 良好的仓库主管要求

要实现良好的仓储管理，必须将仓库管理工作做好。仓库主管应注意如表1–1所示的几点要求。

表1–1 良好仓库的主管要求

事项	具体实施措施
维护良好品质	维护产品或物料的良好品质是仓库管理的关键要求。为了满足这一要求，在仓储规划和设计时应充分考虑以下九个因素： （1）温度、光线、湿度等自然因素对产品的影响 （2）防水、防火及防盗措施及设备 （3）灰尘、公害、虫害等问题 （4）除锈措施以及对酸、碱、盐的防护 （5）物料搬运的方便情况 （6）照明设备情况 （7）邻近产品或物料之间的相互影响 （8）有效储存期间及其保证 （9）物料重量影响与卡板放置情形
安全	物料或产品的保管应注意以下四个要点： （1）危险物品应隔离保存 （2）易破损的物品应放置于稳定的场所，并有“易碎”或“不能倒放”等标识，以示注意 （3）堆放物品要考虑物品的耐压程度，避免因放置过重而将物品压坏 （4）高价物料宜放置于可上锁的仓库或投以火灾、盗窃保险
发挥仓储空间的效用	储存物料或产品的场所（如仓库、棚舍或场地），必须充分利用空间，以有限的空间求得合理的最大储存量
节省人力	必须以有限的人力发挥仓储管理的功效，并从工作计划、托运方法的合理化及选用适当的搬运工具等方面，以求节省人力
降低成本	（1）计算好物料储存成本（包括物料成本，物料取得成本，物料保管、搬运、记录、准备仓储的成本以及水、电、保险、税、耗损报废等仓储费用） （2）做好仓库的各种规划，降低各种管理成本

2. 仓库主管的职责

仓库主管负责仓库的日常工作。其主要职责如下。

（1）安排仓库整体日常工作。

（2）仓库的工作筹划与进度控制，合理配置人力资源，对仓库现场的各项工作进行严格监控。

（3）全面掌握仓库原辅材料的库存情况，根据生产进度制订采购计划，确保生产正常进行。

（4）定期将编制好的各种台账报送财务部和生产部。

（5）督促仓管员做好各类台账，并做好收料凭证、质检证明等整理登记入账工作，以便统计和核查。

（6）及时与采购员、保管员核对物料出入库记录，对物料的出入库要及时验收、登记账簿，做到账物相符，发现问题要及时上报。

（7）定期组织仓库人员进行盘点，保证物账严格相符。

（8）组织仓库人员做好仓库环境的改善工作，使库存产品和物料的质量保持良好。

（9）组织仓库人员做好出货时的车辆安排、车辆费用控制等工作，确保出货及时、准确、安全、高效。

（10）负责对仓库进行分区管理，各类物料要分区放置，摆放整齐，做好标示。

（11）加强仓库管理，做好仓库安全工作。

（12）做好与其他部门的沟通与协调工作。

（13）对下属进行业务技能培训和考核，提高下属的素质和工作效率。

（14）制定仓库的工作操作流程和管理制度。

（15）签发仓库各级文件和单据。

下面是某企业仓库主管招聘启事范本，供读者参考。

范本

××企业仓库主管招聘启事（一）

基本要求	
职位月薪：××～××元/月 发布日期：××年×月×日 工作经验：5～10年 招聘人数：1人	工作地点：×× 工作性质：全职 最低学历：本科 职位类别：仓库主管

（续）

（续表）

岗位职责
1. 负责当地的仓库管理及运营，客户的开发，沟通与协调，维护与客户的良好关系； 2. 负责完成年度公司制定销售及利润，每月作出总结并制定下月的完成方案及时上报公司相应部门，并且每月做好“5个1”工作； 3. 负责车辆的安全及驾驶员安全考核工作； 4. 负责与客户对账、开票，并完成回款，对逾期未回款提出整改意见； 5. 负责当地项目组人员的日常管理。
任职资格
1. 五年以上相关领域管理工作经验，三年以上大中型仓库管理工作经验，熟悉仓储操作流程，有多品类商品管理经验者优先； 2. 具有企业物流管理理论、知识和经验，熟悉ERP信息管理系统并有实施经验，精通相关法律法规； 3. 具备战略规划能力，以及资源整合、协调、调配能力，具备团队建设管理能力； 4. 具备较强的数据分析能力，可以熟练操作Excel办公软件，能够通过报表数据及时发现运营问题； 5. 具备良好的管理与沟通能力，能够监控好现场的运营情况； 6. 具有良好的团队精神、强烈的责任心和敬业精神，能够在压力下工作； 7. 具有较强的计划、组织协调能力； 8. 执行力强、快速响应问题、结果导向； 9. 具有良好的沟通、表达及协调能力，极强的员工培训和团队领导能力。

范本

××企业仓库主管招聘启事（二）

基本要求	
职位月薪：××～××元/月 发布日期：××年×月×日 工作经验：5～10年 招聘人数：1人	工作地点：×× 工作性质：全职 最低学历：本科 职位类别：仓库主管
岗位职责	
1. 协助经理管理仓库运作团队，确保收货、包装、发货等流程正常进行； 2. 执行和完善仓库的规章制度、规范作业标准及流程，提高效率，降低成本；	

（续）

（续表）

岗位职责
3. 科学管理货品库位，提出改进方案，保证仓库最高使用率； 4. 有效配合企业整体业务运作需求； 5. 监督执行盘点工作和结果分析，并提出改进方案； 6. 对承运商的协同管理。
任职资格
1. 专科及以上学历，物流、供应链类相关专业； 2. 五年以上物流仓储相关领域工作经验，有外企相关领域工作经验者优先考虑； 3. 熟悉物流仓储作业流程，熟悉相关物流设备的使用和维护规范，有ERP系统操作经验者优先； 4. 具备较强的解决问题和沟通的能力，可以熟练操作基本的办公管理软件； 5. 具备较强的责任心和团队精神，能吃苦耐劳，能承受一定的工作压力。

1.4　仓库主管的专业素质

仓库主管的主要职责是做好仓库的管理与协调工作。因此，仓库主管必须具备一定的专业素质。

1. 掌握新技术、新理念

作为现代企业的仓库主管，必须熟练掌握现代仓库管理涉及的各种新理念，并能够将它们运用到实际管理工作中。

（1）先进制造业理念

先进制造业理念主要是为了实现企业的信息化、自动化、智能化和生态化生产。具体来说，企业在管理过程中，不断汲取电子信息、计算机、机械、材料以及现代管理技术等方面的高新技术成果，并将之综合应用于企业的生产制造、品质管理、营销服务和管理等全过程，以达到高效、低耗、清洁生产的目的。

（2）符合低碳、环保的要求

一般来说，多数制造型企业的生产需要消耗大量的能源（如煤炭、水），由于不科学的生产及排放，因此产生了大量的温室气体和废弃物。在现代企业管理中，必须减少二氧化碳的排放量，减缓生态恶化，符合环保的要求。

（3）节能减排

企业的节能生产主要从两个方面进行控制：一方面，使用新技术，减少能源消耗量，生产出与原来同等数量、同等质量的产品；另一方面，通过改进各种生产工艺，以同等数量的能源消耗量，生产出数量更多、质量更好的产品。

（4）物联网技术

物联网是基于互联网的基础而产生的新型信息技术，主要是通过射频识别（RFID）、红外感应器、全球定位系统、激光扫描器等信息传感设备，按约定的协议，把任何物体与互联网相连接，进行信息交换和通信，以实现对物体的智能化识别、定位、跟踪、监控和管理的一种网络。在仓库管理中，如果能运用智能化跟踪管理的物联网技术，对于整理仓库、保证仓库收发料的准确性将起到很大的促进作用。

2. 专业知识

仓库主管必须了解物料以及仓库管理的各种知识，主要包括以下三个方面：

（1）熟悉物料管理的各项业务要求；

（2）掌握各种物料特性、品质标准、保管知识、作业要求和工艺流程；

（3）了解其他与仓库有关的知识，如生产、制造、财务的基础知识。

3. 应用信息技术

现代仓库都会采用电子信息、计算机等现代管理技术，作为仓库主管，必须要掌握以下两个信息化工具。

（1）掌握仓库管理的新技术、新工艺，以适应仓储自动化、现代化、信息化的发展，不断提高仓储的管理水平。

（2）能够熟练操作常用办公软件、ERP软件等仓库现代管理软件。

4. 具有一定的组织能力

仓库主管必须具备一定的组织能力，并能够做到让每位下属认真工作。

1.5 仓库主管的管理能力

1. 带好团队

仓库不是一个单纯的人员集合体，而是一个具体的团队。仓库主管、记账员、仓管员、杂工等人员，各有分工、各司其职。

仓库主管作为仓库的管理者，主要负责仓库的各项管理工作及日常事务。仓库主管要发挥其影响力带领团队实现企业目标。

2. 协调下属

仓库主管负责仓库的全面管理工作，要能让下属积极、努力地工作。

仓库主管应有效组织协调各级下属人员做到如图1–5所示的三个要点。

第一点　有效地与下属进行沟通

通过各种语言或媒介传达信息，使下属能明白并具体做好各项仓库的管理工作

第二点　对于下属之间的矛盾要合理调解，并做好其教育工作

在仓库的日常工作中，仓管员与记账员有时会发生冲突，如仓管员发料后，记账员没有及时做好账目，两者可能会因此产生冲突。这时主管应从中协调并找出问题所在，并对仓管员与记账员做好教育沟通工作

第三点　能运用各种措施提高下属的工作积极性

在某一时期内，仓库人员可能会对工作产生厌倦情绪，不能有效地工作。对此，仓库主管应善于利用各种激励手段，如设定具体的、合理的目标、组织活动、确定绩效考核浮动指标等提高员工的工作积极性，共同把仓库工作做好

图1–5　仓库主管协调下属的三个要点

仓库人员之间经常在领发料时出现冲突，仓库主管必须合理协调处理。

3. 做好沟通

在日常工作中，仓库主管需要与各部门打交道，因此，做好相互沟通尤为重要。

（1）与下属的沟通

①教导关心下属。仓库主管教导关心下属主要包括三个方面，具体如图1–6所示。

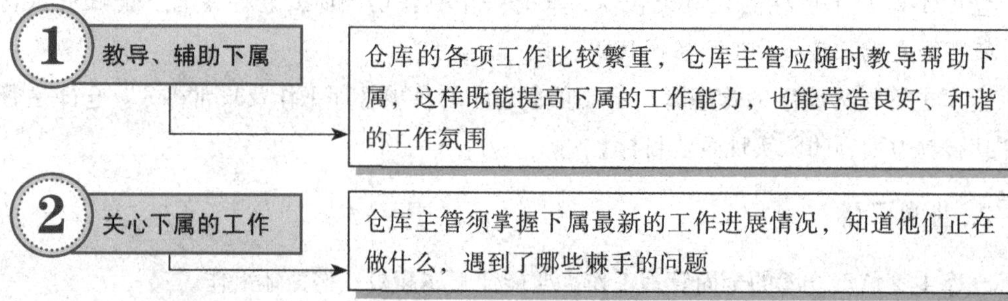

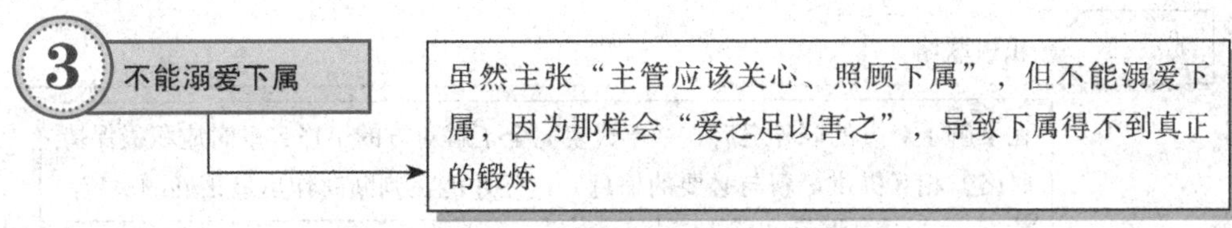

图1-6　如何教导关心下属

②以尊重的心态来感动下属。感动就是互助，以此心感动彼心，用己心打动他心。上司能够善“感”，下属就会产生良好的“动”。

不会做的，教他；不肯做的，促他；不敢做的，带他。一切以安全为基础，自然产生良好的感应。

③尊重下属提出的一些好的建议。在管理仓库事务时，仓库主管应尊重下属提出的一些好的建议，具体要做到如图1-7所示的四个要求。

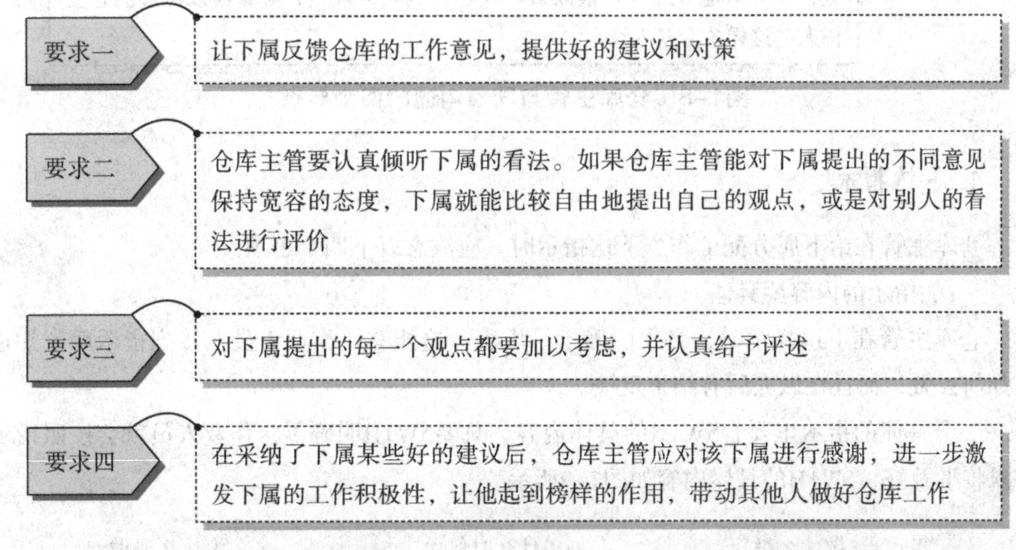

图1-7　尊重下属的四个要求

（2）与同事的沟通

由于仓库与生产、财务、品质等部门联系密切，因此仓库主管要做好与同事的沟通交流。仓库主管与同事沟通的四个要点如图1-8所示。

要点一　**正确地了解对方的职务**

同事是员工最亲近的工作伙伴，除了友情的协助外，在工作上也应相互合作。在合作之前，应先了解对方的职务，并深入研究相互之间的关联性，这样才能在工作上进行有效的协助

要点二　积极联络

在了解了对方的职务之后，并不代表完全了解对方的工作，平时应积极保持联络，相互提供最新与必要的信息，这样才能在判断时作出最正确的决定

要点三　自己的责任自己担

虽然同事之间的相互协助是促进作业顺利进行的条件，但如果只是以相互协助为借口，自己不努力工作，结果只会给同事制造困扰，这是最要不得的。自己的工作自己做，自己的责任自己承担，只有在做好了自己的工作之后，才能谈如何与同事相互合作

要点四　经常与同事保持良好的人际关系

人与人之间的交往，最重要的是相互尊重。每个人都有自身的专长与缺点，不要对他人的专长抱以嫉妒或鄙视他人的缺点，应始终以谦虚的态度待人，这样才会受人尊重

图1-8　仓库主管与同事沟通的四个要点

4. 下达指示

仓库主管在给下属分配工作、下达指示时，应注意以下四个事项。

（1）指示的内容要具体

仓库主管在下达指示时，必须明确指示内容，这能够让作业人员在接到指示后就知道该如何去做，而且在做完后有结果反馈。

一个具体的指示里要有5W1H的具体内容，只要5W1H明确了，作业人员就会按照指示要求将事做好，5W1H的具体内容如图1-9所示。

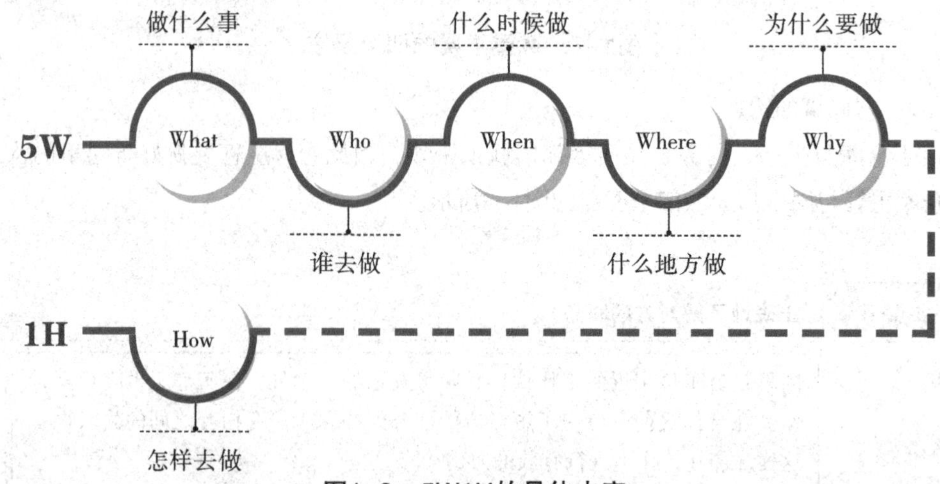

图1-9　5W1H的具体内容

（2）合理利用各种指示方式

仓库主管在下达指示时可采用口头谈话、致电、书面通知、托人传递、肢体语言等方式。具体实施时应注意以下事项，具体如图1–10所示。

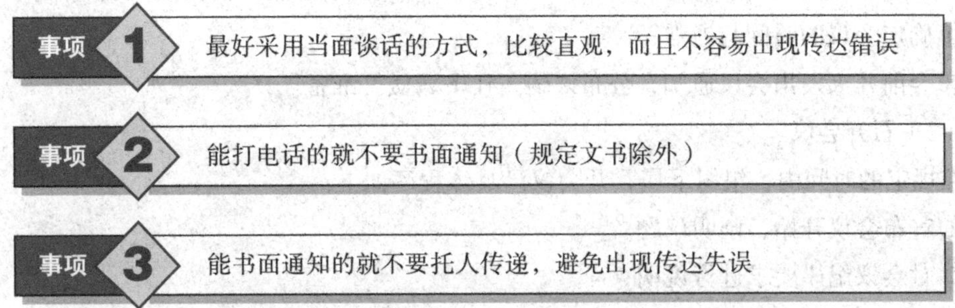

图1–10　仓库主管下达指示时的三个注意事项

（3）指示的更改

已发出的指示、命令，有时不得已要重新更正。这时仓库主管应予以说明更正理由。如果不加任何说明，极易引发下属的不满甚至不予执行。

（4）其他事项

仓库主管下达指示、命令之前，应从向下属询问一些相关联的小问题开始，通过下属的回答，把握其对所谈话题的兴趣度、理解度，之后再把你的真实意图表达出来。

除了商业机密之外，你应对下属说明下达该指示、命令的原因，而且是在自己认识、理解后发出的，不要只是做一个传话筒。

5. 组织部门会议

仓库主管要定期召开部门会议，对仓库工作进行部署。组织部门会议主要包含三部分内容，具体如图1–11所示。

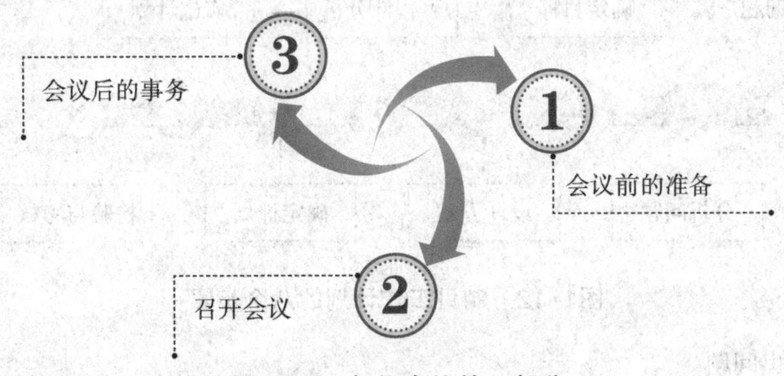

图1–11　部门会议的三部分

（1）会议前的准备

仓库主管在会议召开之前，应组织相关人员做好以下五项准备工作：

①确定会议的议题。例如，总结上一周的工作、本周工作安排等，必须有一个明确的主题；

②确定会议参加者；

③做好必要的资料准备工作。例如，各种文件，音响设备，计算机、投影仪等；

④确定会议的时间与地点；

⑤会前几天发出会议通知，公布议题，让下属做好准备。

（2）召开会议

在规定的时间内，组织下属召开会议。具体程序如下：

①宣布会议开始，阐明议题；

②对会议纪律要求进行说明；

③对会议目标、议程、要求进行简要说明；

④引导发言，进行具体的讨论；

⑤对于各种意见进行简要的归纳与总结。

（3）会议后的事务

①做好会议总结。主管对会议的讨论情况进行总结，明确各项任务的责任人、工作要点、完成时间等。

②制作会议纪要。

6. 如何制订工作计划

计划能力是仓库主管的一项基本管理能力，其实质上是对仓库管理系统经由思考、策划、判断与计算，从而拟订在未来的一段时间内所要实现的仓库管理目标及所需采用的程序和方法，以此作为执行的依据。对于如何制订好工作计划，可依据以下步骤进行，具体如图1–12所示。

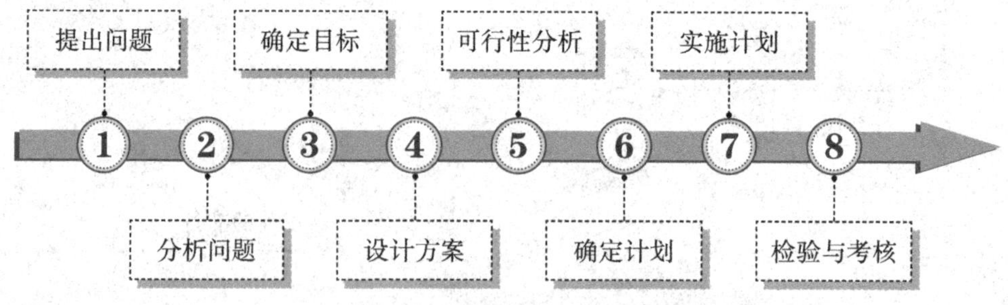

图1–12　制订工作计划的八个步骤

（1）提出问题

在制订仓库工作计划时首先要考察目前的仓库状况，通常以问题的形式提出，如表1–2所示。

表1-2 问题列表

问题	回答
目前仓库实际状况如何	
物料的编号是否合理	
是否有一整套的出入库流程	
物料的储存保管是否科学、有效	
仓库需要进行哪些改善	
……	

（2）分析问题

在确定目标之前必须认真分析问题，即进行前提条件分析：

①前提条件是仓库管理计划实施过程中的预期环境，包括对未来的假设和预测；

②提出前提条件是对仓库管理计划实施过程中的内外环境进行认识。

（3）确定目标

确定目标是计划工作的重要步骤，但必须注意仓库管理目标通常并不是单一的，而是由总目标和许多子目标共同构成的。

（4）设计方案

实现目标的手段、途径或方法往往不止一种，可以设计出多种仓库管理方案。

（5）可行性分析

①对各种仓库管理改进方案进行考察与评价。

②分析所有方案实现的可能性，特别要对实现目标所需的各种资源进行分析，包括人员、资金、物料、时间及空间等条件。

（6）确定计划

确定计划即选择最佳方案，这是在对各种方案的可行性分析及比较研究之后作出的选择。要特别注意所作出的抉择是否与价值观念、组织目标、策略方向一致，以及资源是否获得最佳的配置利用等。

（7）实施计划

在计划的执行过程中应该有相应的严格要求，必须责权分明，赏罚公平，通力协作。

（8）检验与考核

检验与考核是对计划工作与实施结果的考查，可以及时发现工作计划中是否存在不足。

7. 培训能力

优秀仓库主管必须具备培训授课的能力，以提升下属各方面素质。

仓库主管在对下属进行培训时应注意以下三点：

（1）要让下属把他看作老师，而不是一个单纯的上司；

（2）要让下属把他看作教练，随时能让下属有所提高；

（3）还要能组织起整个部门的培训。

如果一位优秀主管能让部门里的每一个人都有当老师的机会，部门员工的积极性一定很高。仓库主管还要让下属认识到在本部门里工作能学习到很多知识，能够提高自身价值。

8. 了解新理念、新技术

作为仓库主管，要想做好现代仓库的管理工作，就必须接受新理念、新技术。

（1）熟练使用计算机

信息化的发展要求仓库必须实施现代化管理，仓库主管更应掌握计算机的各项使用技巧，能熟练运用计算机实施物料的编码管理及制作各种台账等。

（2）熟练操作各种仓库管理软件

仓库主管必须能够熟练操作MRP、ERP等各种办公软件。

现代仓库都使用了管理软件，如用友、金蝶ERP等软年，仓库主管必须能够正确操作。

（3）了解仓库管理的现代理念

作为仓库主管，需要不断学习，丰富自己的知识库，了解仓库的各种流程，理解并推行零库存、仓库5S、ABC分类管理法等各种科学的仓库管理理念。

9. 如何正确报告工作

仓库主管必须能正确报告工作，并对仓库的各项工作了解透彻。

（1）报告首先从结论开始

仓库主管在报告工作前，应首先述说结论，然后再叙述经过或理由。

（2）简要报告

仓库主管在报告工作时一定要条理清晰，尽可能只报告客观事实。加入自己的意见或推测时，注意要先说明“我的意见是……”，然后再进行叙述，并灵活运用5W1H法（Why、What、Who、When、Where、How），以取得良好的效果。

（3）口头报告的注意点

仓库主管进行口头报告时应注意三点，具体如图1-13所示。

口头报告的注意点

- 根据报告的内容、情况，预先考虑要进行几分钟的报告
- 确认报告对象当时是否方便
- 如就报告内容被提问，听完问题后应及时进行回答

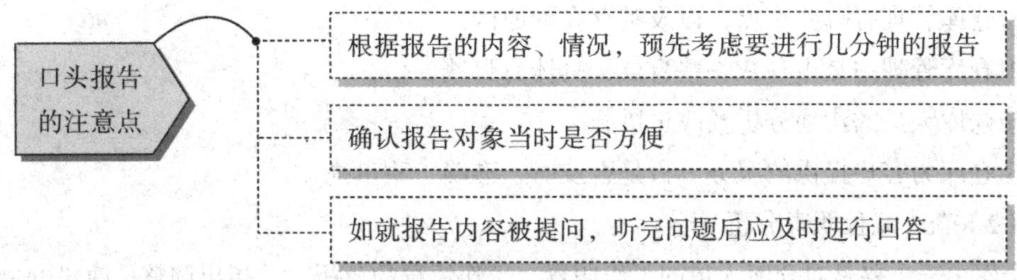

图1–13　口头报告的注意点

（3）书面报告的注意点

仓库主管进行书面报告时应注意如图1–14所示的五点要求。

1 注意报告发出的时间

日报：次日9：00前发出
周报：下星期一早上应发出
月报：次月3日前应发出

2 注意报告的书写格式

一般按照结论、结果、理由，经过的顺序进行书写。改善作业报告陈述的顺序一般为：现状陈述，原因分析，改善措施，改善结果（包括效果维持情况——推移图），结论（包括需修改的作业文件）

3 注意用词简练

报告的文字要简练，尽可能按条目书写

4 注意用数据、图表表达

尽量使用数据及图表表达

5 须注明报告分发的部门

须注明报告分发的部门，以便与会人员知道哪些部门收到了报告

图1–14　书面报告的注意点

10. 如何写好年度总结

仓库主管在进行仓库年度工作总结时，应注重总结以下五个要点。

（1）仓库工作管理总结

①仓库管理工作的优点，取得了哪些成绩，有哪些需要改进的地方，改进的方法是什么。

②仓库管理工作中的缺点，存在哪些不足的地方。

③仓库管理有哪些难点，以及其存在的原因。

④仓库管理中是否存在一些盲点，具体有哪些。

⑤仓库人员的沟通分析及改进措施。

⑥仓库为客户提供的服务分析是否及时、准确、质量高。

（2）仓库流程职责分析

仓库主管主要是对仓库人员的工作职责、工作流程的分析，并指出调整、改进的措施。

（3）仓库工作内容总结

仓库主管对仓库各类人员的内容进行总结，主要包括以下四个方面：

①各自的具体工作内容；

②各自工作的业绩；

③各自工作中存在的不足；

④各自工作中的难点。

（4）存在的问题

对以上存在的问题进行细化分析，并提出改进方法。

（5）确定下一步工作计划

依据年度总结，并结合实际情况，对下一年度的工作目标、计划以及方法进行整体的规划。

下面是某公司仓库主管年终总结范本，供读者参考。

范本

××公司仓库主管年终总结

本年度，在公司领导的正确指挥、各部门的积极协助配合下，仓库的各项工作始终围绕着库存货物安全、库存数据准确、作业标准规范化、运营配送高效率、热情服务高质量的目标开展工作，但也有一些不足有待改进。

一、本年度仓库的工作成绩

（一）建立岗位责任制，工作流程化、标准化

1. 本部门首先建立健全了各岗位工作职责，规范了各项业务流转程序。货物的收、发、存管理工作，伴随着岗位责任制的贯彻落实，得到了全面提升。对仓库历史遗留的呆滞货物、残次品、报废货物、返厂货物进行了彻底清理，并建立了相应的残次品库，为今后此项工作的顺利开展奠定了基础。现在日常管理中的所收、发货物（含退货入库）数据准确率达98%以上。

2. 结合公司经营实践，完善了票据管理和财务库存数据的执行标准。

3. 对库区建设进行了改造：仓库照明电路改造后为公司降低了能源消耗，节约

（续）

了成本；仓库设备也进行了改造，从而消除了设备运行过程中货物吊篮滑轮跑偏，钢丝绳磨架的安全隐患；库区消防系统的建设完成和消防设施的配套落实，为库区防火能力的提高奠定了基础；对库区暖气、环卫系统的改造，进一步改善了公司办公环境；仓库分区、货物分类、管家婆的使用及台账、标志建设的完成，标志着仓储管理标准化、科学化进程的全面启动。

4. 仓库现场管理实施5S标准，彻底杜绝了过去那种不用的杂物，包装材料、使用工具及废损包装物随处可见，杂乱无章的现象。对货物堆码、分拣拆包无标准造成的二次包装物的损耗，也随着整顿、整理、清洁、清扫、素养的学习开展成为历史。

（二）建立了各岗位详细的绩效考核标准

针对前期货物出库配送效率不高的情况，对作业流程中的每个环节、岗位进行了认真的跟踪调查，结合实际情况，出台了各岗位详细的绩效考核标准，并严格加以检查、实施。

抓落实的结果就是：进出货物装卸车及时，基本无压车现象，作业开始时间都能在核定的15分钟以内实施；进出货物严格遵循先进先出原则，进行办理出库发货，并按轻重缓急分拣货物，时间消耗都在45分钟以内；加强配送车辆管理的同时，还对各配送车辆的油料消耗进行了核算，制定出了单车油料考核标准加以实施。仓库货物码放整齐、横竖成行，并按分类、规格型号摆放，编号与货位基本保持一致；过去那种打号笔、胶带、喷漆、包装箱、袋等乱放现象也得到了有效控制。各项作业完毕，能及时清理工具、包装物。工完料尽场地清的意识已经深入人心，并贯穿于整个仓储管理作业过程中。

（三）与各部门的积极配合方面

在严格遵循公司的相关制度及作业流程的同时，积极配合采购部完成货物进库验收工作，及时处理货物及包装破损问题；积极配合财务部对库存数据进行修整，保证了库存货物原始数据的准确性、真实性；积极配合销售和门市，在规定的时间内，保质、保量地完成货物出库的分拣、复检、包装、配送作业任务，服务满意基本无投诉；特别是在货物装卸量大，缺少装卸工，人员相对紧张的情况下，全体员工充分发挥积极主动性，在其他部门、同事的大力支持下，圆满完成了装卸任务，其中11月份完成装卸11 200件，创下了月历史纪录。

仓库在完成本部门任务的同时，还担负着公司后勤服务、环境卫生等诸多事务性工作，给公司整体运营起到了不可低估的作用，树立了公司是我家的良好形象。

（四）员工态度的转度

工作的进步、素质的提高、能力的发挥、所有成绩的获得，都取决于态度的转变。针对仓库员工知识结构低、缺乏仓储管理专业技能等情况，充分利用公司抓管理、促发展的契机，结合公司运营的实际情况，组织员工认真学习专业知识、

（续）

职业技能，通过面向行动的学习，进行道德、素质、技能等培训。一分耕耘，十分收获，从被动工作、推诿扯皮、缺乏活力到积极主动、精诚团结、热情奉献，仓库的精神面貌，工作态度都有了质的飞跃。质变必将带来量变，××同事的勤劳好学，××同事的认真负责，××同事的任劳任怨，××同事的敬岗爱业，××同事的热情主动，××同事的周到细致，××同事的默默奉献，都是这种变化的具体工作表现。而有效的沟通，热情的服务也使得仓库同事、部门间协调能力都得到了加强。配合积极，服务热情，不推诿扯皮，这充分显示出了仓库团队的协作精神和凝聚力。

二、仓库管理中存在的问题

仓库工作的进步是显著的，但也存在许多问题和错误。接收货过程中的数量短缺、货物损坏，包装破损；出库配送过程中的串货错发、交接不明、货物丢失；保管货过程中的编号不符，防范不严，数据不实等都有错误发生。货物堆码不标准，进货计划性不强，导致的库存货物积压、呆滞现象；库容存量超标压力；账账、账物对应数据不符；作业流程的不畅；部门协调不力；执行力低下等问题。

（一）出现的问题

××××年存在的主要问题如下。

1. 因装卸工的缺少，造成仓库管理员的岗位职责划分不明确，再加上工作态度上的被动性，从而导致责任心不强，所以出现问题较多。如接收货中的数量短缺、串货错发、货物丢失、装卸货物不及时，以及配送延误等。责任心的大小，源于责任感的高低，而责任感的高低，则取决于个人意识对企业文化（包括规章制度、绩效考核、竞争机制、薪酬管理、奖罚标准、成本观念、时间管理及自我管理等）的认知度。

2. 传统习惯与科学管理间的观念差异，造成制度、流程的执行力低下问题：仓库管理中出现的部分问题都是因在制度执行中未按规范及标准操作，用传统习惯方法取代科学计划而发生的。例如，票据的流程管理，安全库存的合理性，采购进货的审批，调货价格的审查，盲目购进造成的库存积压、库容存量超标压力等问题。

3. 部门、岗位间协作接口部位的责任共性，引发的失误和错误：进货的验收由采购部协助仓库共同完成，对发生的数量、包装规格错误；货物出库过程中仓库管理员与点货员串货错发产生的错误，相关责任难于具体化，增加了管理成本和工作难度。

通过上述问题，可以看到未来仓库管理工作的任务是艰巨的，许多工作有待于加强、落实。面对转型时期的企业改革，还会出现新的矛盾和问题，如何解决当前管理工作中的问题和错误，应对出现的新矛盾和新问题，是摆在我们每一个人面前的课题。

（续）

（二）对问题改善的措施

对当前出现的问题和错误，首先应当加强认识，培养敢于承担责任的勇气，培养敬业精神，层层落实岗位职责；坚持三不放过原则，规章制度面前人人平等，奖罚分明；继续加强素质培训和进行有效沟通，引导、帮助员工端正态度，施教于心，心系于业；继续加强专业知识、产品知识，职业技能的学习培训，理论与实践相结合，避免工作失误及问题的出现，提高服务质量。然而，所有学习、工作的重点都取决于行动的落实，如何培养创新的落实意识，如何打造高效落实的团队，如何创建良好的执行文化，如何管理好时间促落实，如何为落实制定制度保障，并掌握有效落实的重要方法，这都要求我们要有坚持不懈的韧劲，要有坚定不移的意志，真正以实际行动，一步一个脚印去实践目标，实施计划，最终实现设定的目标和标准。

三、仓库下一年度的工作目标

1. 仓储管理作业流程达到标准化要求。

2. 库容库貌、现场管理符合5S标准。

3. 员工专业知识水平、岗位技能达到中级（结合岗位绩效考核，应知应会程度）。每月组织进行一次知识测试和劳动技能竞赛。

4. 专注于时间管理。分拣、复核、出库、配送时间控制在30分钟以内。

5. 库存数据的核算进入实施阶段，完成基础数据的收集、整理、汇总、上报，为企业经营提供必要的决策依据。

6. 仓库定位为效率年、效益年。将仓库作业成本核算纳入绩效考核，细化进、销、存系统中仓库的工作量，向管理、效率要效益。

7. 建立有效沟通、商务礼仪执行标准。公司整合后的关键就是沟通融会，要强化有效沟通意识，并且进行制度化，以满足公司发展需要。

总结的目的是为了更好的计划，谋定而后动，因此，我们必须根据公司及仓库的实际情况，制订和实施相应的改进和创新计划，跟踪改进和创新计划的实施进展，验证改进和创新计划的效果，并将行之有效的改进和创新成果在公司各部门进行分享和推广。通过我们不断改进和创新的行动去超越自我，实现仓库管理工作的持续改进，实现卓越。

学习笔记

通过学习本章内容，想必您已经掌握了不少学习心得，请仔细记录下来，以便继续巩固学习。如果您在学习中遇到了一些难点，也请如实写下来，方便今后重复学习，彻底解决这些难点。

我的学习心得

1. ____________________
2. ____________________
3. ____________________
4. ____________________
5. ____________________

我的学习难点

1. ____________________
2. ____________________
3. ____________________
4. ____________________
5. ____________________

我的运用计划

1. ____________________
2. ____________________
3. ____________________
4. ____________________
5. ____________________

第2章

仓库人员管理

对于仓库主管来说，选拔任用符合条件的员工是重要的管理工作。因此，仓库主管应对仓库管理所需的各级人员的聘用、培训、绩效等做好统筹规划。

学习指引

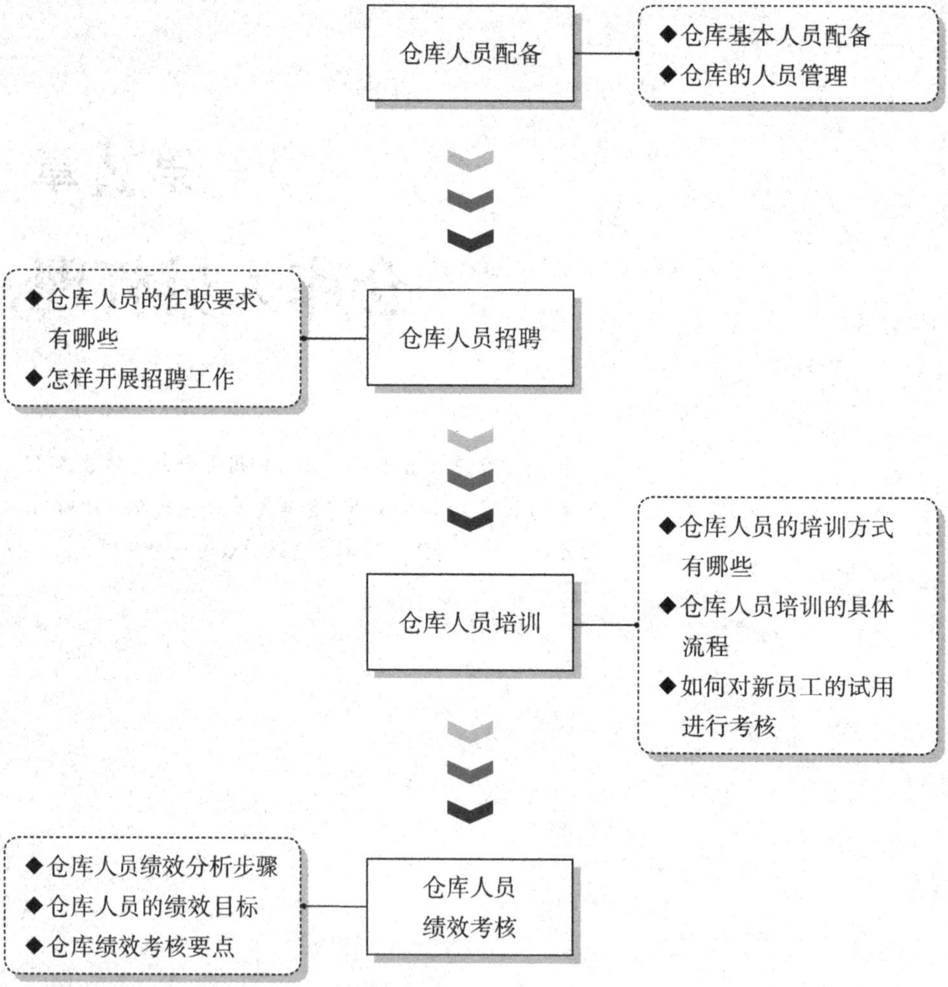

仓库人员配备
- ◆仓库基本人员配备
- ◆仓库的人员管理

仓库人员招聘
- ◆仓库人员的任职要求有哪些
- ◆怎样开展招聘工作

仓库人员培训
- ◆仓库人员的培训方式有哪些
- ◆仓库人员培训的具体流程
- ◆如何对新员工的试用进行考核

仓库人员绩效考核
- ◆仓库人员绩效分析步骤
- ◆仓库人员的绩效目标
- ◆仓库绩效考核要点

2.1 仓库人员配备

1. 仓库基本人员配备

仓库基本人员配备主要有如图2-1所示的五类。

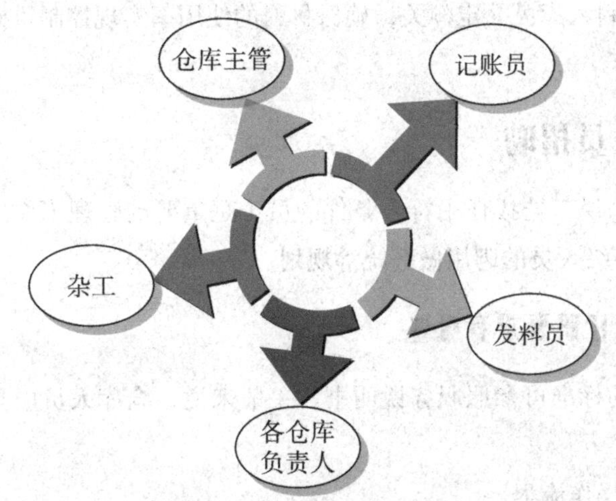

图2-1 仓库基本人员配备

（1）仓库主管

仓库主管负责仓库的各项管理工作及日常事务。

（2）记账员

记账员负责登记进、发、存账目，以及开单、记账以及库存状况的报告工作。

（3）发料员

发料员负责材料的收、发及填写库存卡等工作。

（4）各仓库负责人

各仓库负责人分别负责所在仓库的工作，这些仓库包括原材料库、配件库、包装材料库等。

（5）杂工

杂工负责材料的搬运、装卸工作，以及仓库的整理工作。

2. 仓库的人员管理

仓库人员每天都要与物料接触，工作繁忙，责任重大。对仓库人员的管理，一般有以下九点要求。

（1）要有强烈的责任心，对工作认真负责。

（2）要爱护企业财产，对物料认真分类保管。

（3）要认真学习专业知识，努力使仓库的管理工作顺畅、有序地进行。

（4）要经常深入生产一线，了解各种材料的使用情况。

（5）要有良好的沟通意识，努力维护好与各用料部门的关系。

（6）要敢于对浪费材料的现象提出批评。

（7）要坚守工作岗位，不要无故请假、迟到早退，避免影响生产部门的领料。

（8）要工作主动，积极备料，推动生产进程。

（9）要严抓材料入库关、定额关，确保材料的使用率实现控制目标。

2.2 仓库人员招聘

对于仓库主管来说，选拔任用符合条件的员工是重要的管理工作。因此，仓库主管应对仓库管理所需的各级人员的聘用做好统筹规划。

1. 仓库人员的任职要求有哪些

仓库选用人员的标准可参照职务说明书。一般来说，仓库人员应具备以下两个方面的要求。

（1）熟悉仓库操作流程

仓库人员必须了解仓库的基本知识，要熟练掌握各项作业要求。

①掌握计量、衡量、测试用具和仪器的使用技巧和规范。

②掌握各种物料的特性、品质标准、保管知识、作业要求和工艺流程。

③了解仓库设备和设施的性能和要求，督促设备维护和维修。

④掌握仓库管理的新技术、新工艺，适应仓储自动化、现代化及信息化的发展。

（2）素质要求

仓库人员除了要掌握仓库的基本知识外，自身必须具备一定的良好素质，具体要求如图2–2所示。

要求一：仓库内各种物料的收发、保管是作业人员的重点工作，作业人员必须具有较强的责任心，严格按照各种操作要求进行

要求二：具备较强的时间观念。仓库的工作与生产密切相关，尤其是物料的发放、各种台账的记录都必须及时

要求三：仓库人员要加强仓库业务知识的学习，并能够熟练操作计算机、各种仓库管理软件等

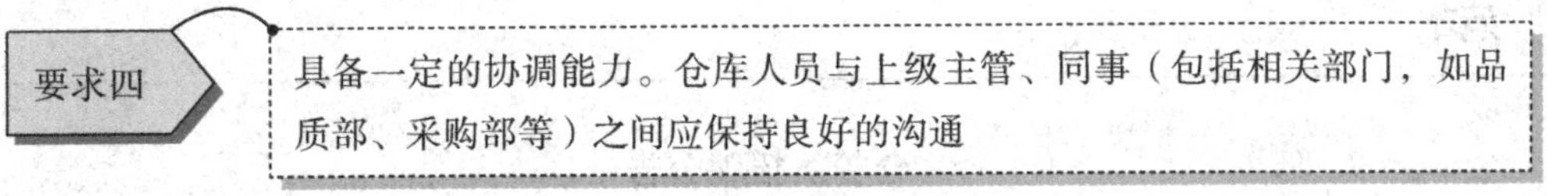

要求四

具备一定的协调能力。仓库人员与上级主管、同事（包括相关部门，如品质部、采购部等）之间应保持良好的沟通

图2-2　仓管人员的素质要求

2. 怎样开展招聘工作

（1）制订具体的招聘计划

仓库主管应根据仓库人员的任用要求，制订适应的招聘计划。一般来说，招聘计划主要包括以下内容，具体如图2-3所示。

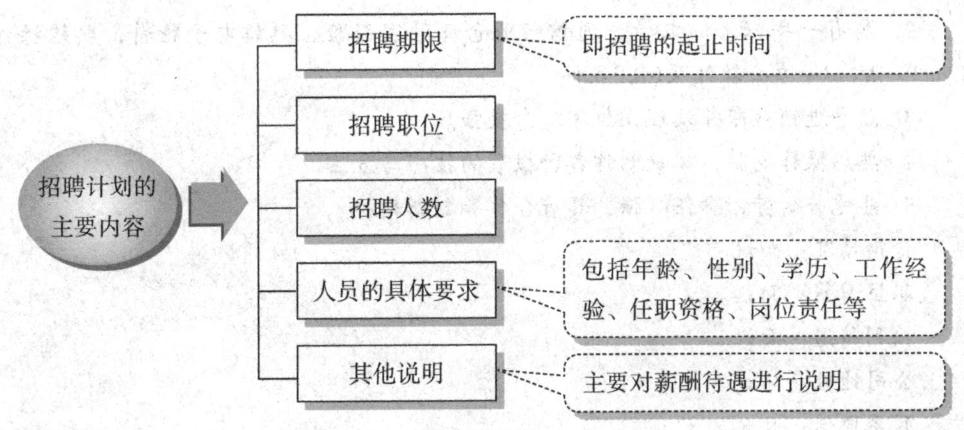

图2-3　招聘计划的主要内容

（2）发布招聘公告

一般来说，仓库人员的招聘公告主要有如图2-4所示的三种发布方式。

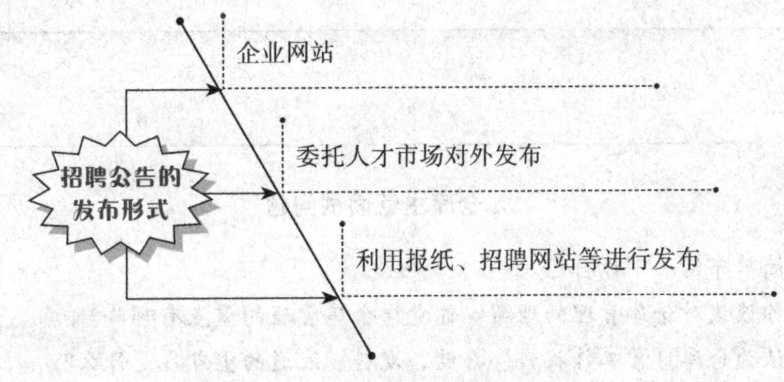

图2-4　招聘公告的发布形式

下面是某企业的仓管员招聘公告与××仓库主管面试问题范本，供读者参考。

范本

仓管员招聘公告

招聘职位：仓管员

时间：××年×月×日至××年×月×日

招聘人数：1人

工作地区：××

职位性质：全职

任职资格：

1. 年龄不限。大专及以上学历，物流、财会专业尤佳。

2. 具有一年以上的电子、通信行业仓库管理经验，熟悉电子物料，熟练操作Excel、Word等办公软件及ERP软件。

3. 熟悉进销存账务处理，数字观念较强。

4. 熟练操作电脑，掌握制作各种报表的技巧与方法。

5. 能吃苦耐劳，责任心强，具有合作和创新精神。

食宿情况：面议。

职位月薪：面议。

福利待遇：面议。

公司地址：××××××

联系电话：××××××

邮箱：××××××

××有限公司

××年×月×日

范本

××仓库主管面试问题

1. 请简单介绍一下你自己。
2. 请你谈谈对仓库管理的理解？你觉得仓库管理的重点有哪些？
3. 你认为仓库日常工作收料、存储、发料、配送的重点各是什么？
4. 仓库的KPI指标有哪些？
5. 仓库管理的原则是什么？
6. 请你详细描述一下上一位仓库主管工作的工作职责、主要工作流程。

（续）

7. 请你详细说明上一位仓库主管每天工作内容、周工作内容、月工作内容、年度计划等情况。

8. 你对6S管理、精益管理是否了解？以往做过哪些管理工作？

9. 谈谈你对人员管理、绩效管理的看法？

10. 你会从哪里着手进行仓库管理？

11. 作为仓库主管，你每天的工作内容主要是什么？

12. 仓库管理的重要指标是什么？

13. 仓库主管应该具备哪些方面的知识和能力？

14. 你对仓库管理有哪些独到见解？

15. 作为仓库主管，如果员工不听从你的安排，你如何处理？

16. 针对本公司园区现状——库区管理乱、管理效率低下，你准备如何开展建立规范化、流程化、制度化的工作？拟定采取的措施、计划有哪些？准备多长时间来实施改善？

17. 你在上一单位的离职原因是什么？

18. 你还有其他问题吗？

2.3 仓库人员培训

仓库主管应定期或不定期对仓库人员进行培训，提高其业务素质。

1. 仓库人员的培训方式有哪些

（1）现场实践教育（OJT）

仓库主管可以到各类仓库现场，对各种具体操作进行现场指导。当然，仓库主管也可以采取示范作业的形式，自己先示范操作一遍，然后让员工跟着操作，这样可以及时对员工操作不规范之处进行纠正。

（2）课堂培训

仓库主管可以集中组织仓库人员在某个具体的时间进行培训。

2. 仓库人员培训的具体流程

仓库主管在对仓库人员进行培训时，可采用三步走的方法，即计划—实施—考核，如图2–5所示。

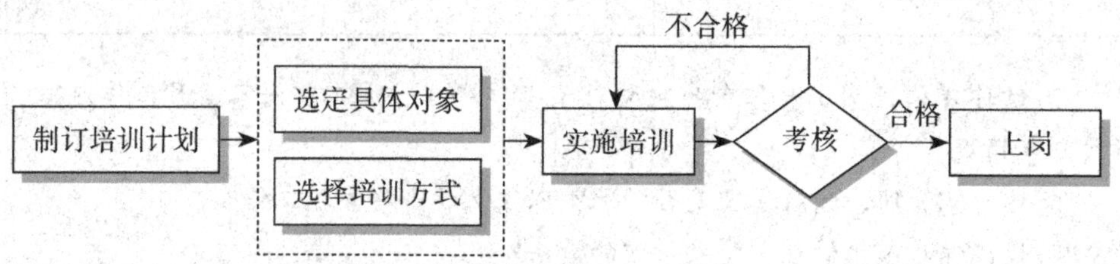

图2-5 仓库人员培训步骤

3. 如何对新员工的试用进行考核

仓库新进人员的培训考核是仓库主管实施培训的重点，仓库主管必须做好新进人员的考核工作，以确认其能否胜任仓库工作要求。具体考核内容如下。

（1）考核试用期内的表现

试用期内的表现包括以下四个：

①企业各项规章制度的学习、掌握、执行情况；

②仓储部规章制度、工作流程的熟悉、执行情况；

③进行仓库具体工作的能力的培训；

④工作业绩能否达到基本标准。

（3）素质评价

素质评价的内容包括以下四个：

①智商测定；

②职业定位及潜力测评；

③进入仓库工作的时间（长短）、工作积极性与适应程度；

④与其他同事工作的配合、协调情况。

（3）个人自我评价

仓库人员对自己在培训期间的工作进行总结，并进行简要的自我评价。

（4）其他人员的看法

其他人员的看法主要包括以下两个：

①仓储部其他同事的评价意见；

②仓库主管的整体印象。

对于新入职员工，仓库主管要与人力资源部沟通，制订合理的员工培训计划。特别是针对应届毕业生或是对本行业不熟悉的人员。

2.4　仓库人员绩效考核

仓库主管要积极配合人力资源部对仓储部进行绩效评估，为人力资源部提供部门相关绩效目标、绩效考核指标等。

1. 仓库人员绩效分析步骤

仓库人员绩效分析步骤如图2-6所示。

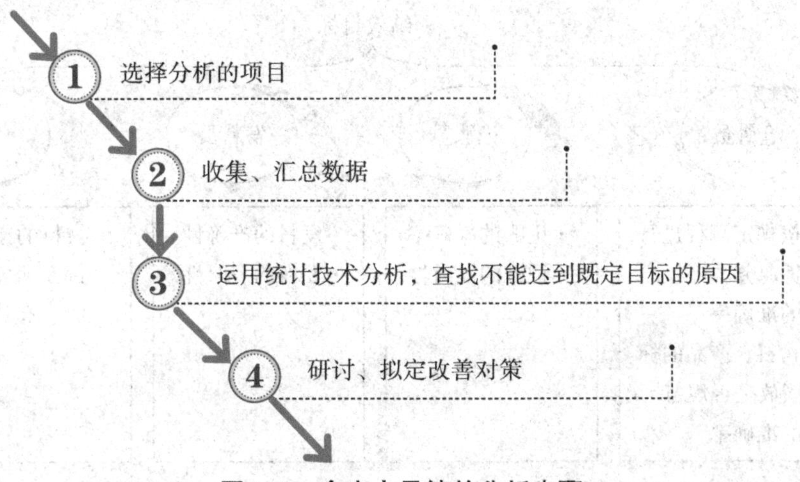

图2-6　仓库人员绩效分析步骤

（1）选择分析的项目

分析的项目主要包括如图2-7所示的五个方面。

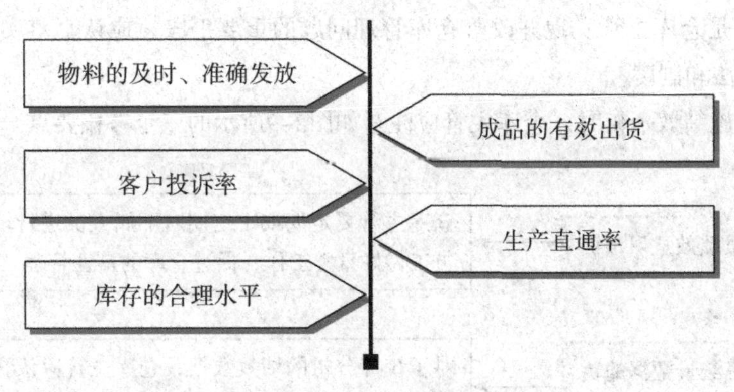

图2-7　分析的项目

（2）收集、汇总数据

对于收集到的各项数据，要采用图表的形式将现有的仓库管理状况直观地表达出来。

（3）运用统计技术分析，查找不良原因

对于汇总后的数据，要采用适当的方法（如柏拉图、因果图等相关方法）分析、查找出不能实现既定目标的原因。

（4）研讨、拟定改善对策

通过对仓库人员的作业分析，可以提高仓库的管理水平以及仓库管理的工作效率。

2. 仓库人员的绩效目标

对于仓管员、记账员、发料员和杂工，仓库主管应有相应的绩效考核标准，具体如图2-8所示。

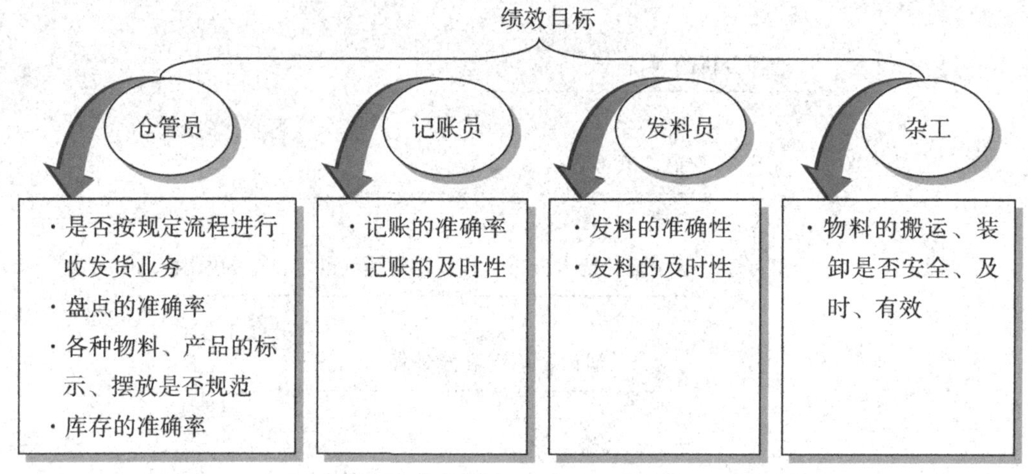

图2-8　仓库人员的绩效目标

3. 仓库绩效考核要点

绩效考核是仓库主管发现并改善仓库管理问题的重要手段，应认真落实执行，并建立相应的考核办法和制度。

在具体实施绩效考核时，仓库主管应注意如图2-9所示的三个考核要点。

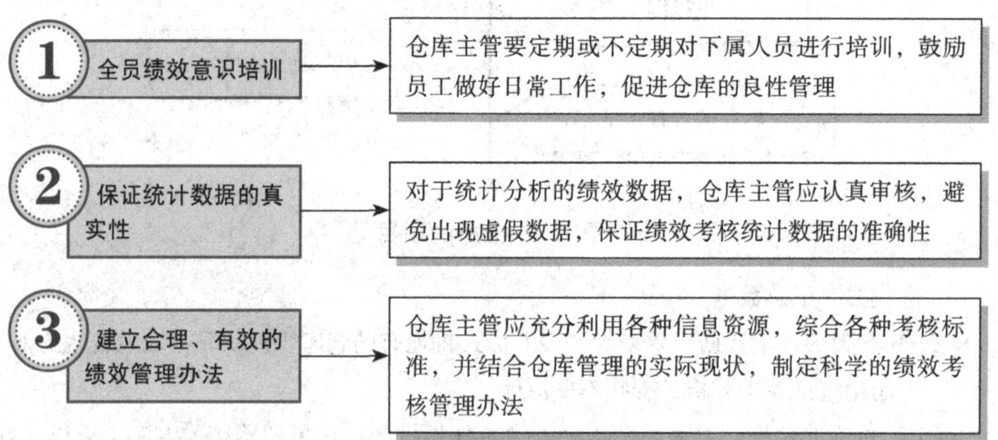

图2-9　仓库绩效考核要点

下面是某企业仓储部绩效考核管理办法和仓库新进人员试用考核表范本，供读者参考。

范本

仓储部绩效考核管理办法

一、目的

为提高仓库人员的业务素质，为仓库主管实施绩效评估提供准确、科学的依据，特制定本办法。

二、适用范围

本办法适用于仓库所有人员的绩效考核的实施。

三、职责

1. 总经理

总经理负责本办法的批准以及出现争议时的最终裁决。

2. 仓库主管

仓库主管负责本办法的起草以及实施过程中的监督、呈报。

3. 财务部

财务部负责依据本办法对批准后的考核统计工资的计算。

四、考核细节

1.奖励细则

奖励细则如下表所示。

奖励细则一览表

考核细则内容说明	考核标准
工作态度积极，经常帮助其他同事或新进员工，工作成绩优秀者	加1～10分
做好物料的标示，并对呆、滞料及过期物料进行颜色区分标示	加2～10分
物料规划合理，摆放整齐，取用方便	加2～10分
自发地向仓库主管提出仓库管理的改善建议，经实施确认能提高仓库的作业效率	加3～10分
物料的发放及时、准确、有效	加1～10分
各种物料的储存、保管科学、合理，没有锈蚀与质量问题	加5～10分
及时做好各类台账，盘点时没有账实不符的情形	加5～15分
工作质量精确，一个月下来从未出现过错误，且能提前完成任务	加5～15分
做好仓库的6S工作，保持仓库的整洁、卫生	加5～10分

（续）

2. 处罚细则

处罚细则如下表所示。

处罚细则一览表

考核细则内容说明	考核标准
迟到、早退（包括会议迟到）	扣1～5分
请假未按照规定要求（未提前提出者、无特殊情况电话请假者）	扣1～10分
旷工（除行政处分外）	扣20分
不服从管理者（除行政处分外）	扣3～20分
工作态度消极（对工作避重就轻者）	扣2～10分
工作时间做与工作无关的事情（如玩手机、看报纸、聊天、吃零食等）	扣1～10分
不主动承认和改正错误者（除行政处分外）	扣1～10分
未按照要求进行仓库的6S工作	扣2～20分
仓库内物料没有做好标示或标示不完整	扣5～10分
没有及时做账或做假账	扣5～20分
没有用色标对呆、滞料的库位进行标示	扣5～10分
物料的发放不及时，错发料情况较多	扣2～10分
进料检验不仔细，导致劣质物料进入仓库	扣4～10分
不按照搬运要求组织搬运，发生了搬运安全事故，物料质量损坏	扣1～5分
其他（视实际情况论处）	

五、绩效工资计算细则

1. 总分为100分，员工绩效奖金全额标准

（1）试用期一个月以内不计算绩效工资。

（2）试用期一个月满后三个月以内绩效工资为150元。

（3）三个月以上半年以内绩效工资为200元。

（4）半年以上的绩效工资为300元。

（5）绩效工资根据员工在职时间，由财务部门按照本办法自行调整（本部门不再特别申请）。

（6）试用期满但未满全勤者，根据实际缺勤比率扣除绩效工资。假如员工满勤

（续）

绩效工资为300元，但他在本月内请假5天，他本月的绩效工资则为：300－（5÷22）×100%×300＝232元。

2. 绩效工资结算方式

（1）考核分数＞95分的，按绩效工资全额结算。

（2）考核分数为90～95分的，按绩效工资的90%结算。

（3）考核分数为85～89分的，按绩效工资的80%结算。

（4）考核分数为80～84分的，按绩效工资的70%结算。

（5）考核分数为75～79分的，按绩效工资的50%结算。

（6）考核分数在75分以下的绩效工资为0。

3. 考核补充

（1）对于因客户或上级指示等原因造成的客户抱怨，与仓管员无直接责任的不计算在内。

（2）每天考核，月底汇总。每月底考核的结果须向本部门所有人员公开。

（3）违反本办法须根据考核标准进行扣分，扣完为止（因工作失职或故意等原因给企业带来重大损失者，除扣除绩效分以外，行政处分依据企业厂纪厂规执行）。

范本

仓库新进人员试用考核表

姓名		岗位名称	
部门		直属上级	
考核项目			
考核得分	能力__________同事关系 品质__________出勤		
同事意见			
仓库主管意见			
总经理意见			

学习笔记

通过学习本章内容，想必您已经掌握了不少学习心得，请仔细记录下来，以便继续巩固学习。如果您在学习中遇到了一些难点，也请如实写下来，方便今后重复学习，彻底解决这些难点。

我的学习心得

1. ______________________________

2. ______________________________

3. ______________________________

4. ______________________________

5. ______________________________

我的学习难点

1. ______________________________

2. ______________________________

3. ______________________________

4. ______________________________

5. ______________________________

我的运用计划

1. ______________________________

2. ______________________________

3. ______________________________

4. ______________________________

5. ______________________________

第3章

仓库规划设计

仓库的规划设计是为了合理、有效地对各种物料和产品进行储存和周转。仓库主管应组织相关人员做好仓库的整体设计布置，使仓库有效地发挥储存、保管的功能。

学习指引

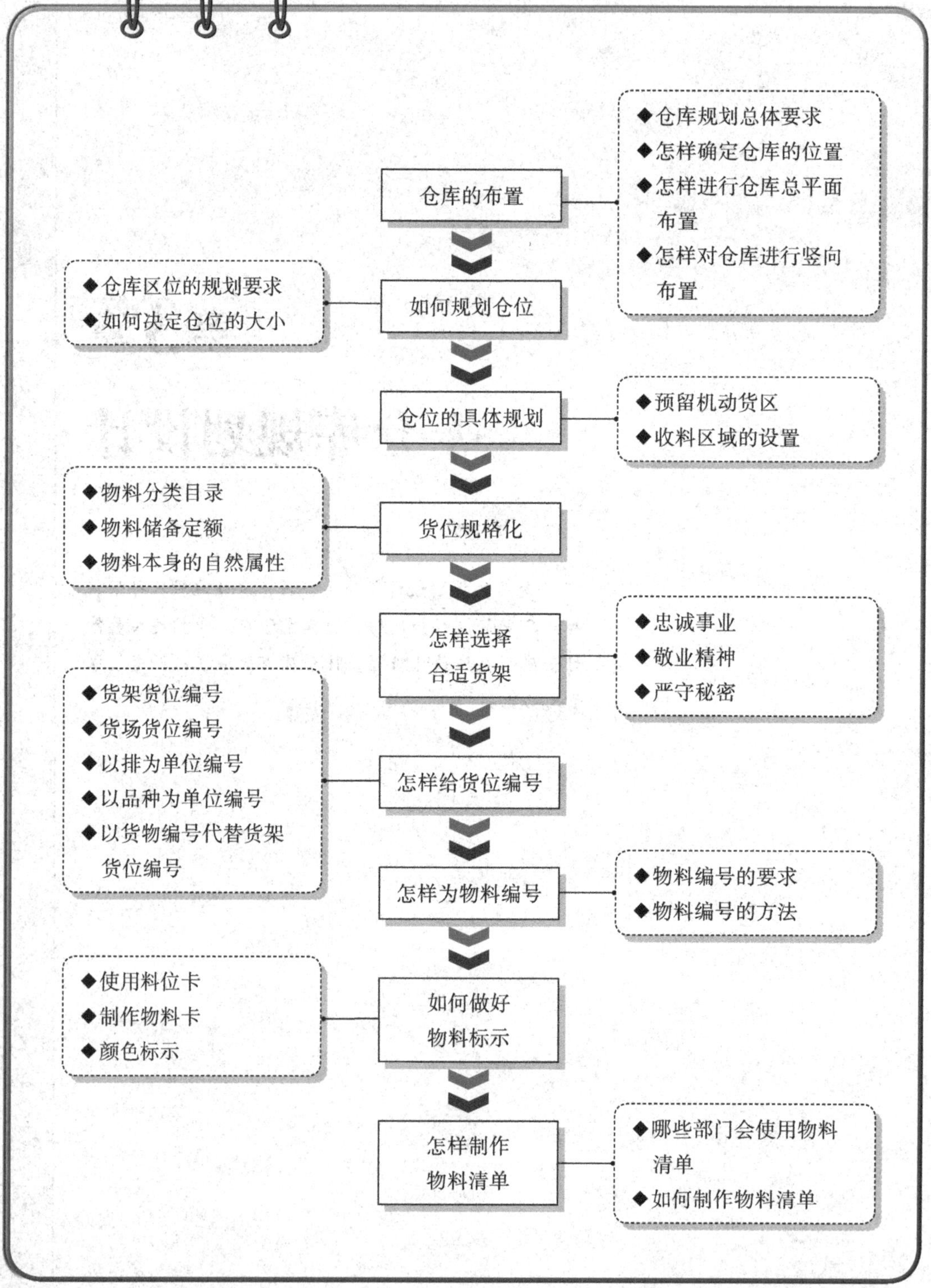

- 仓库的布置
  - 仓库规划总体要求
  - 怎样确定仓库的位置
  - 怎样进行仓库总平面布置
  - 怎样对仓库进行竖向布置
- 如何规划仓位
  - 仓库区位的规划要求
  - 如何决定仓位的大小
- 仓位的具体规划
  - 预留机动货区
  - 收料区域的设置
- 货位规格化
  - 物料分类目录
  - 物料储备定额
  - 物料本身的自然属性
- 怎样选择合适货架
  - 忠诚事业
  - 敬业精神
  - 严守秘密
- 怎样给货位编号
  - 货架货位编号
  - 货场货位编号
  - 以排为单位编号
  - 以品种为单位编号
  - 以货物编号代替货架货位编号
- 怎样为物料编号
  - 物料编号的要求
  - 物料编号的方法
- 如何做好物料标示
  - 使用料位卡
  - 制作物料卡
  - 颜色标示
- 怎样制作物料清单
  - 哪些部门会使用物料清单
  - 如何制作物料清单

3.1 仓库的布置

1. 仓库规划总体要求

在组建、规划仓库时，应本着方便、科学的原则，具体应符合表3-1所示的要求。

表3-1 仓库规划的总体要求

要求	具体说明
符合工艺要求	（1）在地理位置上仓库须满足产品加工工序的要求 （2）相关仓区应尽可能地与加工现场相连，减少物料和产品的迂回搬运 （3）各仓区最好有相应的规范作业程序说明
符合进出顺利的要求	（1）在规划仓库时，要考虑到物料的运输问题 （2）要尽可能地将进出仓门与电梯相连，并规划出相应的运输通道，同时充分考虑运输路线等问题
满足安全	仓库是企业主要物资的集散地，在规划时要特别考虑以下两点安全因素： （1）仓库要有充足的光、气、水、电、风、消防器材等 （2）需要防火通道、安全门、应急装置和一批经过培训合格的消防人员
分类存放	对所有物资进行分析，归纳分类，然后再进行分类储存： （1）常用物资仓可分为原材料仓、半成品仓和成品仓 （2）工具仓主要用于存放各种工具 （3）办公用品仓主要用于为仓库的日常管理提供各种常用办公用品 （4）特殊物料仓主要是针对有毒、易燃易爆品等进行专门存放处理

2. 怎样确定仓库的位置

仓库主管在规划仓库时，必须考虑仓库的位置选择是否科学、合理。一般来说，仓库主管要根据工厂的实际需要确定仓库的位置，须主要考虑如图3-1所示的因素。

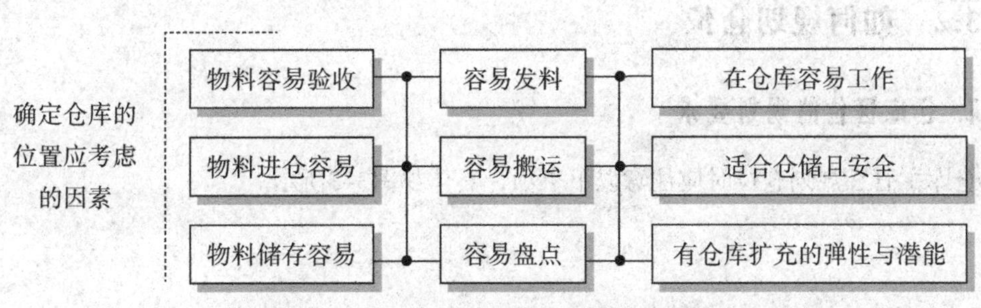

图3-1 确定仓库的位置应考虑的因素

3. 怎样进行仓库总平面布置

仓库主管应对仓库的各个组成部分（如库房、货棚、货场、库内道路、各种设备）做好平面布置工作。具体应满足如图3-2所示的三点要求。

要求一　适应仓储生产的作业流程

库房、货棚、货场等储放场所的数量和比例要与储存物料的数量和保管要求相适应，要保证库内物料流动方向合理、运输距离最短、作业环节和次数最少、仓库面积利用率最高，并能做到运输通畅，方便物料保管

要求二　提高仓库的经济效率

总体布置时要考虑地形、工程地质条件等因素，使之既能满足物资运输和存放的要求，又能减少工程量。总体布置应能充分合理地利用库内的一些固定设备，以充分发挥设备的效能，合理利用空间

要求三　符合安全、卫生要求

库内各区域间、各建筑物间应该留有一定的防火间距，同时要设有各种防火、防盗等安全保护设施。此外，库内布置要符合卫生要求，同时要考虑到通风、照明等情况

图3-2　仓库总平面布置应满足的要求

4. 怎样对仓库进行竖向布置

仓库主管需要确定场地平面布局等各种因素（如库房、货场、专用线、道路、排水、供电）在地面标高线上的相对位置。仓库竖向布置要与总平面布置相适应，充分考虑各方面的条件和因素，使之既满足仓储生产的需要，又符合安全生产的要求。

3.2　如何规划仓位

1. 仓库区位的规划要求

仓库主管在规划仓位时应注意以下事项，具体如图3-3所示。

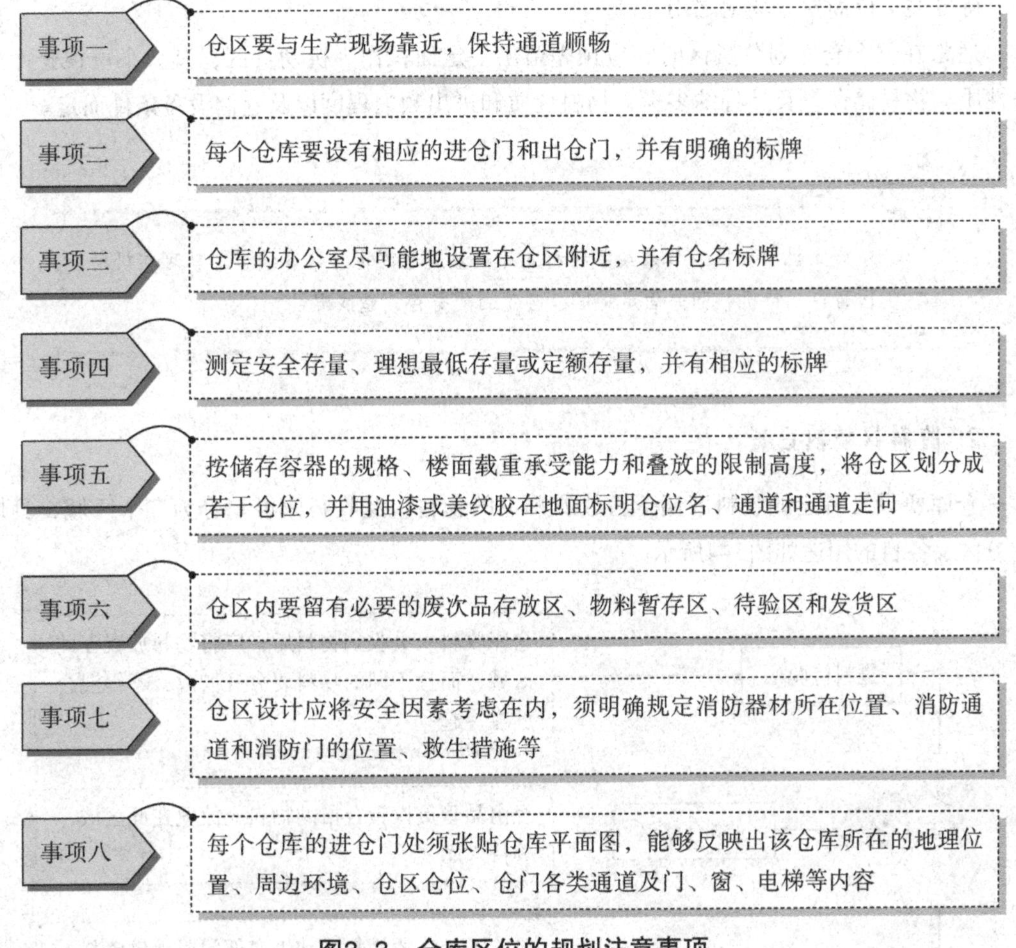

图3–3 仓库区位的规划注意事项

2. 如何决定仓位的大小

通常物料的最高存量、最低存量与正常存量决定了仓位的大小。

仓位大小若取决于最低存量，则显然仓位太小，物料常发生为腾出仓位而辗转搬运或无仓位的现象；仓位大小若取决于最高存量，则会造成仓位过大。因此，仓位的大小取决于正常存量。

3.3 仓位的具体规划

仓库主管在指导下属人员具体规划仓位时，要根据物料的进出库规律及时调整货区和货位。

1. 预留机动货区

预留机动货区的目的是为了巩固分区分类和暂时存放而单据未到或待验收、待整理摊晾、待分类、待商检等场地之用。

通常在整个仓库划分货区时，应预先留出一定面积作为机动货区；其大小可视仓库业务性质、物料储存量及品种的多少、物料性质和进出频繁程度以及仓储设备条件而定。

有了机动货区，如果某些物料入库数量超过固定货区容纳量，就可在机动货区暂存，待机移回原固定货区，避免到处寄存，造成混乱。

2. 收料区域的设置

仓库要设有特定的收料区用于暂放所购进的物料。此收料区可划分为三个区域，具体的分区及各自的用途如图3-4所示。

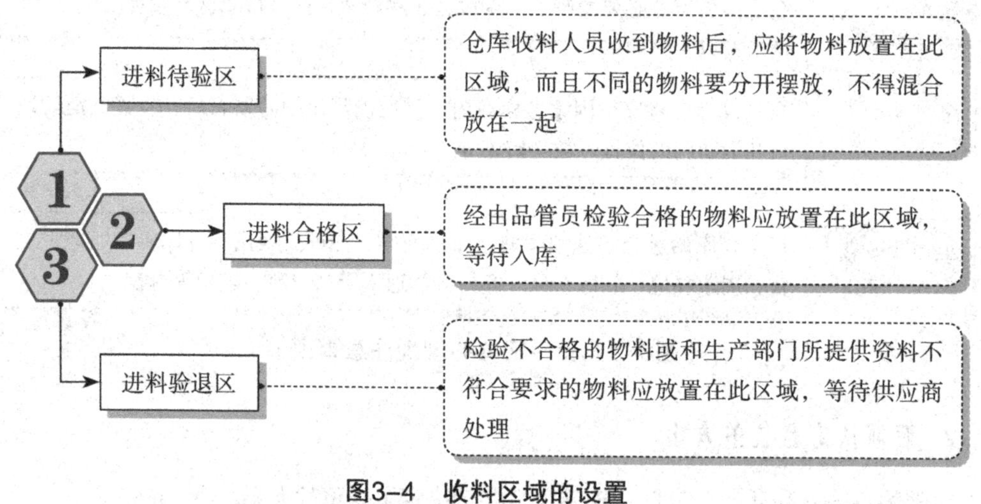

图3-4　收料区域的设置

3.4　货位规格化

货位，即货物储存的位置。仓库主管应做好货位布置，以便合理地存放各种物料。

货位规格化就是运用科学的方法，通过周密的规划设计，进行合理分类、排列（库房号、货架号、层次号和货位号），使仓库内物料的货位排列系统化、规范化。

实行货位规格化的主要依据是物料分类目录、物料储备定额以及物料本身的物理、化学属性。

1. 物料分类目录

（1）考虑仓库的作业管理、统计报表的需要，并与采购环节相衔接，按供应渠道的物料分类目录。

（2）在货位排列上，考虑不同类别的物料在货架和层次上的安全问题，都应另起货架或另行存放在一层上。

2. 物料储备定额

（1）要按规定的储备定额规划货位。

（2）如果无储备定额，可根据常备物料目录进行安排，并在货架上留有适当空位。

3. 物料本身的自然属性

不能将物理、化学性质相抵触的物料安排在一起存放。

3.5 怎样选择合适货架

货架是直接保管物料的设施。仓库主管在选择货架时，必须熟悉各种货架的具体性能。

1. 普通货架

目前，普通货架是仓库中广泛使用的一类货架。这类货架可分为以下两种。

（1）按载重量可分为轻型、中型和重型三种货架。

（2）按形状和用途区可分为H形、A形通用货架、条形货架、悬臂形货架（用于存放钢筋、钢管等长条形物料）、抽斗形货架（用于存放小件物料，如仪表、工具、零件）。

2. 特殊货架

随着仓储专业化、机械化、自动化水平的提高，客观上要求仓库工作具有更高的效率，这就产生了各种不同类型的特殊货架，如图3-5所示。

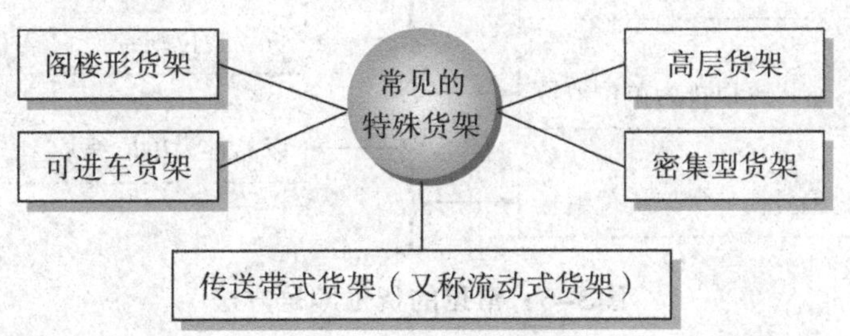

图3-5 常见的特殊货架

（1）阁楼形货架

阁楼形货架有以下三个特点：

①在一层货架的顶部铺设顶板，再在其上安放一层货架；

②如果仓库的空间允许，还可以安装第三层货架；

③多采用全装配式，拆装方便。

（2）可进车货架

①在利用机械进出货的仓库中，需要预留出一定的通道。

②叉车进入货架内，将货物卸放在临时搭置的阁楼货架上，然后按顺序推移，直至装满。

③取货时，从外向内按顺序进行。

④这种货架的缺点是不能遵循先进先出的原则。

（3）传送带式货架（又称流动式货架）

将链式传送带、柱式传送带或滚轮式传送带安装在货架的间隔内并保持一定坡度，从一端放入的货物就会在重力的作用下沿传送带迅速移动到另一端。

（4）密集型货架

①在地面上铺设轨道，货架沿轨道运动，就可以使货架紧密排列而无须设置通道。

②存取货物时，只需将货架沿轨道拉出于室外进行存取操作。

（5）高层货架

①主要用于自动化仓库，是立体仓库的主要设施。

②主要用于托盘等“单元组合货载”。

③一般不用叉车作业，而是采用沿货架运动的升降式举货机。

3.6 怎样给货位编号

仓库主管应组织相关人员按照预先确定的编号方法对货位进行编号，方便物料的存放和取用。常见的货位编号方法如图3-6所示。

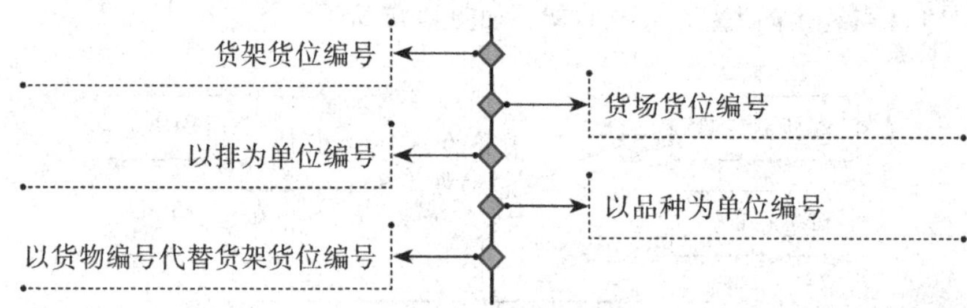

图3-6 常见的货位编号方法

1. 货架货位编号

例如，B库区3号货架第4层第2列可用“BK-3-4-2”表示，这种编号方法有四个要点，如图3-7所示。

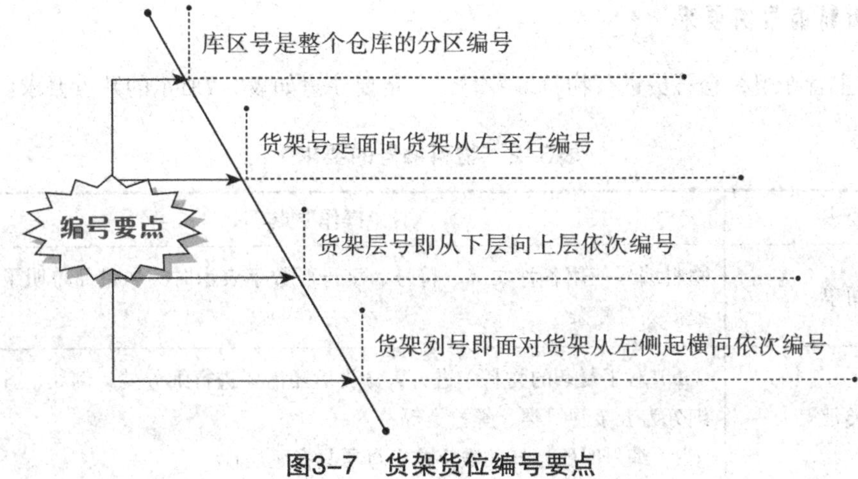

图3-7 货架货位编号要点

2. 货场货位编号

货场货位编号一般有以下两种方法：

（1）按照货位的排列顺序编号，再在排号内顺序编号；

（2）不编排号，采取自左至右和自前至后的方法顺序编号。例如，D库房3号位4排2位可用“DK-3-4-2”表示。

3. 以排为单位编号

（1）将库房内所有的货架按进入库门的方向，自左至右的顺序编号。

（2）对每排货架的夹层或格眼，在排的范围内以自上至下、自前至后的顺序编号。

4. 以品种为单位编号

（1）库房内的货架按物料的品种划分储存区域。

（2）以品种占用储存区域的大小，在分区编号的基础上进行格眼编号。

5. 以货物编号代替货架货位编号

（1）适用于进出频繁的零星散装货物。

（2）在编号时，货架格眼应与存放货物的数量、体积大小相适应。

3.7 怎样为物料编号

物料管理是仓库管理的重点，物料的编号也是仓库规划的重要任务，仓库主管必须采用合适的编号方法，并将物料编号录入电脑。

1. 物料编号的要求

仓库主管在组织仓管员进行物料编号时，一定要注意如表3-2所示的几点要求。

表3-2 物料编号的要求

要求	操作要点
简单	物料编号使用各种文字、符号、字母、数字表示时应尽量简单明了，不必编得太过复杂
分类延展	（1）对于复杂的物料，进行大分类后还需要进行细分类。例如，五金类可细分为五金管材类、螺栓类等 （2）编号时所选择的数字或字母要具有延展性
完整	（1）所有的物料都应有对应的物料编号 （2）新的物料应赋予新的编号
一一对应	一个物料编号只能代表一项物料，不能用一个物料编号代表数项物料，或有数个物料编号代表一项物料
统一标准	物料编号要统一，分类要具有规律性
具有伸缩性	物料编号要考虑到未来新产品、新材料存在发展扩充的情形，要预留出一定的余地，应用的新材料应有对应的唯一的编号
合理有序	物料编号应有组织、有顺序，以便根据物料编号查询某项物料的资料
有足够的数量	物料编号所采用的文字、符号、字母、数字必须有足够的数量，以便所组成的物料编号足以代表所有已出现和未出现的物料
容易记忆	物料编号应选择容易记忆、有规律的方法，有暗示和联想的作用，使人不必强制性地记忆
能适应计算机管理	对各种物料的编号应结合各种物料计算机管理系统进行，要能方便在系统中查询、输入和检索

2. 物料编号的方法

在对物料进行编号时，常采用数字、字母、混合等编号方法。仓库主管应根据仓库物料种类的实际情况，选择简单、合理的编号方法。

（1）数字法

数字法是以阿拉伯数字为编号工具，按属性方式、流水方式或阶层方式等进行编号的一种方法，如表3-3所示。

表3-3 数字法编号示例

类别	分配号码	类别	分配号码
塑胶类	01 ~ 15	包材类	46 ~ 60
五金类	16 ~ 30	化工类	61 ~ 75
电子类	31 ~ 45	其他类	76 ~ 90

（2）字母法

字母法是以英文字母为编号工具，按各种方式进行编号的一种编号方法，如表3-4所示。

表3-4 字母法编号示例

采购金额	物料种类	物料颜色
A：高价材料 B：中价材料 C：低价材料	A：五金 B：塑胶 C：电子 D：包材 E：化工	A：红色 B：橙色 C：黄色 D：绿色 E：青色 F：蓝色 G：紫色

（3）暗示法

暗示法是以字母或数字作为编号工具，进行物料编号的一种方法。字母或数字与物料能产生一定规律的联想，看到编号能联想到相应的物料，如表3-5所示。

表3-5 暗示法编号示例

编号	螺丝规格（毫米）
03008	3 × 8
04010	4 × 10
08015	8 × 15
15045	15 × 45
12035	12 × 35
20100	20 × 100

（4）混合法

混合法是综合运用数字、字母、暗示等各种方法，此法是工厂最常用的一种编号方法。

例如，电风扇塑胶底座（10）、高价（A）、ABS料（A）、黑色（B）、顺序号（003），其编号为“10-AAB-003”。

3.8 如何做好物料标示

仓库的各种物料经过编号后，应做好相关的标示工作，便于实际取用。仓库主管应选择合适的标示方法，并督促仓库人员做好相应的标示。

1. 使用料位卡

仓库主管可以组织仓库人员设计一些不同的料位卡，对不同的物料进行定位标示。料位卡设计如表3-6、表3-7、表3-8和表3-9所示。

表3-6 料位卡（一）

料位卡（备品）
编号： 品名： 规格： 单位： 数量： 基本用途：

（专案料品用：青绿色）

表3-7 料位卡（二）

料位卡（滞料）
编号： 品名： 规格： 单位： 数量： 基本用途： 滞存部门：

（专案料品用：黄色）

表3-8　料位卡（三）

<table>
<tr><td>料位卡（一般）
编号：
品名：
规格：
单位：
数量：
基本用途：</td></tr>
</table>

（专案料品用：白色）

表3-9　料位卡（四）

<table>
<tr><td>料位卡（包装、配件）
编号：
品名：
规格：
单位：
数量：
基本用途：</td></tr>
</table>

（专案料品用：朱红色）

2. 制作物料卡

仓库主管可以组织仓库人员建立物料管理卡，明确标示物料的编号、品名、规格、单位、数量、入厂日期等信息。物料进、出库之后，其标示的数量、日期等内容应及时变更。物料管理卡如表3-10所示。

表3-10　物料管理卡

<table>
<tr><td>物料名称</td><td></td><td colspan="2">规格</td><td></td><td colspan="2">最高存量</td><td colspan="2"></td><td colspan="2">最低存量</td><td colspan="2"></td></tr>
<tr><td>物料编号</td><td></td><td colspan="3">存放位置</td><td colspan="3"></td><td colspan="2">订购量</td><td colspan="3"></td></tr>
<tr><td rowspan="2">日期</td><td rowspan="2">收发、领退凭单</td><td colspan="3">收料记录</td><td rowspan="2">生产制造单号</td><td rowspan="2">领料单位</td><td colspan="2">发料记录</td><td colspan="3">结存记录</td><td rowspan="2">核对</td></tr>
<tr><td>数量</td><td>单价</td><td>金额</td><td>数量</td><td>金额</td><td>数量</td><td>单价</td><td>金额</td></tr>
<tr><td></td><td></td><td></td><td></td><td></td><td></td><td></td><td></td><td></td><td></td><td></td><td></td><td></td></tr>
<tr><td></td><td></td><td></td><td></td><td></td><td></td><td></td><td></td><td></td><td></td><td></td><td></td><td></td></tr>
<tr><td></td><td></td><td></td><td></td><td></td><td></td><td></td><td></td><td></td><td></td><td></td><td></td><td></td></tr>
<tr><td></td><td></td><td></td><td></td><td></td><td></td><td></td><td></td><td></td><td></td><td></td><td></td><td></td></tr>
</table>

3. 颜色标示

仓库主管可以组织仓库人员制作标示牌，采用不同颜色区分不同性质的物料，如绿色区代表合格品区，黄色区代表待检暂存品区，红色区代表退货品区等。

3.9 怎样制作物料清单

对于仓库的各种物料，仓库主管必须要求各仓管员制作好物料清单，并录入计算机管理。

1. 哪些部门会使用物料清单

物料清单又称BOM清单、零件结构表、物料表，是将物料的各种信息依制造流程的顺序记录下来，排列为一张清单。

物料清单应包括物料编号、名称、规格、基本单位、供应商、单机用量、产品损耗率等内容。

BOM清单用于各个部门和系统，它们可以从中获取各自所需特定的数据。BOM清单的主要用户如图3-8所示。

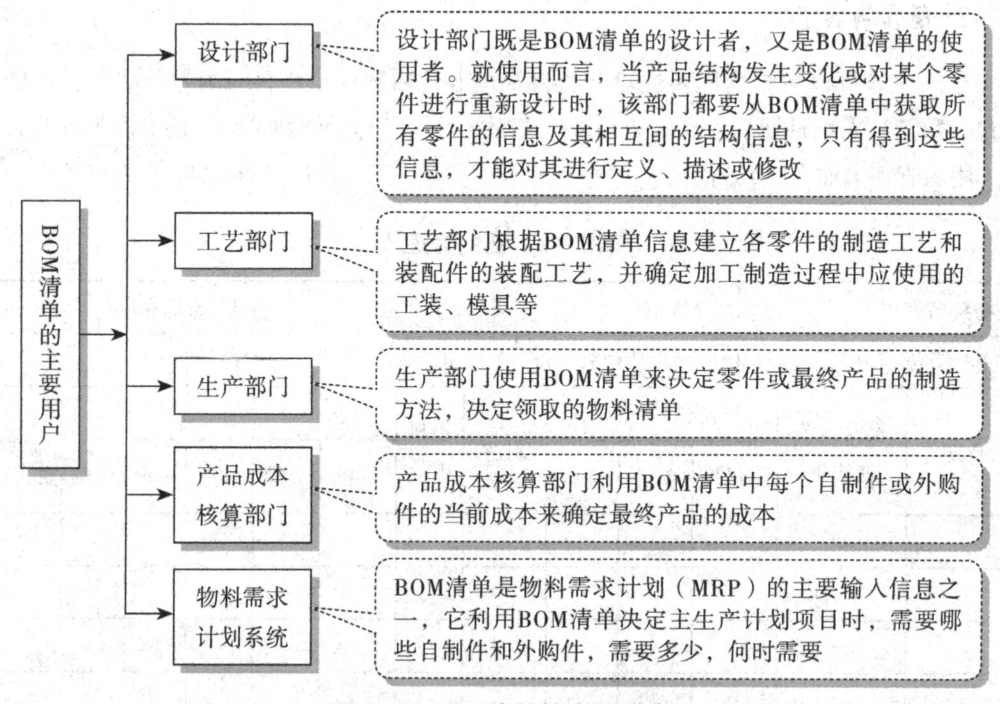

图3-8 BOM清单的主要用户

2. 如何制作物料清单

根据不同的制作方式，可以制作成不同形式的物料清单。

（1）BOM清单

BOM清单主要包括品名、规格、单位、经济产量、前置天数、版本、工程图号、产品料号、标准用量、损耗率、制程说明等必要信息。BOM清单如表3-11所示。

表3-11 BOM清单

品名	规格	单位	经济产量	前置天数	版本	工程图号

产品料号		品名	规格	标准用量	损耗率	制程说明	工程图号	备注
阶层	子件料号							

（2）产品零件一览表

设计部门利用物料清单可以确定各种产品具体所需的各种零部件，因而可以制作产品零件一览表（见表3-12）。

表3-12 产品零件一览表

产品名称		简图：
产品型号		
开发日期		
客　　户		

序号	材料名称	规格	计量单位	标准用量	损耗率	材料来源	单价	备注

（3）产品用料明细表

生产部门使用BOM清单可以决定零件或最终产品的制造方法，以及具体所需使用的物料。产品用料明细表如表3-13所示。

表3-13　产品用料明细表

产品名称				产品型号				
产品料号				客　　户				
层数	料号	名称	规格	单位	标准用量	标准损耗率	来源	图号

确认：　　　　　　　　　　　　审核：　　　　　　　　　　　　制表：

下面是某企业的仓库储存区域划分细则和仓储规划制度范本，供读者参考。

范本

仓库储存区域划分细则

一、目的

为了让仓库的有效区域得到合理的利用，根据仓库作业的需要，将仓库中可储存物品的区域划分为待检区、待处理区、合格品储存区及不合格品隔离区，以达到放置不同状态物品的目的，特制定本细则。

二、适用范围

本细则适用于所有仓库储存区域划分的相关事宜。

三、内容

1. 待检区

待检区是指存放暂时处于检验过程中物品的设置区域。它一般位于仓库入口附近，这样便于进库物品的卸载及检验，该区域以黄色作为标志。

2. 待处理区

待处理区是指存放暂时不具备验收条件或品质暂时不能够确认的物品设置区域。

（续）

它一般位于仓库入口附近与待检区临近，这样便于检验，该区域以白色作为标志。

3. 合格物品储存区

合格物品储存区是指保存合格物品的设置区域。它是仓库的主要储存区域，所以位置自然也是最好的，该区域以绿色作为标志。

4. 不合格品隔离区

不合格品隔离区是指暂时存放品质不合格物品的设置区域。它位于仓库的出口附近，这样便于物品的搬运，该区域以红色作为标志。

四、附则

（1）本细则由仓库管理部门主持制定，其修改权、解释权归仓库管理部门所有。

（2）本细则经总经理批准后，自颁布之日起实施。

范本

仓储规划制度

一、目的

为了使仓库得到合理的规划，使仓库利用率最大化，特制定本制度。

二、适用范围

本制度适用于所有存放物料、产品的仓库的规划管理。

三、内容

1. 职责

（1）对仓库使用情况进行总体规划，并对仓库规划进行合理安排。

（2）根据实际发生情况向仓管经理报告仓库利用情况。

2. 了解仓库区域的构成

仓库区域根据其用途不同，可分为储存区、辅助生产区、行政生活区。

3. 储存区域规划要求

（1）符合作业流程。仓库储存区域的划分要根据仓库作业的程序，保证货物的装卸、验收、入库、储存、出库、盘点、搬运等相对便利，从而提高仓储作业的效率。

（2）减少搬运距离。仓库储存区域的划分要尽可能减少储存物资及仓库作业人员的运动距离，以提高仓储劳动效率，节约仓储费用。

（3）合理利用空间。仓库储存区域的合理布置要有利于充分利用仓库面积和建

（续）

筑物的空间，杜绝仓库面积和建筑物空间上的浪费，以提高仓库的利用率和仓库的经济效益。

（4）注重仓库安全。仓库储存区域的合理布置要有利于包括仓储物资、仓储人员、仓储设施和仓储机具在内的整个仓库的安全。

4. 确定储货区的布局

（1）确定库房的位置。库房位置的选择要按照其储存物品的吞吐量大小、搬运的复杂程度和安全性质进行。

（2）确定货棚的位置。货棚除了储存部分货物外，还可以作为卸货待检、出库待运的场所。因此，货棚的布置应紧靠库房。如果是站台库房，货棚与库房应连接起来，可起到防雨的作用。

（3）确定货场的位置。货场布置应充分考虑到运输专用线的走向，专用线应尽量贯穿于货场。同时，应尽量利用行车（用于装卸物资的大型起重设备）的跨度，实行跨线作业，以减少装卸作业环节。

（4）规划库区道路。规划合理的运输及搬运道路可以减少货物装卸、搬运的时间，并防止出现物资堵塞的现象。要想规划好仓库的道路，规划时必须注意道路要宽广，安排好停车的位置，规划好车辆的运行方向。

5. 仓位规划

仓位的布置方法主要有横列式、纵列式和混合式三种。

（1）横列式，即货垛或货架与库房平行排列。

（2）纵列式，即货垛或货架与库房垂直排列。

（3）混合式，即横列式与纵列式混合使用的库房布局。

6. 布置仓位时需要注意的问题

（1）根据物品的储备定额决定仓位

为了保证物品有足够的空间储存，仓库规划人员需要根据物品储备定额，规划其在仓库中的仓位。对于储备定额量较大的物品，应该规划出较大仓位对其进行存放；对于储备定额量较小的物品，可以适当地规划较小的储存仓位。

（2）根据物品的使用频率确定仓位

为了加快物品的流转速度，对于那些使用频率较高、周转速度较快的物品，应该将其仓位确定在距离仓库进出口较近处，这样便于装卸及搬运，而对于那些使用频率低的物品，可以将其仓位确定在仓库的中央。

（3）根据物品的保管要求划分仓位

为了方便物品的保存及养护，仓库规划人员可以根据物品的保管要求对物品的仓位进行划分，将需要相同的温湿度、保养方法以及灭火方法的物品进行分类保存。

（续）

（4）根据物品分类目录规划仓位

为了便于仓库中储存物品的管理，仓库规划人员可以根据物品的分类目录对其进行仓位的规划。例如，对建筑材料仓库的仓位进行规划时，可以按照储存物品的属性将其分为五金交电水暖类、化工（油漆）铝钢材类、板（木）材建材（包括瓷砖）类、手动工具和机具及配件类、日杂防护劳保用品类，并对其进行分类保存。

四、附则

（1）本制度由仓库管理部门主持制定，其修改权、解释权归仓库管理部门所有。

（2）本制度经总经理批准后，自颁布之日起实施。

学习笔记

通过学习本章内容，想必您已经掌握了不少学习心得，请仔细记录下来，以便继续巩固学习。如果您在学习中遇到了一些难点，也请如实写下来，方便今后重复学习，彻底解决这些难点。

我的学习心得

1. ______________________________
2. ______________________________
3. ______________________________
4. ______________________________
5. ______________________________

我的学习难点

1. ______________________________
2. ______________________________
3. ______________________________
4. ______________________________
5. ______________________________

我的运用计划

1. ______________________________
2. ______________________________
3. ______________________________
4. ______________________________
5. ______________________________

第4章 物料入库控制

物料入库是生产管理的重要组成部分，也是仓库管理的一个重要环节。做好物料入库控制工作，对于降低生产成本有重要作用。因此，仓库主管必须做好物料入库的控制工作。

学习指引

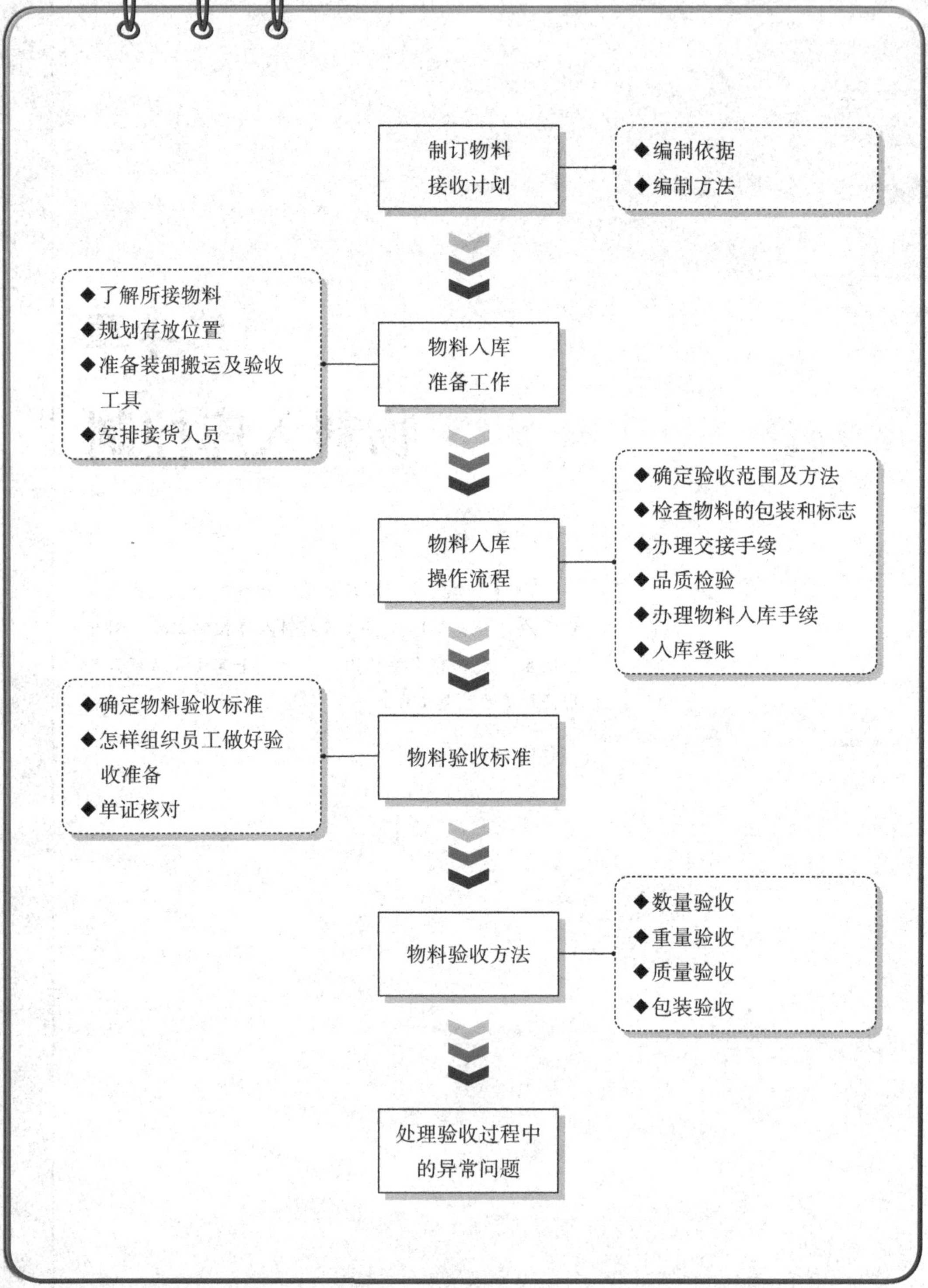

制订物料接收计划
- 编制依据
- 编制方法

物料入库准备工作
- 了解所接物料
- 规划存放位置
- 准备装卸搬运及验收工具
- 安排接货人员

物料入库操作流程
- 确定验收范围及方法
- 检查物料的包装和标志
- 办理交接手续
- 品质检验
- 办理物料入库手续
- 入库登账

物料验收标准
- 确定物料验收标准
- 怎样组织员工做好验收准备
- 单证核对

物料验收方法
- 数量验收
- 重量验收
- 质量验收
- 包装验收

处理验收过程中的异常问题

4.1 制订物料接收计划

为了有计划地安排仓位，筹集各种器材，配备入库时的作业人员，仓库主管应编制接收计划，使入库作业有准备、有秩序地进行。

物料接收计划又称物料储存计划，是根据物料采购进货计划编制出来的，其主要包括各类物料的入库时间、品种、规格、数量等内容。

1. 编制依据

（1）采购部门提交的采购进度计划。

（2）仓库的实际情况。包括仓库的储存能力、设备条件、劳动力情况和各种仓库业务操作过程所需要的时间。

2. 编制方法

由于采购计划、进货安排会经常发生变化，因此仓库主管在编制计划时可采取长计划、短安排的办法。

一般来说，在编制接收计划时多按照月份进行，这样方便核查。

4.2 物料入库准备工作

仓库主管通过物料接收计划可以了解到每一天有哪些物料会到，以便提前做好准备工作，使接货工作有序进行。

接到相关部门发送的收货通知后，仓库主管应立即做好接货的准备工作。比如，了解库存物料的情况，掌握物料的品种、类别、数量及到库时间，然后据此精确安排入库的各项准备工作。

1. 了解所接物料

仓库主管在接到收货通知并确认其有效无误后，须在物料到达之前主动与采购部门或供货商联系，了解物料入库应具备的凭证及相关技术资料。比如，物料的性质、特点、保存方法和有关注意事项等，尤其是新物料或不熟悉的物料入库时要特别注意。收货通知单如表4-1和表4-2所示，成品入库通知单如表4-3所示。

表4-1　收货通知单（一）

收货通知单（一）
仓储部： 我公司向××有限公司订购的××材料将于明日送达，请各仓库接到通知后做好收货的各项准备工作。 采购部（签章） ××年×月×日

表4-2　收货通知单（二）

收货通知单（二）
仓储部： ××有限公司预计存储在我公司的××物料将于明日上午送达，请B003仓库接到通知后做好收货的各项准备工作。 业务部（签章） ××年×月×日

表4-3　成品入库通知单

成品入库通知单
成品仓库： 生产车间已完成××××号部分产品的生产工作，于××年×月×日下午将该批成品送达仓库，请安排入库，并通知质检人员到场检验。 生产部（××签章） ××年×月×日

2. 规划存放位置

仓库主管在物料送达之前，应预先根据物料的性质、数量等信息，为物料安排好恰当的存放位置。

（1）划分存放位置

划分物料存放位置时通常可以按照物料的种类和性质、危险性质、归属单位性质、运输方式性质、存储作业特点等进行分类，仓库主管应根据实际情况进行选择。

（2）整理存放区域

确定物料的具体存放位置后，仓库主管需要对相应区域进行适当的整理工作，便于物料的存放及保养。整理存放区域的要点如图4-1所示。

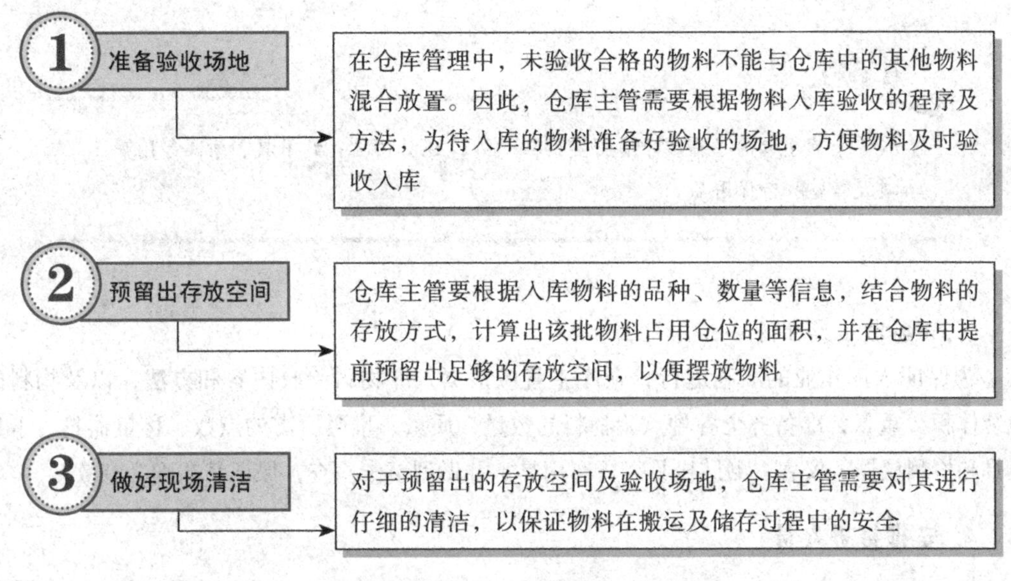

图4-1 整理存放区域的要点

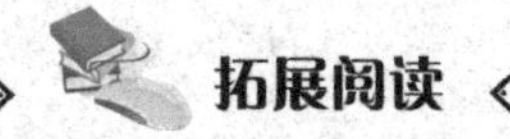

拓展阅读

存储空间计算方法

根据物料计量方法的不同，其存储空间计算可以分别采用以下三种方法。

1. 计重货物堆码空间

计重货物堆码空间可以根据仓储定额计算，其计算公式为：堆码物料占用面积（米^2）= 物料到货数量（吨）÷该种货物的仓储定额（吨/米^2）。

2. 计件物料堆码空间

对于有外包装的计件货物，其堆码占用面积可采用以下公式计算：堆码物料占用面积（米^2）=（入库总件数÷允许堆码层数）×单件物料底面积（米^2）。

3. 上架物料摆放空间

对于放置于货架上的物料，其存放时所需占用货位的计算公式为：物料所占货位=单个物料所占货位×物料数量。

3. 准备装卸搬运及验收工具

（1）准备装卸搬运工具

仓库主管需要根据仓库及存放物料的具体情况，选择恰当的工具对物料进行装卸及搬运，从而达到缩短装卸搬运时间，提高仓库作业效率，降低企业成本的目的。

仓库主管除了需要准备好装卸工具外，还必须准备好吊具、索具等附属工具及苫垫和劳保用品。

（2）验收工具准备

为保证入库作业的顺利进行，仓库主管应根据入库物料验收内容和方法，以及物料的包装体积、重量，准备齐全各种点验物料的数量、质量、堆码所需的点数、称量器具、卡量工具和检测仪器、仪表、测试机具等所有用具，并做到事先检查，保证其准确、有效。

4. 安排接货人员

在收到接货通知单时，仓库主管应根据物料进出库的数量和时间，做好收货、搬运、堆码等人员的工作安排。采用机械操作接货时需要定人、定机，仓库主管应事先安排好作业顺序。

4.3 物料入库操作流程

为了对入库作业进行有效的控制，仓库主管应制定一套完整、规范的物料入库流程，具体如图4-2所示。

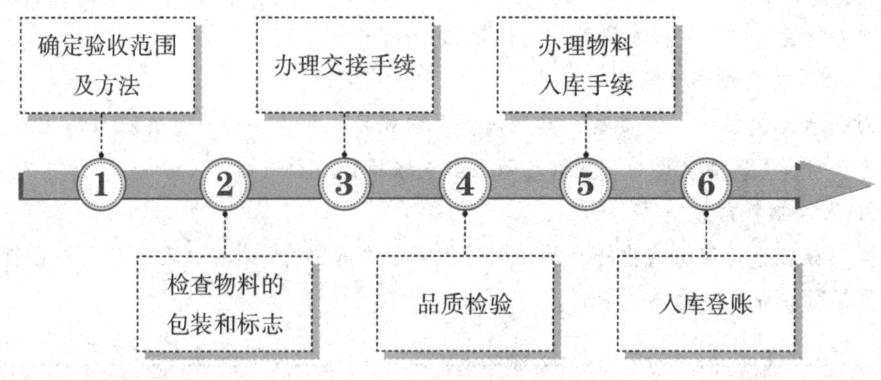

图4-2 物料入库操作流程

1. 确定验收范围及方法

（1）大数验收范围

这是物料入库的第一道工序。由仓库收货人员与运输人员或运输部门进行物料交接。物料从车站、码头、生产厂家或其他仓库移转、运到仓库时，收货人员要到现场监督装卸过程。

对于品种多、数量大、规格复杂的入库物料，卸载时要分品种、分规格、分货号堆放，以便清点验收。仓库收货人员要依据正式的物料入库凭证，先将大件（整件）数量点收清楚。

（2）大数验收方法

大数验收，一般采用逐件点数计总以及集中堆码点数计总两种方法：第一种，逐件点数法，靠人工点记费力且易错，可采用简易的计算器计算，累计以得总数；第二种，对于花色品种单一、包装大小一致、数量大或体积大的商品、物料，适宜采用集中堆码点数法，即入库的物料堆成固定的垛形（或置于固定容量的货柜、货架内），排列整齐，每层、每行件数一致。一批物料入库完毕，货位每层（横列）的件数与堆高（纵列）的件数相乘，即得总数。须注意的是，码成的货垛，其顶层的件数往往是零头，与以下各层件数不一样，如果简单划一统计，就会产生差错。

2. 检查物料的包装和标志

（1）在对物料进行大数验收的同时，还需要对每种物料的包装和标志进行仔细的检查。仓库收货人员应注意识别物料的包装是否完整、牢固，有无破损、受潮、水渍、油污等异状。

（2）要检查液体物料的包装有无渗漏痕迹。

（3）认真核对所有物料包装上的标志是否与入库通知单上的内容相符。

3. 办理交接手续

入库物料经大数点收和检查两道工序之后，即可与送货人员办理交接手续，由仓库收货人员在送货单上签收，从而分清仓库与运输部门之间的责任。

有铁路专用线或水运专用码头的仓库，由铁路或航运部门运输物料入库时，仓管员从专用线或专用码头上接货，直接与交通运输部门办理交接货手续。

4. 品质检验

物料入库后，要根据有关业务部门的要求，以及该物料必须抽验入库的规定，开箱、拆包点验。

5. 办理物料入库手续

物料验收后，由仓管员或验收人员将验收结果记录在商品、物料入库凭证上，以便记账、查货和发货。

经过复核，仓库除留下仓管员存查及仓库物料账记录所需要的入库联单外，其余入库凭证各联退送业务部门，以作为正式收货的凭证。

6. 入库登账

物料入库后，要及时登记入账。仓库主管应督促、指导仓管员及时登账，并做好各种报表，仓库主管要及时审核签字。

（1）入库登账要点

物料办理入库手续后，仓管员要尽快将物料入库数量登记在仓库里的账簿上。入库登账的要点如图4-3所示。

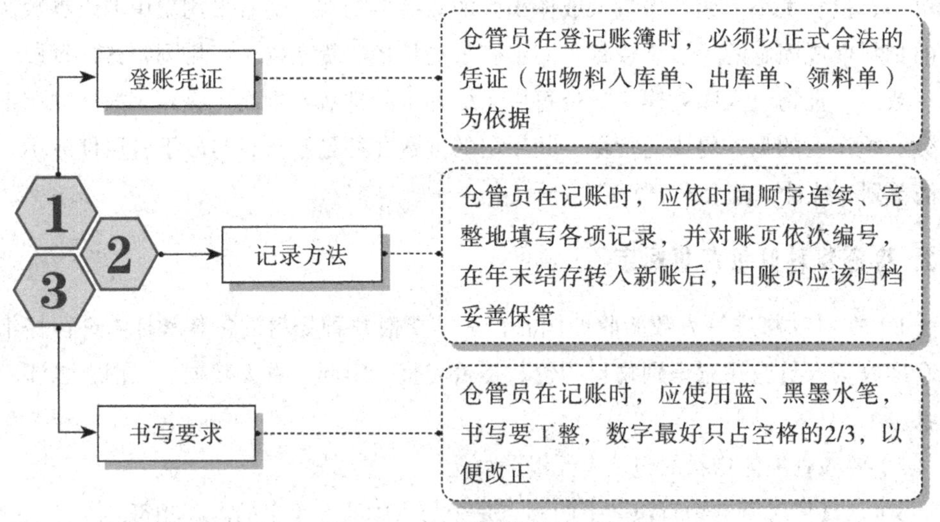

图4-3 入库登账的要点

发现记账错误时，不得刮擦、挖补、涂抹或使用其他药水更改字迹，应在错处画一道红线，表示注销，然后在其上方填上正确的文字或数字，并在更改处加盖更改者的印章，红线画过后的原来字迹必须仍可辨认。

（2）做统计报表

对于规模大的企业，每天都会有许多物料批次验收入库，仓库主管必须要求仓管员每日都做统计报表，如送货日报表、入库日报表、拒收日报表、退料日报表等。

对于规模小的企业，每日接收的物料批次不是很多，就没有必要每日都做报表，但必须在每月月底做月报表。这些报表要传递、分发给相关部门，如退料报表，采购部门必须拥有一份，便于分析供应商的产品质量、交货状况，确定是否再次下单。

4.4 物料验收标准

物料的验收是保证入库物料数量和质量的关键。仓库主管需要组织仓管员做好具体的验收工作，并对验收结果进行审核批准。

1. 确定物料验收标准

仓库主管应确定物料的验收标准，使负责验收的各仓管员做到有章可循。一般来说，应做到进出验收，品质第一。具体而言，仓库物料的验收主要包括四个方面，具体如图4-4所示。

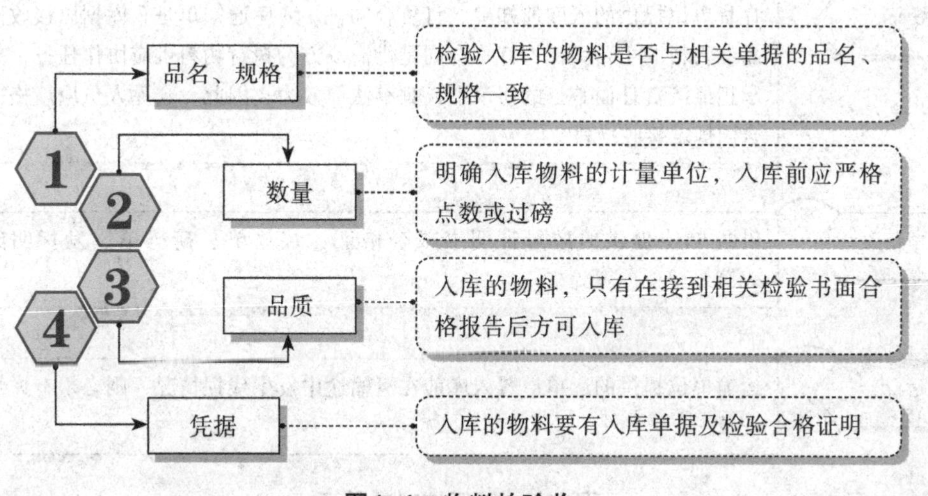

图4-4 物料的验收

2. 怎样组织员工做好验收准备

为了保证验收工作及时、准确地完成，提高验收效率，减少劳动力的消耗，仓库验收工作必须有计划、有准备地进行。

仓库主管应组织仓管员做好各项验收准备工作，具体如图4-5所示。

工作一

准备相应的检验工具，如磅秤、量尺、卡尺及仪表。所有检验工具必须预先检查，保证其准确、有效

工作二

收集和熟悉验收凭证及有关资料

工作三

进口商品、物料或存货单位要求进行质量检验者，应通知有关检验部门会同验收

图4–5 验收准备工作

3. 单证核对

（1）必须核对的单证

物料入库时必须核对的单证有如图4–6所示的三种。

单证一

存货单位提供的入库通知单、订货合同等。入库通知单是仓库据以接收商品、物料的主要凭证；订货合同是供需双方为执行物料供应协作任务，并承担经济责任而签订的协议书，具有法律效力；因此，仓库人员应严格按合同规定接收物料

单证二

供货单位提供的质量证明书或合格证、装箱单、磅码单、发货明细表等

单证三

运输单位提供的运单。若入库前在运输途中发生残损情况，则必须有详细记录

图4–6 必须核对的单证

（2）核对单证的要求

核对单证就是将上述单证加以整理并核对。供货单位提供的质量证明书、合格证、发货明细表等均应与合同内容相符。

（3）单证核对的方法

单证核对的方法主要有两种，具体如图4–7所示。

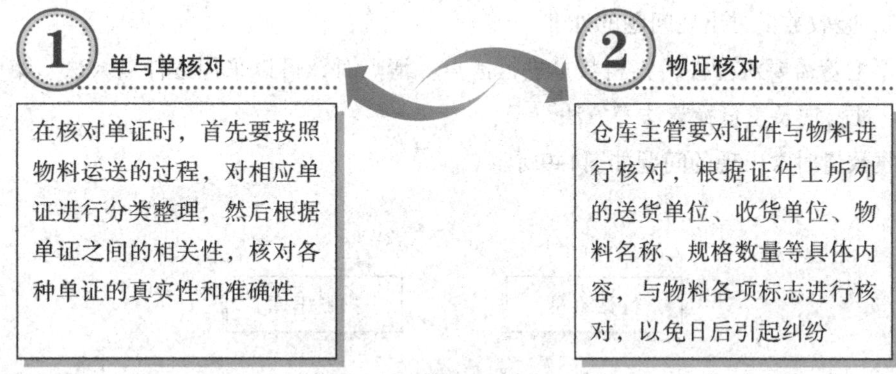

图4–7　单证核对的方法

4.5　物料验收方法

1. 数量验收

仓库主管应熟悉数量验收的不同方法，并组织仓管员按照不同的物料属性采取适合的验收方法。

（1）计件物料清点验收

计件物料要清点全部件数。计算方法通常是采取轧点计算，即先将物料排成一列，每列排若干行，每行堆放一定的件数，轧点有多少列、多少行，每行有多少件，三者相乘即得总数，计件物料清点验收有三个要点，具体如图4–8所示。

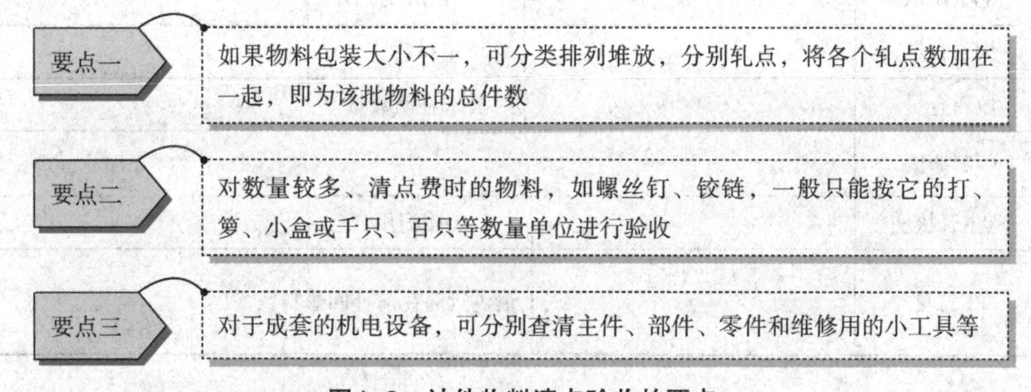

图4–8　计件物料清点验收的要点

（2）计重物料清点验收

如果物料以重量计算，就需要过磅或按理论换算的方法求得。前者是仓库中常用的计算方法，后者适用于规格、长度一致的部分大五金类物料。

物料的重量，一般有毛重、皮重和净重之分。毛重是指物料重量包括皮重（即包装重量）在内的实重；净重是指物料的本身重量，即毛重减去皮重的余数。

（3）验收数量时出现问题的处理

仓库主管需要对计件的物料数量进行清点。清点时，可以采用逐件点数法、集中堆码点数法、抽检法及重量换算法等方法。

验收数量时常出现的问题如图4-9所示。

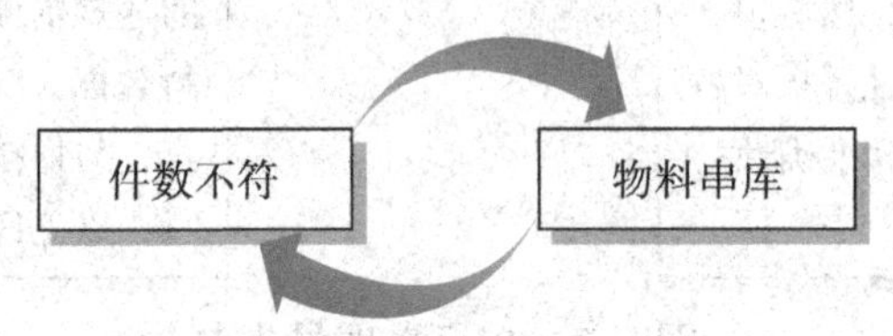

图4-9　验收数量时常出现的问题

①件数不符。在大数点收中，如发生件数与收货通知单（采购订单）所列不符，数量短少，经复点确认后，应立即在送货单各联上批注清楚，并按实数签收，同时由仓库主管与送货人员共同签章。

经验收核对后，由仓库主管将查明短少物料的品名、规格、数量等信息通知承运单位和供应商，并开具短料报告（见表4-4），要求供应商补料。

表4-4　短料报告

TO：　　　　　　　　　　　　　　　　　　S / N#：

FR：　　　　　　　　　　　　　　　　　　STDATE：

PARTNO.			
VENDOR		PONO.	
来料日期		短料数量	
收料仓员		要求补回数量	
短料原因			
ST主管核实		QC证明	
PU意见		请供货商在前补回短料数	

②物料串库。在点收本地入库物料时，如发现货与单不符，有部分物料错送来库的情况（俗称串库），仓库主管应将这部分与单不符的物料另行堆放，待应收的物料点收完毕后，交由送货人员带回，并在签收时如数减除。

如在验收、堆码时发现串库物料，仓库主管应及时通知送货员办理退货更正手续，不符的物料交送货物运输人员提走。

2. 重量验收

对按重量计算的物料，仓库主管要对其重量进行验收。在确定重量验收是否合格时，可以根据验收的磅差率与允许磅差率的比较来判断。

不同的物料有不同的允许磅差率范围。总的来说，价格越昂贵的物料，其允许磅差率范围越小。如果合同中规定了验收方法，应该按照合同规定验收，以防人为造成磅差。

3. 质量验收

目前，质量验收的方法主要有感官检验和仪器检验两种，具体如表4-5所示。

表4-5 质量验收的方法

检验方法	具体内容	实施要点
感官检验	视觉检验	主要是观察物料的外观质量，查看其外表有无异状
	听觉检验	通过轻敲某些物料，细听发声，鉴别其质量有无缺陷
	触觉检验	一般直接用手探测包装内物料有无受潮、变质等异状
	嗅觉、味觉检验	仓管员用鼻和舌鉴别物料有无发生变质或串味等现象
仪器检验	使用各种仪器设备	利用各种试剂、仪器和机器设备，以物料的规格、成分、技术标准等进行物理、化学和生物的性能分析

虽然在长期的实践中总结出了很多经验，但是随着仓库管理的现代化，最好还是采用先进的仪器设备，以保证检验的科学、准确。

4. 进行包装验收

物料的包装，与安全储存、运输有着直接的关系。所以，仓库主管必须对物料包装进行严格验收。

（1）外包装异常的情况

外包装异常的情况如图4-10所示。

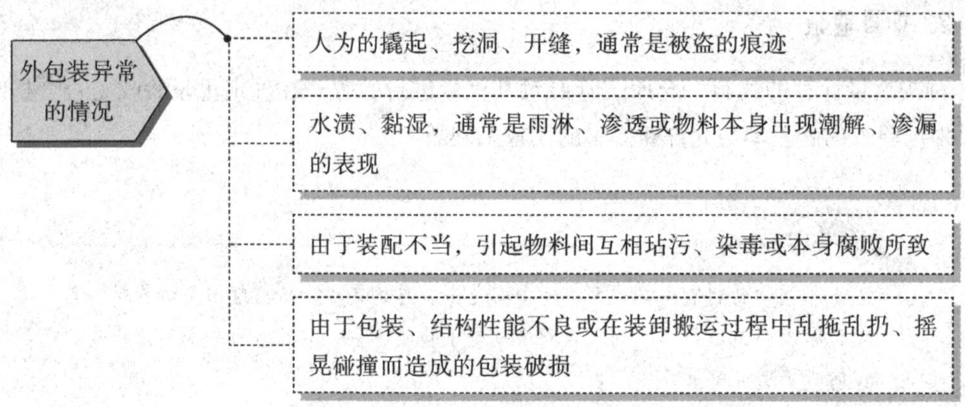

图4-10　外包装异常的情况

（2）检验方法

目前，对物料外包装的检验，一般不具备测定仪器。对于外包装的干湿程度，主要是用眼看、手摸等感官检查方法来鉴定。

（3）外包装安全含水量要求

外包装的干湿程度能表示其含水量多少，而含水量对物料的内在质量、储存安全影响很大。根据实践，部分地区对以下四种主要包装的安全含水量要求大致如下。

①木箱：一般不超过21%，装有易锈物料的不超过18%。

②纸箱：五层瓦楞纸及纸板衬垫的外包装一般不超过12%，三层瓦楞纸及纸板衬垫的外包装一般不超过10%。

③胶合板箱：一般不超过15%。

④布包：一般不超过9%。

4.6　处理验收过程中的异常问题

对于验收中出现的问题，仓库主管应认真地进行分析，弄清原委，并采取合理的措施进行处理。常见验收异常问题的处理如表4-6所示。

表4-6　常见验收异常问题的处理

问题	具体情形	处理措施
证件不齐	物料的相关资料不完整	（1）到库物料应作为待验物料处理，堆放在待验区，临时妥善保管 （2）待证件到齐后进行验收
证单不符	供货单位提供的质量证明书与收货单位的进仓单、合同不符	通知收货单位，按收货单位提出的办法处理

（续表）

问题	具体情形	处理措施
规格、质量不符或错发	接收物料的质量、规格不符合要求	（1）将合格品验收，查对核实不合格品或错发部分 （2）核实后将不合格情况、残损情况、错发程度做好记录，由收货单位决定是否退货
数量不符	在验收点数时，发现物料不符合原定数量要求	（1）如果物料损溢在规定磅差以内，仓库主管可按实际验收数量验收入库，并填写入库单（或验收单） （2）超过规定磅差时应查对核实，做好验收记录并提出意见，送收货单位再行处理 （3）该批物料在未作出处理结果前不得动用
证到货未到	有关证件已到库，但在规定时间内进仓物料尚未到库	及时向存货单位反映，以便查询处理
索赔	物料的质量、规格、性能等与订货合同的规定不符	（1）一般在订货合同上规定有索赔期限。发现质量、规格、性能、重量（除合理磅差外）等有问题，应在索赔期内提出索赔 （2）如果合同订有保证期，发现内在质量低、零件残损和性能等不符合合同规定，属于供货责任的，在保证期内可以对外提出索赔

下面是某企业仓库常用表格范本，供读者参考。

范本

物料月接收计划

日期：　　　编号：

序号	接收日期	物料品名	物料规格	供应商	交货数量	存放位置	备注
制作人		审核		采购部		仓储部	

范本

物料入库单

厂商名称：　　　　　　　　　　　　　　编号：

厂商编号：　　　　　　　　　　　　　　日期：

订单号码	物料编号	品名规格	单位	送货数量	检验损耗	品管鉴定	实收数量	备注

物控员（PMC）：　　　　　　最终检验员（OQC）：　　　　　　仓管员：

（本单共四联：生产联、物控联、货仓联、财务联）

范本

半成品/成品入库单

编号：　　　　　　　　□成品　□半成品　　　　　　入库日期：

物料名称	型号	规格说明	生产日期	批号	入库数量	品管鉴定	检验单号	实收数量	备注

说明：一式三联，一联留仓库存根记账，一联交生产部，一联交财务部核算及记账。

范本

入库登记表

单据种类：　　　　　　　　　　　　　　　　　　　　入库日期：

检收单号	品名	规格	代号	单位	数量	单价	金额	厂商	请购单编号	备注

经理：　　　　　　　主管：　　　　　　　组长：　　　　　　　填表：

范本

入库日报表

日期：

物料编号	物料名称	订单号码	数量	入库数量	差额	备注

范本

×月份物料拒收报表

日期	交货单号	料名	料号	数量	供应厂商	厂商编号	交货日期	不良情况	处理方法

主管：　　　　　　　　　　　　　　制表：

学习笔记

通过学习本章内容，想必您已经掌握了不少学习心得，请仔细记录下来，以便继续巩固学习。如果您在学习中遇到了一些难点，也请如实写下来，方便今后重复学习，彻底解决这些难点。

我的学习心得

1. ________________________________

2. ________________________________

3. ________________________________

4. ________________________________

5. ________________________________

我的学习难点

1. ________________________________

2. ________________________________

3. ________________________________

4. ________________________________

5. ________________________________

我的运用计划

1. ________________________________

2. ________________________________

3. ________________________________

4. ________________________________

5. ________________________________

第5章

储存保管物品

物品检验入库后，仓库主管就要着手组织相关人员进行储存保管工作。各种在库品包括成品、半成品、其他物品等，都需要做好储存保管。仓库主管一方面要对仓管员进行储存保管相关知识的培训；另一方面应组织人员做好物品堆放、保管、质量监督等工作。

学习指引

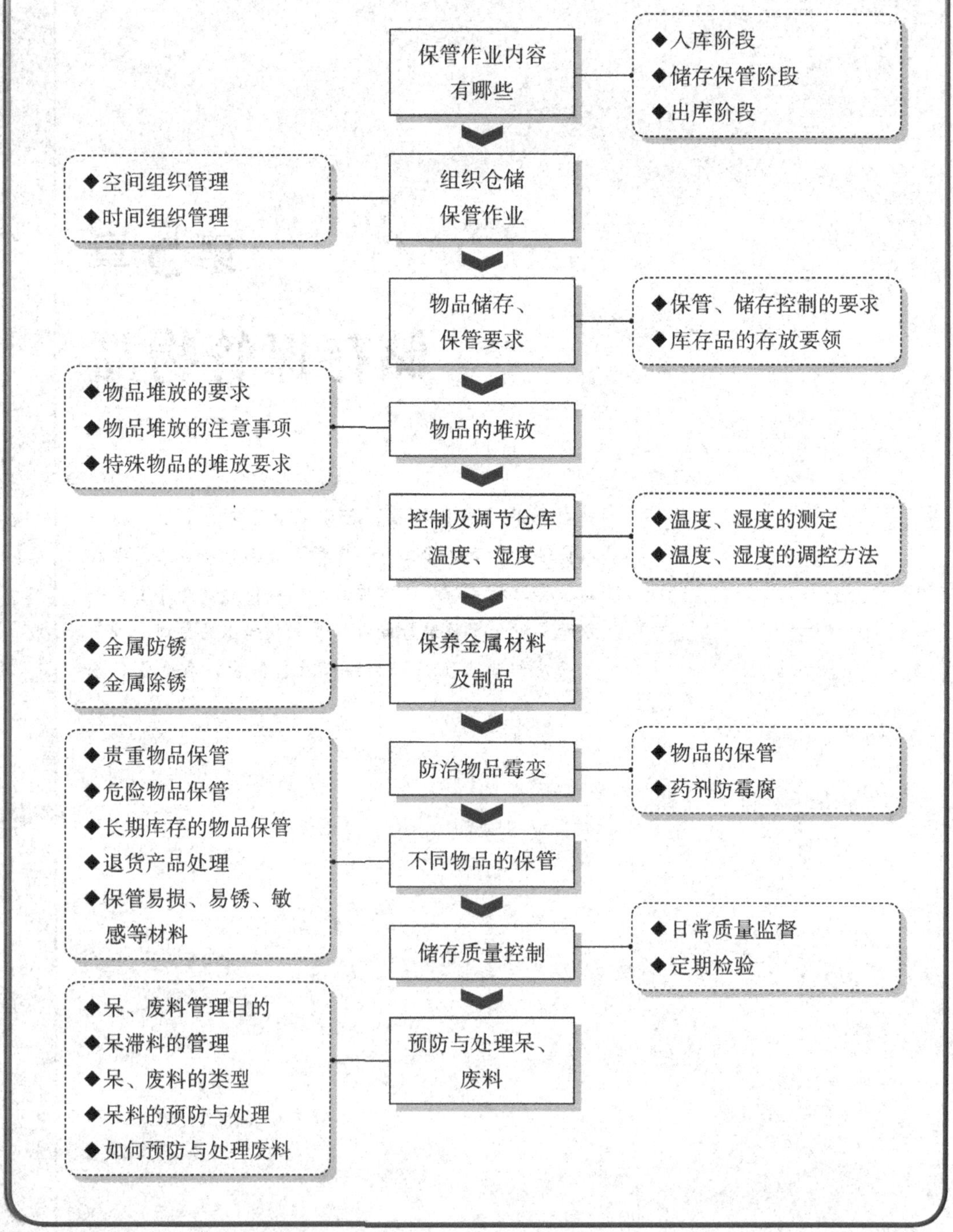

- 保管作业内容有哪些
  - 入库阶段
  - 储存保管阶段
  - 出库阶段
- 组织仓储保管作业
  - 空间组织管理
  - 时间组织管理
- 物品储存、保管要求
  - 保管、储存控制的要求
  - 库存品的存放要领
- 物品的堆放
  - 物品堆放的要求
  - 物品堆放的注意事项
  - 特殊物品的堆放要求
- 控制及调节仓库温度、湿度
  - 温度、湿度的测定
  - 温度、湿度的调控方法
- 保养金属材料及制品
  - 金属防锈
  - 金属除锈
- 防治物品霉变
  - 物品的保管
  - 药剂防霉腐
- 不同物品的保管
  - 贵重物品保管
  - 危险物品保管
  - 长期库存的物品保管
  - 退货产品处理
  - 保管易损、易锈、敏感等材料
- 储存质量控制
  - 日常质量监督
  - 定期检验
- 预防与处理呆、废料
  - 呆、废料管理目的
  - 呆滞料的管理
  - 呆、废料的类型
  - 呆料的预防与处理
  - 如何预防与处理废料

5.1 保管作业内容有哪些

一般来说，按照业务活动的内容，可以将保管作业分为三个阶段，具体如图5-1所示。

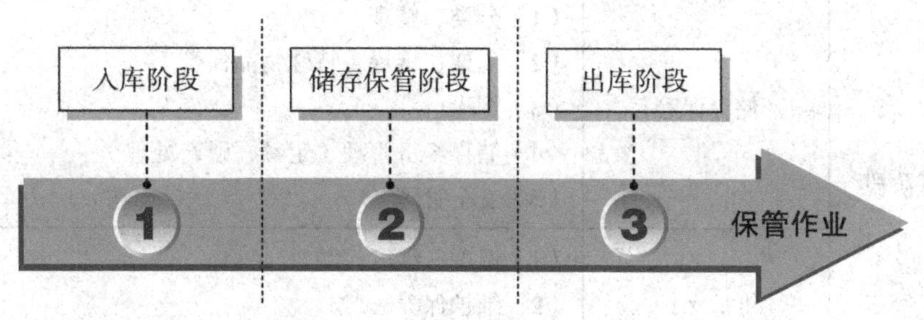

图5-1 保管作业的三个阶段

1. 入库阶段

入库阶段的业务活动主要包括接运和验收。

（1）接运

接运包括三个方面的内容，具体如图5-2所示。

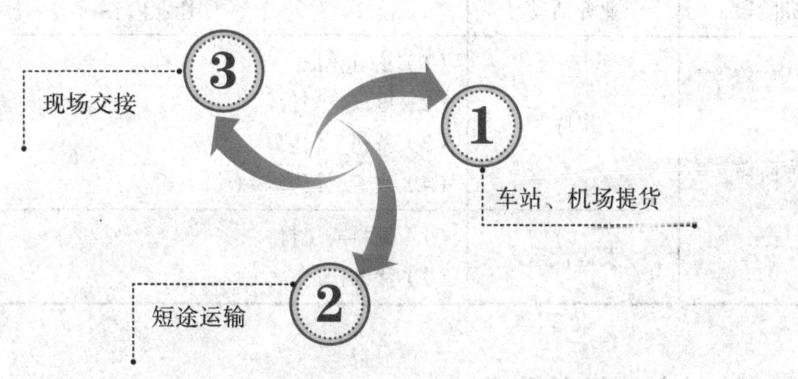

图5-2 接运的内容

（2）验收

验收包括三个方面的内容，具体如图5-3所示。

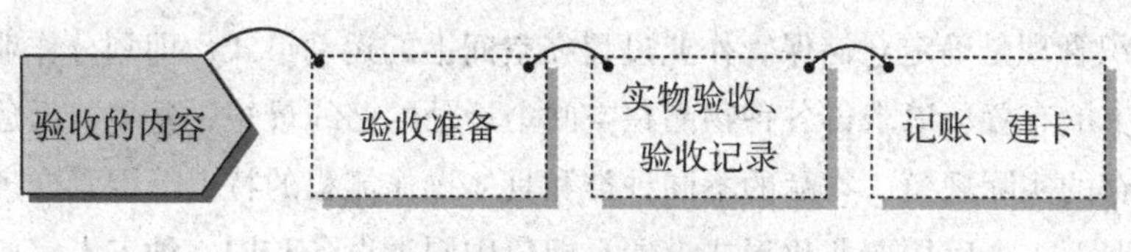

图5-3 验收的内容

2. 储存保管阶段

储存保管阶段的业务活动主要包括储存保管和维护保护，具体如表5-1所示。

表5-1 储存保管阶段作业活动内容

业务阶段	业务活动	作业内容
储存保管阶段	储存保管	（1）分类、整理 （2）上架、堆垛（特殊物品保管） （3）倒垛 （4）储存经济管理（定额、财产处理） （5）安全管理
	维护保护	（1）温度、湿度控制 （2）维护保养 （3）检查、盘点

3. 出库阶段

出库阶段的业务活动主要包括出库和发运代运，具体如表5-2所示。

表5-2 出库阶段作业活动内容

业务阶段	业务活动	作业内容
出库阶段	出库	（1）核对凭证 （2）审核、划价 （3）备料、包装 （4）改卡、记账
	发运代运	（1）领料或送料 （2）代办托运

5.2 组织仓储保管作业

仓库主管要指导仓库人员做好仓储保管作业，包括空间和时间两方面的具体管理。

1. 空间组织管理

空间组织管理是确定仓储保管作业过程在空间上的运动形式，即划分作业及确定它们在一定平面上的布置，以求得各种物品在空间上运动的路线最短，避免往返运转。仓库主管应根据储存的实际规模、物品的不同种类和具体操作流程的特点等因素合理安排组织设计。一般情况下，仓库按专业化形式设置，即集中同类设备和同一种工人完成作业过程中的某一道工序。例如，装卸搬运队专门负责装卸、搬运、堆码等作业，验收组专门负责物品的检验作业，物品维护保养队专门负责物品的维护保养作业等。

2. 时间组织管理

时间组织管理是通过对物品的整个储存保管过程进行事先评价分析，确定如何设计能使时间得到合理安排，尽可能消除和减少人员和设备的停工时间。

作业过程的时间组织管理与作业班组和工序的结合形式等有很大的关系，仓库主管需要综合各方面的情况合理地安排。时间组织管理形式有平行作业、顺次作业和顺次平行作业。

5.3 物品储存、保管要求

仓库主管做好组织设计后，需要集中对各仓库人员进行简单的培训讲解，重点对如何做好储存、保管进行说明。

1. 保管、储存控制的要求

各种原材料、在制品、成品均应储存在适宜的场地和库房，储存场所的条件应与产品保管要求相适应。储存控制应确保三个方面的要求，具体如图5-4所示。

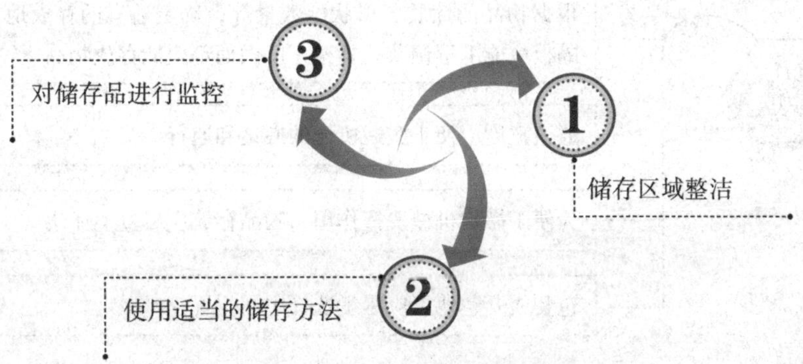

图5-4 保管、储存控制的要求

（1）储存区域整洁

对温度、湿度和其他条件敏感的物品，应有明显的识别标记，并单独存放。

（2）使用适当的储存方法

储存中可能会变质和腐蚀的物品，应按一定的防腐蚀和防变质的方法进行清洗、防护、特殊包装和存放。

（3）对储存品进行监控

对储存品的监控主要有四个要点，具体如图5-5所示。

要点一　如定期检验、对在库产品实行先入先出的原则、定期熏蒸消毒等，做好库存品的检验记录

要点二　物品入库应验收合格，并注明接收日期、作出适当标记；对有储存期要求的物品，应制定储存品周转制度；物品堆放要有利于存取，并防止误用

要点三　定期检查库存品状况，禁止非仓库人员进入仓库。物品出库手续应齐全，应加强仓库管理

要点四　储存物品应有一套清楚、完整的账物卡管理制度

图5–5　对储存品的监控

2. 库存品的存放要领

（1）整理仓库

仓库主管应要求各仓管员整理好仓库通道，并进行合理设计，留有适宜的包装或拆包场地。整理仓库时应注意如图5–6所示的四个要点。

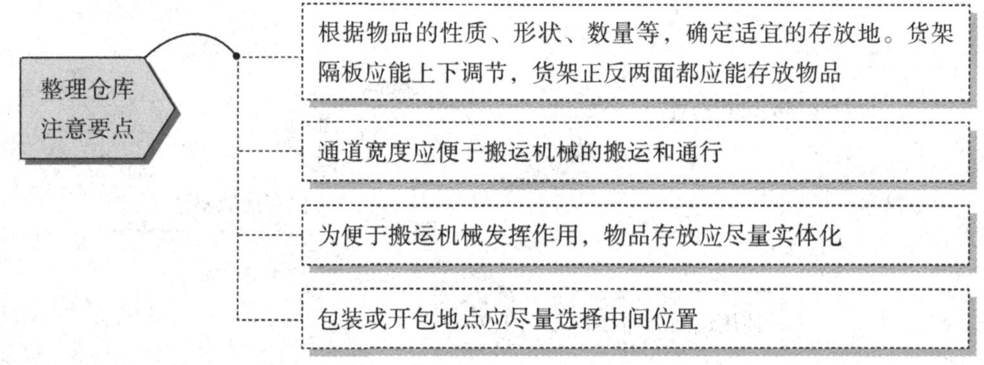

图5–6　整理仓库注意要点

（2）各种物品的存放要领

各种库存品应根据不同性质进行存放，具体存放要领如表5–3所示。

表5–3　各种库存品的存放要领

库存品类别	存放要求	操作要领
物料	做好防湿、防尘、防霉、防蛀工作	（1）防湿品应存放于湿度控制室，或者利用防湿包装及加干燥剂

（续表）

库存品类别	存放要求	操作要领
物料	做好防湿、防尘、防霉、防蛀工作	（2）易碎和易坏品应格外小心存放 （3）冷冻品应存放于冷冻室，冷藏品应存放于冷藏室，需冰温品应存放于冰温室 （4）做好防尘工作，注意防止变质、变色或腐烂 （5）危险品应单独存放
成品	成品的存放保管应利于出库，便于提高出库效率	（1）存放品应便于计数和检查，最好横放，避免计数时翻查 （2）同种类成品应集中存放于同一场所 （3）厚重品置于下方，轻薄品置于上方。出库频率高的产品应存放于出入口附近 （4）存放时，应方便搬运机械操作
其他物品	根据各自属性，选择不同器具进行存放	（1）电器件等小物品应放于抽屉式货箱 （2）多类少量物品应尽量组合存放 （3）电池类物品可采用托架式存放，并配以挡板，以增强其稳定性 （4）铁锹等物品可采用吊挂式存放 （5）床椅、机床等应采取平堆式存放

（3）物品的防误发和防破损

为避免保管品的误发和破损，需注意如图5-7所示的四个事项。

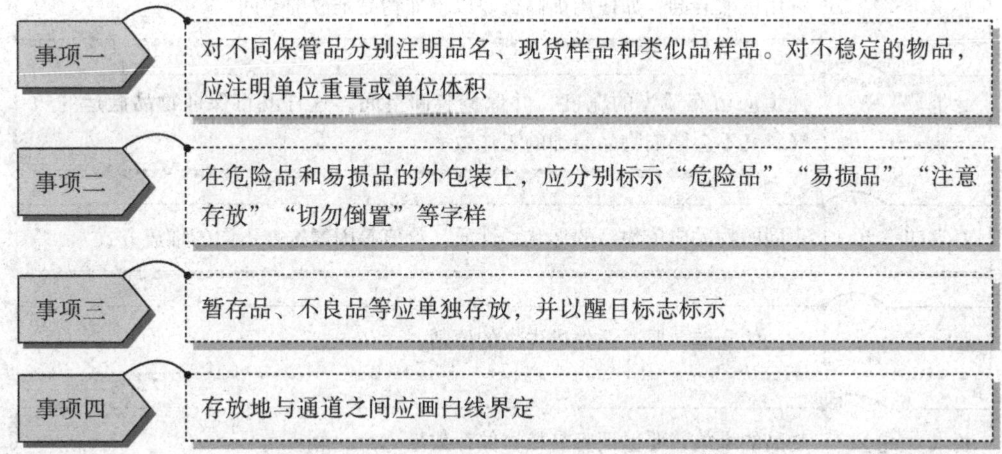

图5-7　物品防误发和防破损注意事项

（4）经常进行账物核查

在账物对照和检查核对时，应注意如图5-8所示的三个事项。

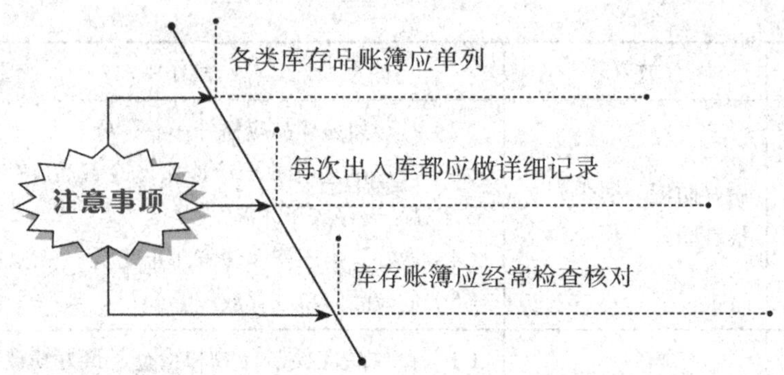

图5–8　账物对照和检查核对注意事项

5.4　物品的堆放

物品的堆放正确与否直接关系到物品保管的质量。仓库主管须对仓管员的堆放作业和堆放效果进行指导与检查，确保物品的堆放科学、合理。

1. 物品堆放的要求

物品堆放时，应注意如图5–9所示的七点要求。

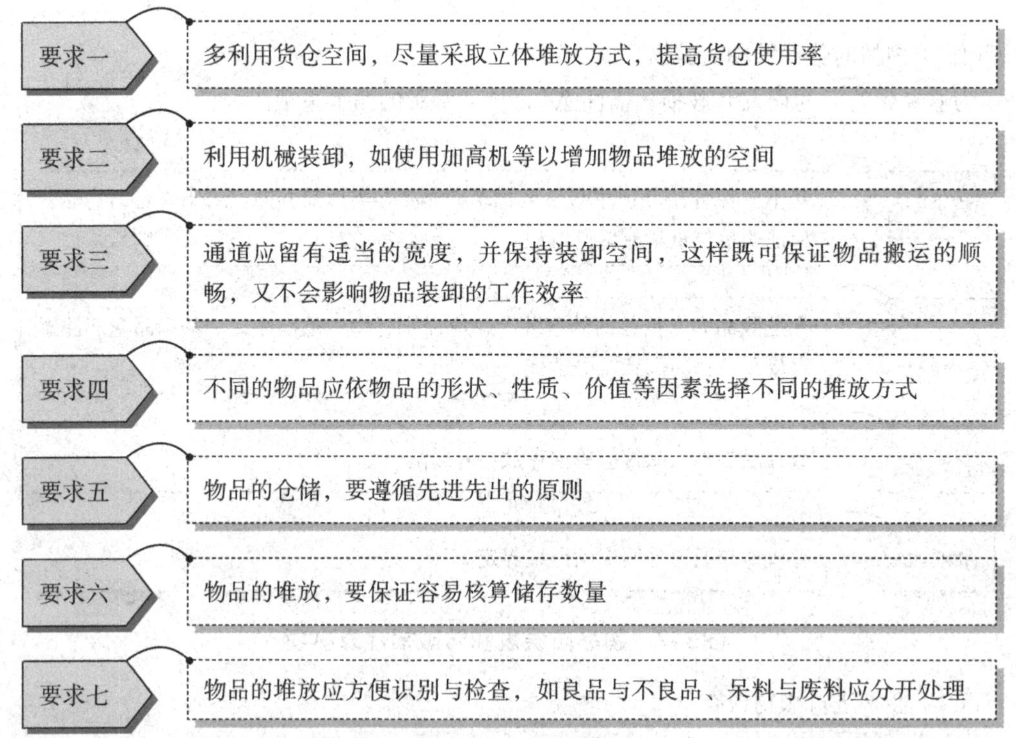

图5–9　物品堆放的要求

2. 物品堆放的注意事项

物品堆放的注意事项主要有六点，具体如图5-10所示。

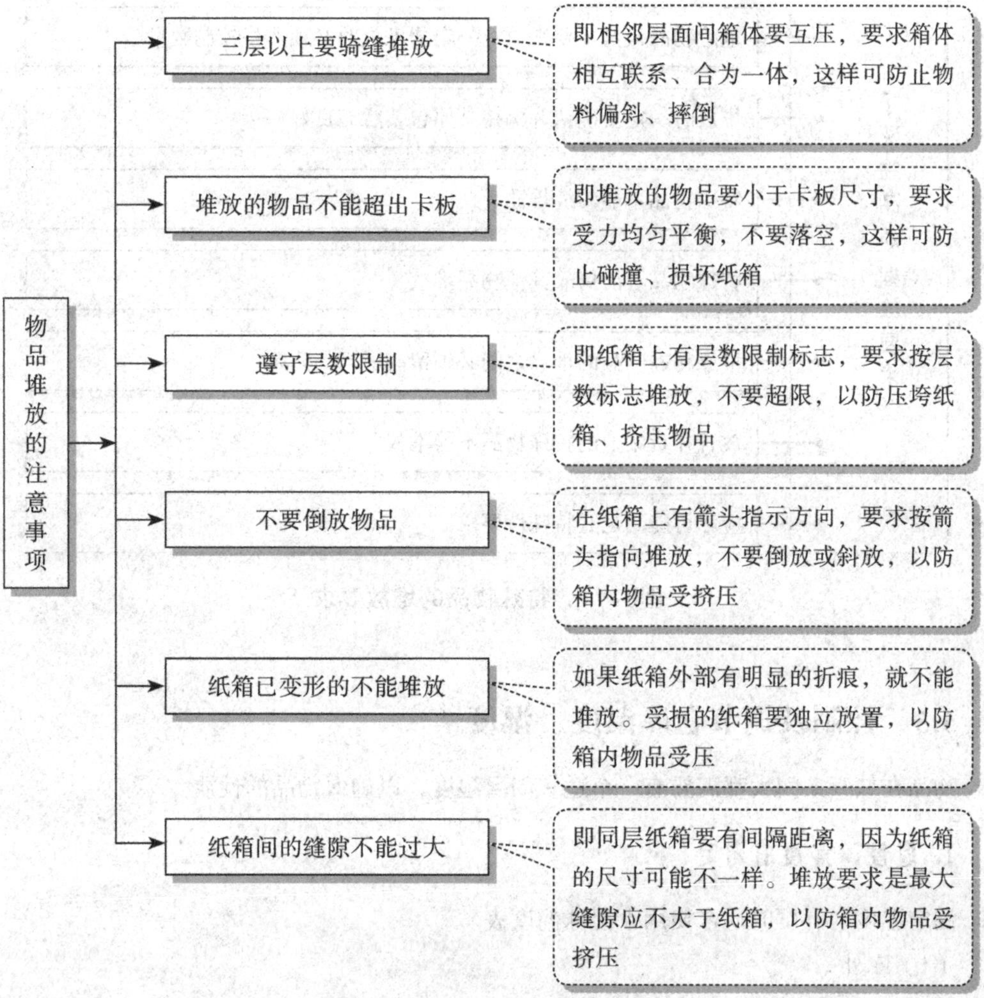

物品堆放的注意事项

- 三层以上要骑缝堆放：即相邻层面间箱体要互压，要求箱体相互联系、合为一体，这样可防止物料偏斜、摔倒
- 堆放的物品不能超出卡板：即堆放的物品要小于卡板尺寸，要求受力均匀平衡，不要落空，这样可防止碰撞、损坏纸箱
- 遵守层数限制：即纸箱上有层数限制标志，要求按层数标志堆放，不要超限，以防压垮纸箱、挤压物品
- 不要倒放物品：在纸箱上有箭头指示方向，要求按箭头指向堆放，不要倒放或斜放，以防箱内物品受挤压
- 纸箱已变形的不能堆放：如果纸箱外部有明显的折痕，就不能堆放。受损的纸箱要独立放置，以防箱内物品受压
- 纸箱间的缝隙不能过大：即同层纸箱要有间隔距离，因为纸箱的尺寸可能不一样。堆放要求是最大缝隙应不大于纸箱，以防箱内物品受挤压

图5-10 物品堆放的注意事项

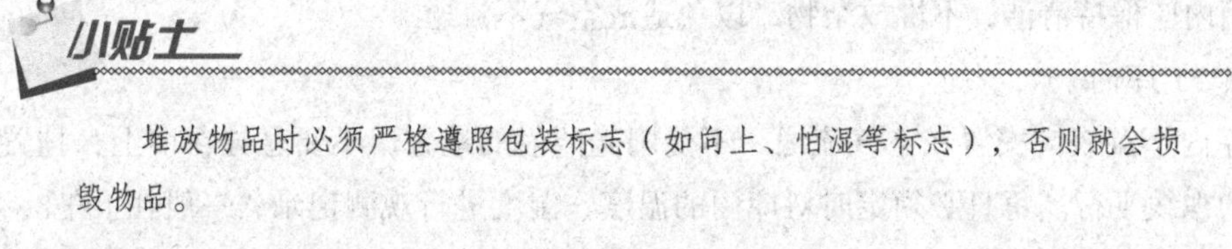

堆放物品时必须严格遵照包装标志（如向上、怕湿等标志），否则就会损毁物品。

3. 特殊物品的堆放要求

特殊物品是指易燃、易爆、剧毒或具有放射性、挥发性、腐蚀性的危险物品。特殊物品的堆放要求如图5-11所示。

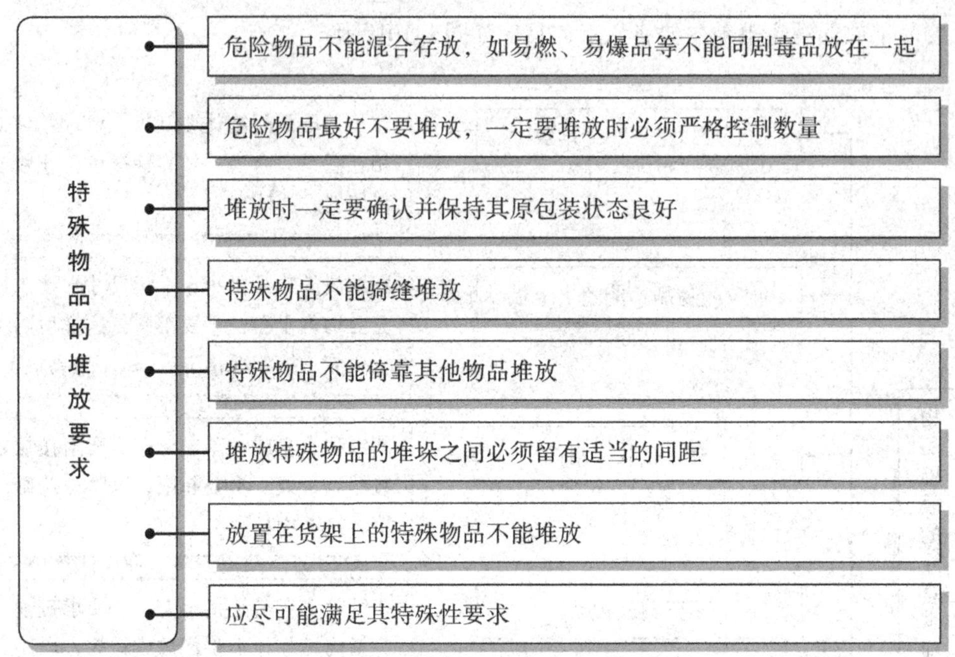

图5-11　特殊物品的堆放要求

5.5　控制及调节仓库温度、湿度

物品在储存期间大都需要有一个适宜的温湿度，以确保物品的性质。

1. 温度、湿度的测定

测定温度、湿度时通常使用干湿球温度表。

（1）库外

在库外设置干湿表，为避免阳光、雨水、灰尘的侵袭，应将干湿表放在百叶箱内。百叶箱中温度表的球部离地面高度为2米，百叶箱的门应朝北安放，以防观察时受阳光直接照射。箱内应保持清洁，不堆放杂物，以免造成空气不流通。

（2）库内

库内干湿表应安置在空气流通、不受阳光照射的地方，不要悬挂在墙上；挂置高度应与人的视线平行。每日必须定时对库内的温度、湿度进行观测记录，一般在上午8～10时、下午14～16时各观测一次。记录资料要妥善保存，定期分析，找出规律，以便掌握物品保管的主动权。

2. 温度、湿度调控方法

常见的温湿度调控主要通过通风降温、密封、吸潮来实现。温度、湿度调控方法如

图5-12所示。

图5-12　温度、湿度调控方法

（1）通风降温

通风降温时应注意气象条件，如在天晴且风力不超过5级时效果较好，在秋冬季节通风较为理想。

（2）密封

一般情况下，对物品出入不太频繁的库房可采取整库封闭；对物品出入较为频繁的库房可采取封垛的措施。密封注意要点如图5-13所示。

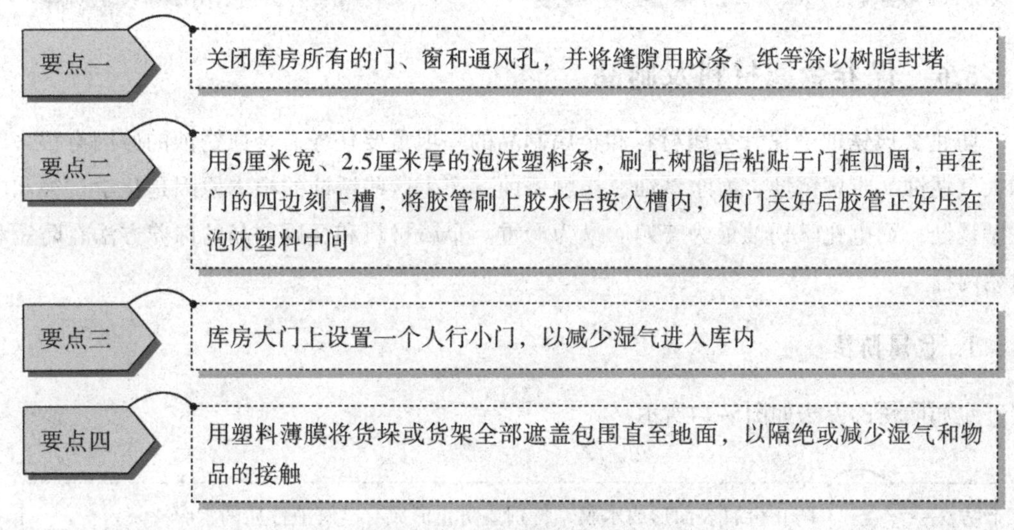

图5-13　密封注意要点

（3）吸潮

吸潮时应注意以下两点内容。

①使用吸湿剂吸收空气中的水气，主要有生石灰、氯化钙和硅酸。

②使用吸湿机把库内的湿空气吸入冷却器内，使它凝结成水而排出。

下面是某企业仓库温、温度监控记录表范本，供读者参考。

范本

仓库温、湿度监控记录表

库号：　　　　　　　　　　放置位置：　　　　　　　　　　储存物品：

安全温度：　　　　　　　　安全相对湿度：

日期	上午								下午								备注
	天气	干球（℃）	湿球（℃）	相对湿度（%）	绝对湿度		调节措施	记录时间	天气	干球（℃）	湿球（℃）	相对湿度（%）	绝对湿度		调节措施	记录时间	
					库内	库外							库内	库外			

5.6　保养金属材料及制品

防止金属锈蚀是保管金属材料和金属制品的一项重要任务。金属锈蚀的原因有很多，如大气锈蚀、土壤锈蚀、海水锈蚀、接触锈蚀。产生这些锈蚀的根本原因是化学锈蚀和电化学锈蚀，而电化学锈蚀最为普遍、最为严重。金属材料和金属制品的保养方法有防锈和除锈两种。

1. 金属防锈

金属防锈的方法如图5-14所示。

方法一　防止金属表面形成水膜，特别要防止形成有电解液性质的水膜

方法二　按不同物品的物理、化学性质，选择适合其保管条件的储存场所，加强通风降温

方法三　采取行之有效的防锈措施，如垛位的上遮下垫、封垛、除湿、降温

根据不同金属制品的不同要求，选择适合金属材料和金属制品使用条件的防锈油，如硬膜防锈油、软膜防锈油

图5-14 金属防锈的方法

2. 金属除锈

金属除锈的方法如图5-15所示。

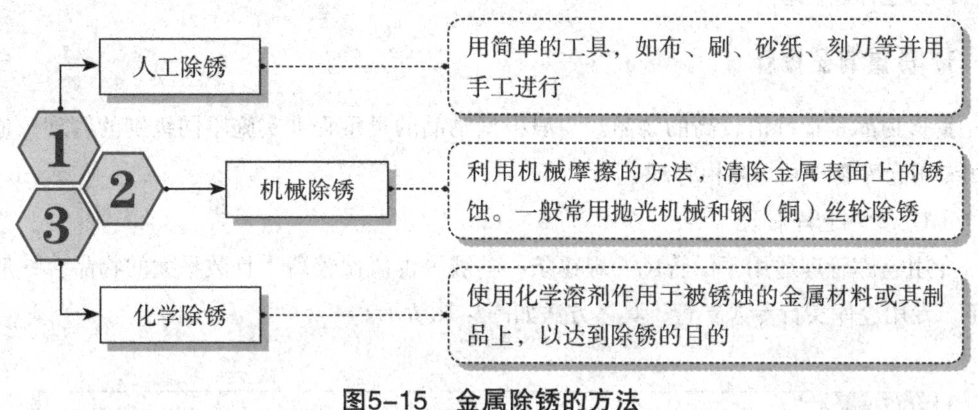

图5-15 金属除锈的方法

5.7 防治物品霉变

物品霉变的防治，主要针对物品霉变的外因——微生物产生的环境条件，而采取相应的技术措施。其具体措施主要有两个：一是加强储存物品的保管工作；二是预防措施，采取药剂防霉腐。

1. 物品的保管

（1）加强每批物品的入库检查，检查有无水渍和霉腐现象，检查物品的自然含水量是否超过储存保管范围，包装是否损坏受潮，内部有无发热现象等。

（2）针对不同物品的性质，采取分类储存保管，以防止物品发生霉变。

（3）根据不同季节、不同地区的不同储存保管条件，采取相应的通风除湿措施，使库内温度和湿度达到具有抑制霉菌生长和繁殖的要求。

2. 药剂防霉腐

即采取对霉腐微生物具有抑制和杀灭作用的化学药剂，滴到物品上，以达到防止霉腐的目的。防霉腐药剂的种类有很多，常用的工业防腐药剂有亚氯酸钠、水杨酰苯胺和多聚甲醛。

由于多数霉腐微生物在有氧条件下才能正常繁殖，因此可采用氮气或二氧化碳气体全部或大部分取代物品储存环境的空气，使物品上的微生物不能生存，以达到防霉腐的目的。这种方法常用于工业品仓库。

5.8 不同物品的保管

针对不同物品，仓库主管应明确其各自的储存、保管要领，最好能制定一套管理规定办法，实施有效管理。

1. 贵重物品保管

贵重物品是指价值较高的物品。一般根据物品的贵重程度实施不同级别的管理，通常使用专用仓库管理和保险柜管理。

（1）专用仓库管理

专用仓库管理适用于保管IC、焊锡条、羊绒等价值比较高，且数量大的物品。一般情况下，专用仓库实行专人专管，具体方法如图5-16所示。

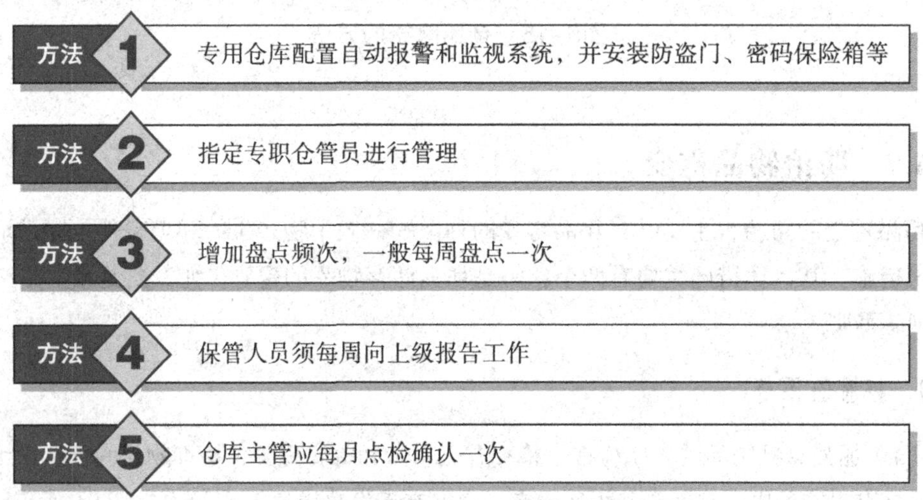

图5-16 专用仓库管理方法

（2）保险柜管理

保险柜管理适用于保管金、银、水银等贵重物品。一般情况下，保险柜管理实行两人管理制，具体方法如图5-17所示。

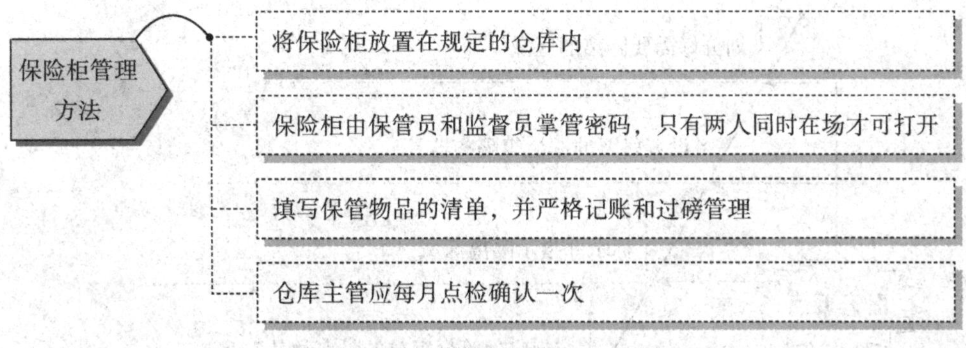

图5-17　保险柜管理方法

2. 危险物品保管

危险物品是指化工原料、印刷油墨、炸药、汽油、天那水等具有危险性的物品。因其本身存在危险性，一般要根据物品的危险程度实施不同级别的管理。

（1）高危物品

高危物品是指具有高危险性的物品（如炸药、汽油、天那水），需要将其保管于专用仓库，保管要点如图5-18所示。

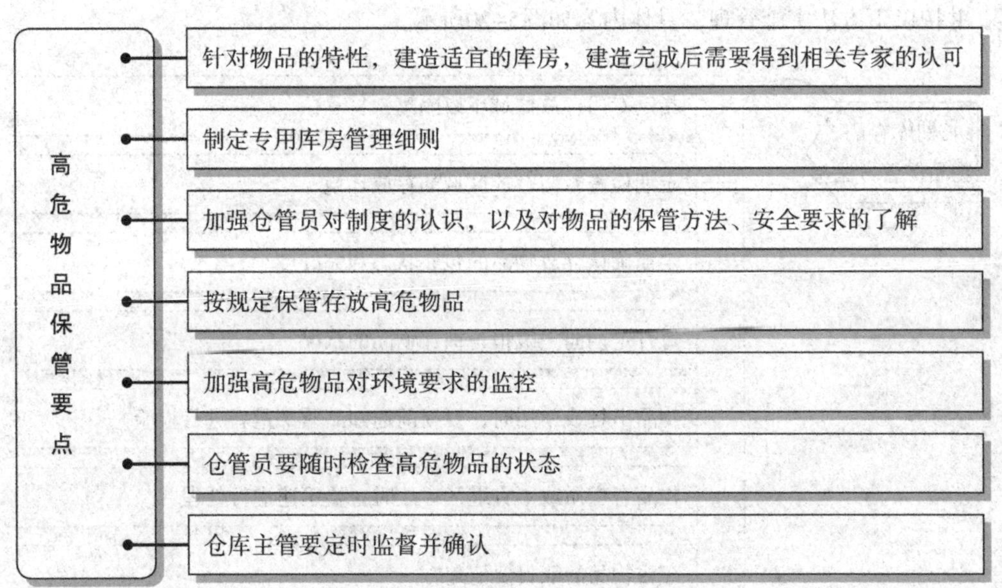

图5-18　高危物品保管要点

（2）低危物品

低危物品是指包装完好的化工原料、印刷油墨等，这类物品一般需要隔离管理，保管要点如图5-19所示。

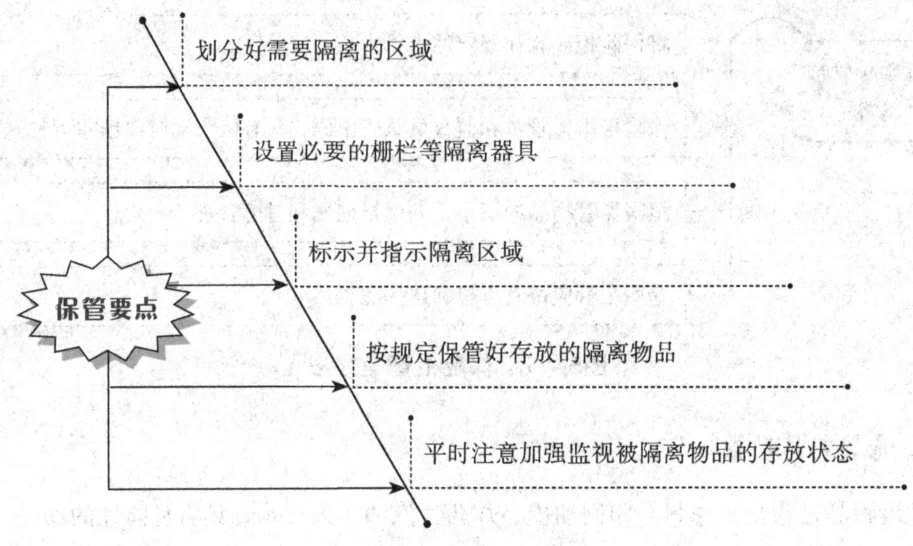

图5-19　低危物品保管要点

3. 长期库存的物品保管

由于错误采购、设计变更等原因产生了大量库存品，因此应尽量减少长期库存的物品，并按以下方法实施管理，具体内容如图5-20所示。

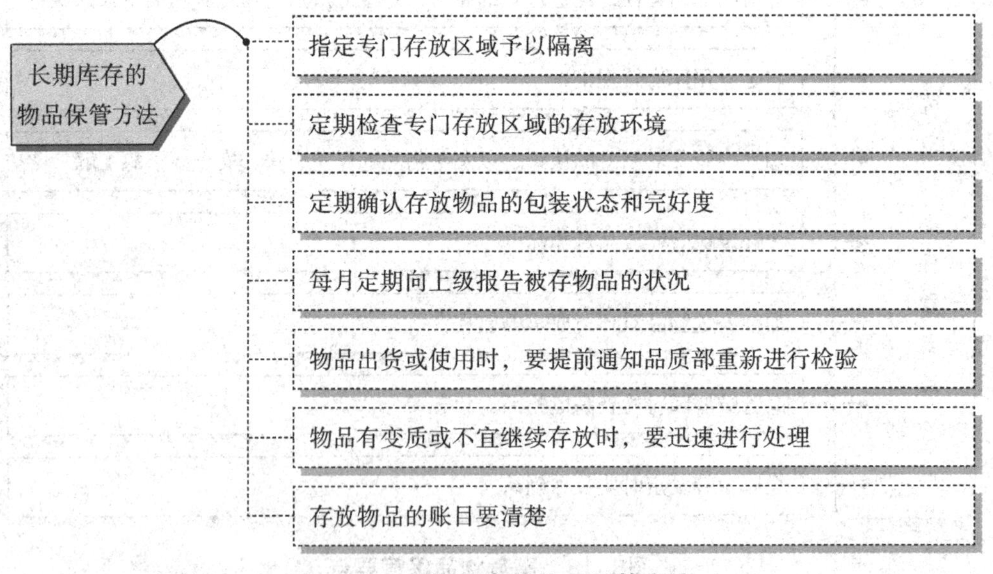

图5-20　长期库存的物品保管方法

4. 退货产品处理

退货产品是出货后，由于某些原因被客户退回到企业的产品。对其保管处理应分清类型。退货产品主要有客户检验退货品和客户使用后退货品两种类型。

（1）客户检验退货品

客户检验退货品是指由于客户或其他机构在检验中发现了某些问题，整批退回且未经使用。这类退货产品的保管要点如图5-21所示。

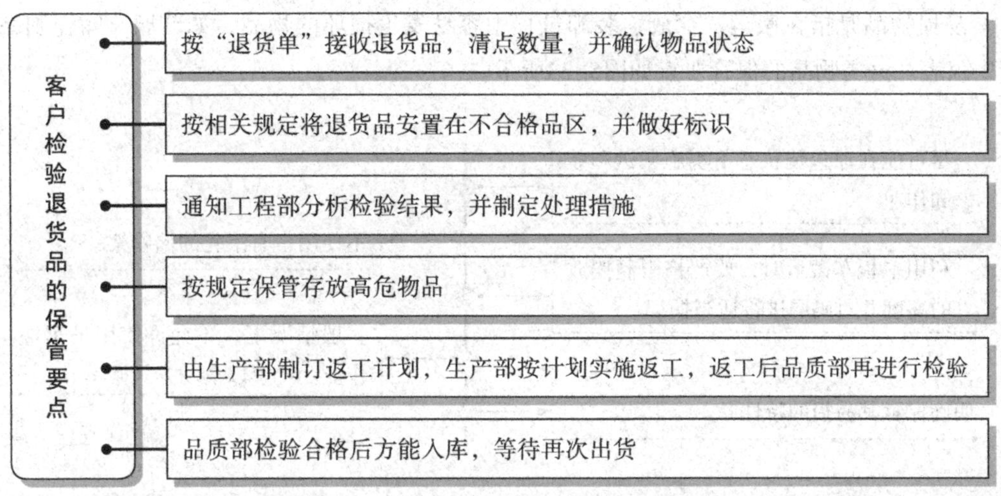

图5-21　客户检验退货品的保管要点

（2）客户使用后退货品

客户使用后退货品主要是已经使用过的非批量性产品在使用时发现了某些产品本身的功能或性能问题，致使客户产生不满意而引起的。这类退货产品的保管要点如图5-22所示。

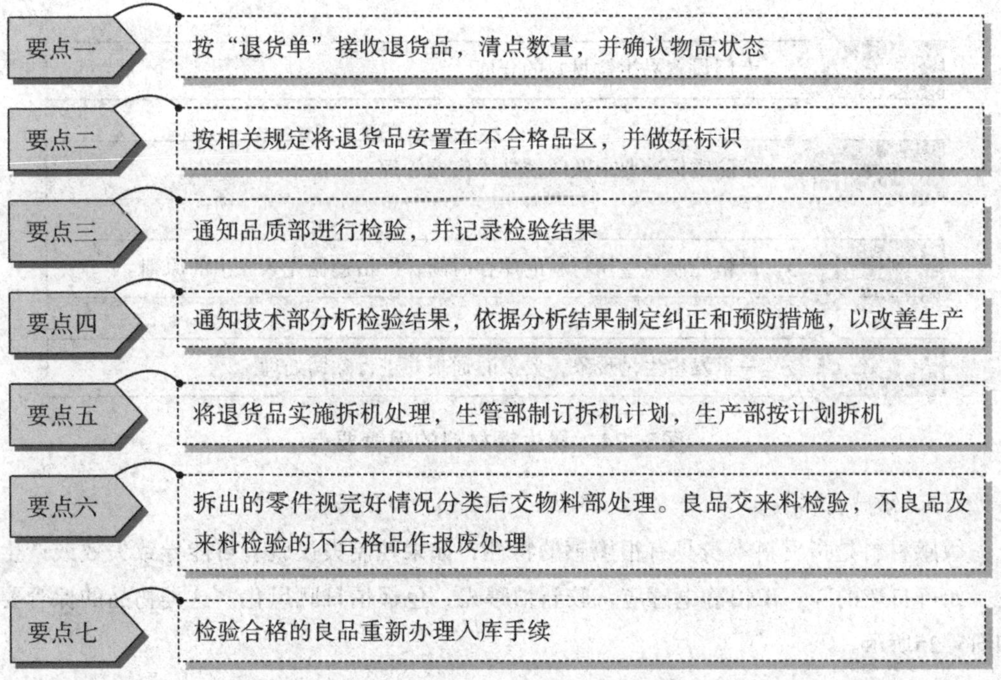

图5-22　客户使用后退货品的保管要点

5. 保管易损、易锈、敏感等材料

其他物料、物品的保管主要是针对易损物品、易生锈材料、敏感材料、可疑材料等。

（1）易损物品

易损物品是指在搬运、存放、装卸过程中容易发生损坏的物品，如玻璃、陶瓷制品、精密仪表。这类物品的保管要点如图5-23所示。

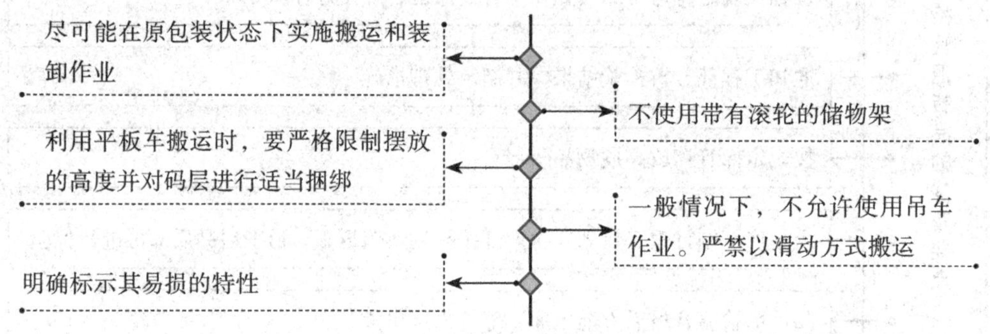

图5-23 易损物品的保管要点

（2）易生锈材料

易生锈材料是指具有加工切口的金属类物料，如果没有抗氧化的保护层，很容易发生氧化生锈，如有冲口的机器外壳、有螺丝口的垫片。这类物品的保管要点如图5-24所示。

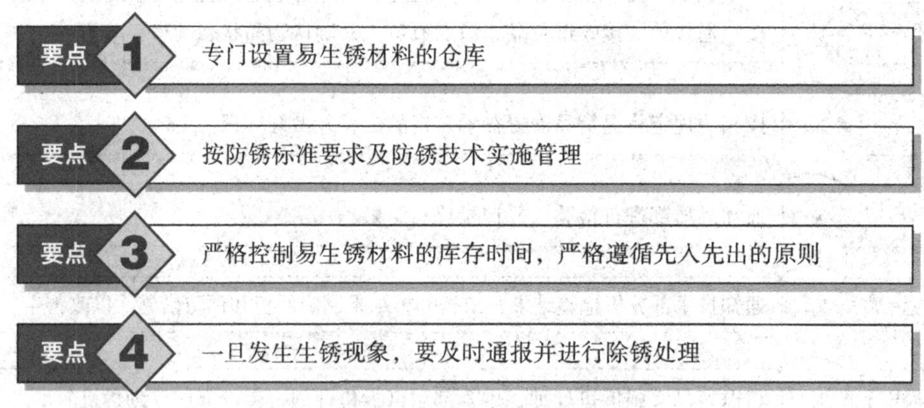

图5-24 易生锈材料的保管要点

（3）敏感材料

敏感材料是指材料本身具有很敏感的特性，如果控制失误就有可能导致失效或产生事故，如可自燃的磷、IC怕静电感应，胶卷怕曝光，色板怕日晒风化。这类物品的保管要点如图5-25所示。

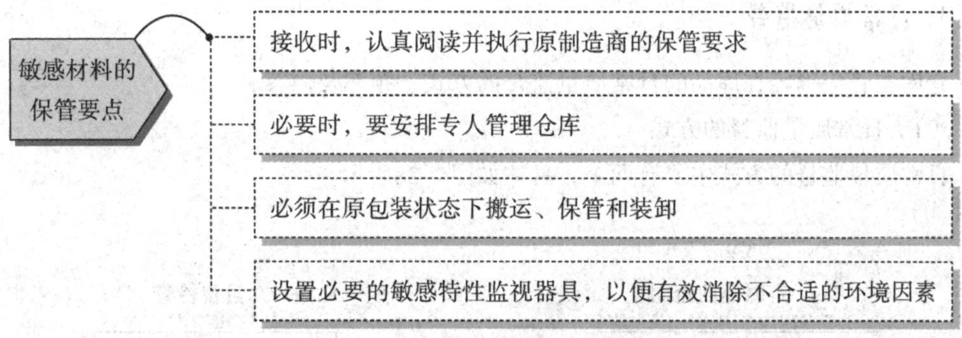

图5-25　敏感材料的保管要点

（4）有效期较短的物料

有效期较短的物料是指有效期不满一年，或者随着时间的延长，其性能下降比较快的物料，如电池、黄胶水、PCB。这类物品的保管要点如图5-26所示。

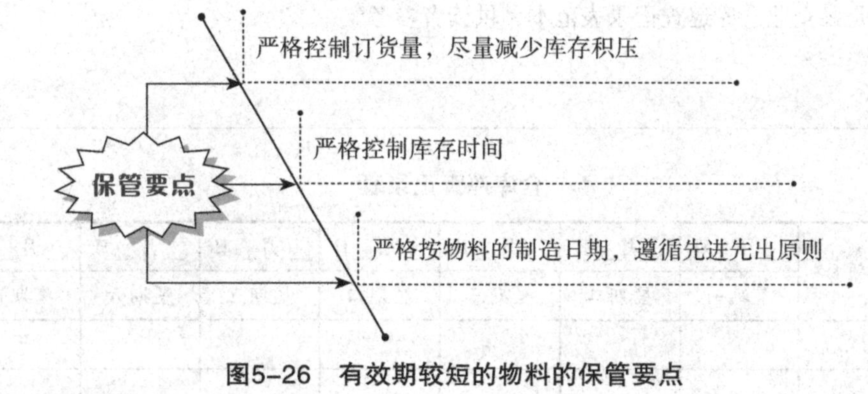

图5-26　有效期较短的物料的保管要点

（5）可疑材料

可疑材料是指性质、状态、规格、型号和名称等不明确，或者缺乏证据的材料（如物料的标志遭到损坏），相关人员不能确定其性质和状态。这类物品的保管要点如图5-27所示。

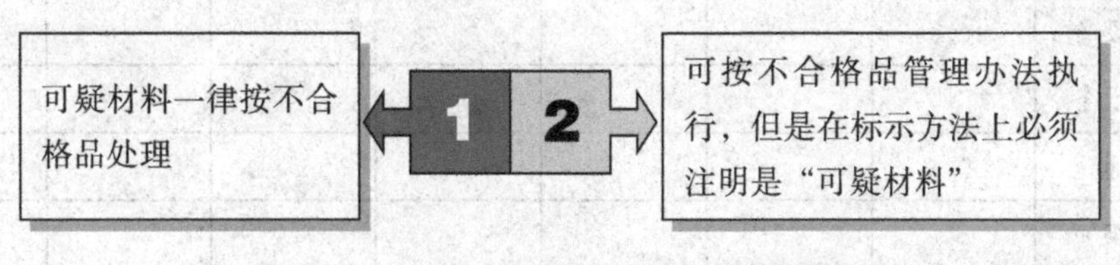

图5-27　有效期较短的物料的保管要点

5.9　储存质量控制

对于储存在库的各种物品，仓库主管要做好质量监督，以保证储存的质量。

1. 日常质量监督

仓库主管应确定在库品的日常质量监督的方式、频率及内容。

（1）日常质量监督的方式

日常质量监督的方式主要有两个，具体如图5-28所示。

图5-28　日常质量监督的方式

下面是某企业仓库巡查记录表范本，供读者参考。

范本

仓库巡查记录表

检查项目	__月__日	__月__日	__月__日	__月__日	__月__日	__月__日	__月__日
	星期一	星期二	星期三	星期四	星期五	星期六	星期日
库房清洁							
作业通道							
用具归位							
货品状态							
库房温度							
相对湿度							
照明设备							
消防设备							
消防通道							
防盗							
托盘维护							
检查人							

注：1. 消防设备每月做一次全面检查。

2. 将破损的托盘每月集中维护处理。

（2）日常质量监督的频率

日常质量监督频率的要点如图5-29所示。

图5-29 日常质量监督频率的要点

（3）日常质量监督的内容

日常质量监督的内容如图5-30所示。

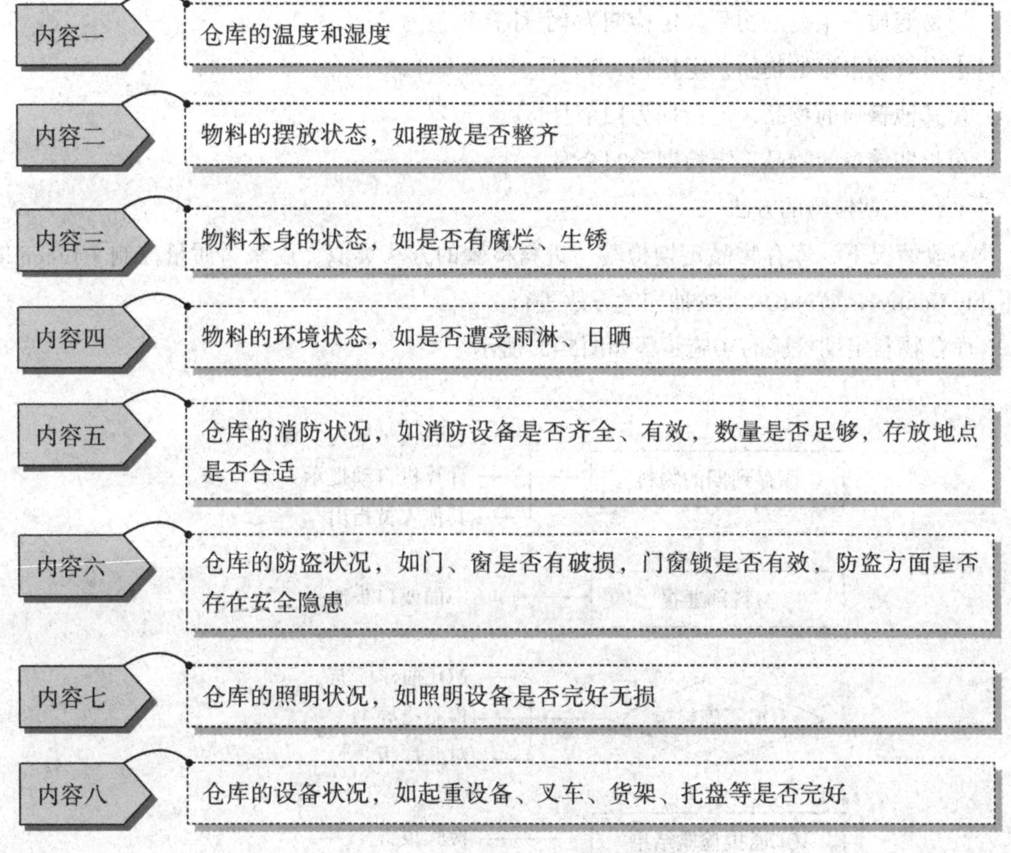

图5-30 日常质量监督的内容

日常质量监督可以利用收发料的机会同时进行，以降低仓管人员的劳动强度，具体方法如下。

（1）发出物料时确认所发出物料及其周围物料的质量状态。

（2）接收物料时确认所接收物料放置位置周围的物料的质量状态。

（3）在收发物料的过程中顺路边走边巡视。

2. 定期检验

仓库主管定期要组织仓管员对库存的物品进行品质检验，对不合格的物品进行相应处理，维持仓库的整体质量。

（1）定期检验的周期

凡库存期限超过一定时间的物品，必须按规定的频次进行一次品质检验，确保被存储的物品质量良好，这就是库存物料的定期检验。这里所说的“定期”是多长时间？期限一般需要根据物料的特性具体规定，主要有以下六种。

①油脂、液体类物品，定检期为6个月。

②危险性特殊类物品，定检期为3个月。

③易变质、生锈的物品，定检期为4个月。

④有效期限短的物品，定检期为3个月。

⑤其他普通的物品，定检期为12个月。

⑥长期储备的物品，定检期为24个月。

（2）定期检验的方法

一般情况下，库存物品定期检验与进料检验的方法类似，由来料质量控制（Incoming Quality Control，简称IQC）按抽样的方法进行。

库存物料定期检验的实施步骤如图5-31所示。

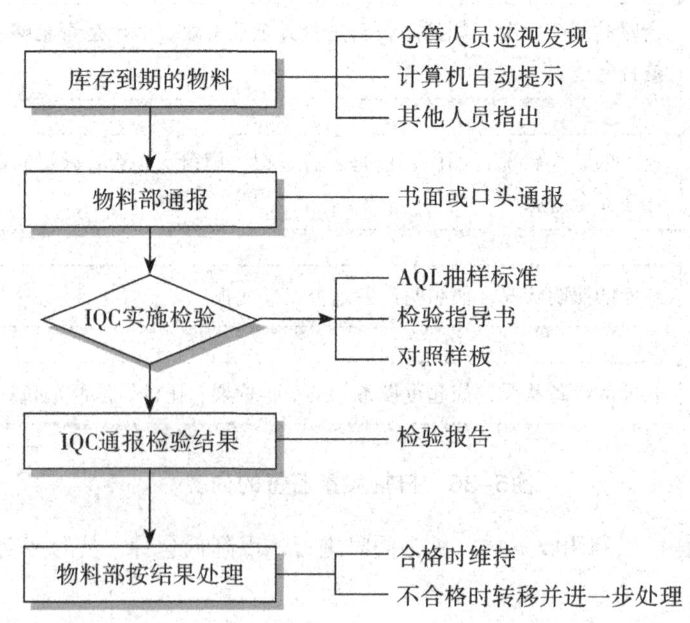

图5-31　库存物料定期检验实施步骤

（3）检验结果的处理

仓库主管应根据品质检验报告对库存物品定期检验结果进行处理；合格时可以维持现状，不合格时则需要按下列步骤处理。

定检不合格品的处理步骤如图5-32所示。

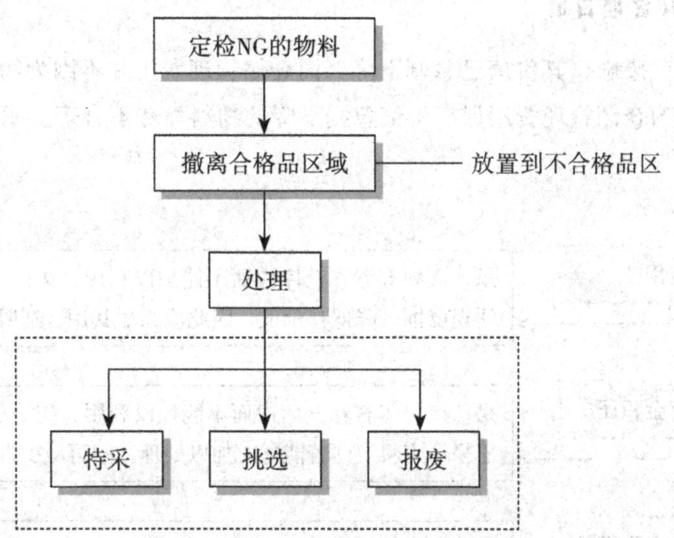

图5-32 定检不合格品的处理步骤

下面是某企业呆、废物料库存月报表范本，供读者参考。

范本

呆、废物料库存月报表

存货单位： 日期：

物料编码	品名	规格	入库日期	单位	发生		本月处理数据	本月结存数量
					数量	日期		

审核： 制表人：

5.10 预防与处理呆、废料

由于呆、废料是在企业的生产经营过程中产生的，其价值已经大大减少，因此仓库主管必须制定一套处理办法，并让各仓管员依照执行。

1. 呆、废料管理目的

物料变成呆、废料，其价值已急剧下降，而仓储管理费用并不因为物料价值下降而减少，因此以同样的仓储管理费用保存价值急剧下降的物料显然不合理。呆、废料管理目的如图5-33所示。

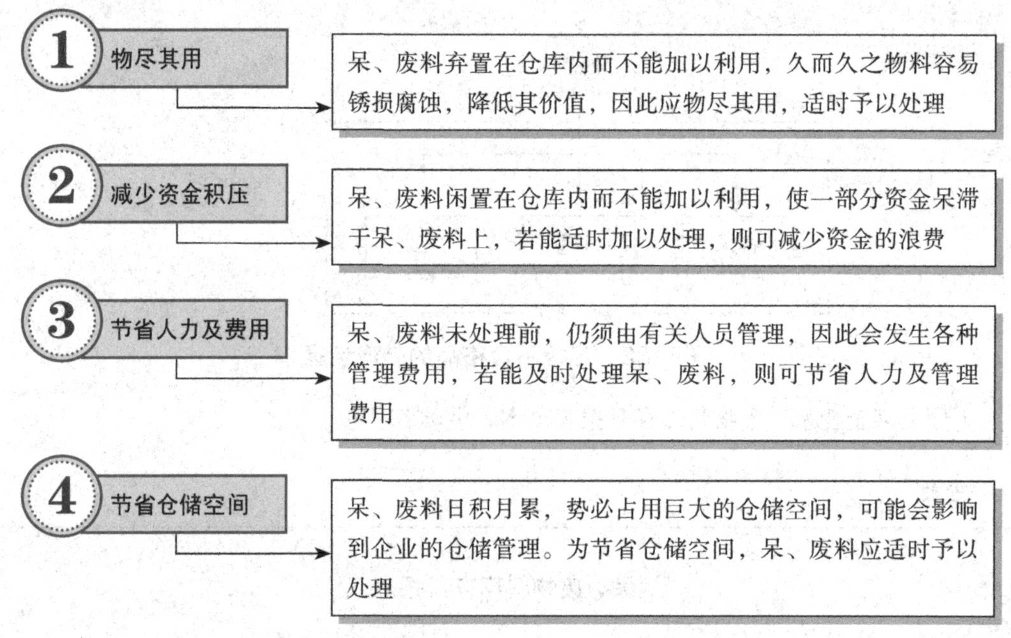

图5-33 呆、废料管理目的

2. 呆滞料的管理

（1）呆滞料的管理规定

一些工厂管理者不知该如何处理一些很久不再使用的物料，有的将它当成垃圾扔掉，有的则觉得非常可惜，毕竟买来时花了不少钱，扔掉太不划算，所以就一直存放在仓库里，结果占用了很多仓储空间，还要花费人力去保管它。针对这一问题，企业应制定相应的制度来予以规范，以便让相关人员了解什么样的物料是呆滞料，知道如何处理这部分物料。

下面是某企业呆滞物料处理办法范本，供读者参考。

范本

呆滞物料处理办法

第一条　目的

为规范本公司库存呆滞物料处理流程及呆滞物料的管理，使之有章可循，特制定本办法。

第二条　适用范围

本公司各仓库中的呆滞物料的处理，除另有规定外，悉依照本办法处理。

第三条　呆滞物料的分类

1. 最后异动日

某物料储存于仓库之中，离盘查时最近的一次物料进出的日期，称为最后异动日；因历史原因无法查清最后异动日的物料，以最近一次盘点的时间为最后异动日。

2. 呆滞物料

某物料的最后异动日至盘查时，其间隔时间超过180天者，称为呆滞物料。

第四条　呆滞物料的种类

呆滞物料产生的原因，大致有以下五种。

（1）订单变更或市场变化较大，导致物料呆滞。

（2）设计变更，导致物料呆滞。

（3）请购、采购失误，导致物料呆滞。

（4）生产余量无处消耗，导致物料呆滞。

（5）其他原因导致物料呆滞。

第五条　呆滞物料处理流程

1. 呆滞物料整理

（1）仓库每月整理物料库存报表时，应将呆滞物料的编号、名称、规格、数量、最后异动日予以明确列出。

（2）资材部统计汇总呆滞物料总金额、数量，并列出呆滞金额或数量最多的前十种物料明细，填写“呆滞物料库存状况”表。

（3）“呆滞物料库存状况”表一式四联，一联由资材部自存，一联呈总经理（或生产副总），一联转财务部，一联转生产管理部物控部门。

（4）资材部应于“呆滞物料库存状况”表中提出呆滞物料处理建议供各相关人员参考，并于每月生产经营会议或生产计划会议上提出。

（5）生产管理部物控部门应对呆滞物料处理负责，针对呆滞物料状况协同相关部门提出处理意见，并督促执行。

（6）总经理（或生产副总）负领导责任，负责协调、指示相关部门提出处理意见（如技术部、品质部、生产管理部）。

（续）

2. 呆滞物料处理。

呆滞物料的处理办法一般有以下八种。

（1）将呆滞物料再加工后予以利用，如整形、重镀等。

（2）用类似物料代替呆滞物料，以不影响功能、安全及主要外观为原则。

（3）将呆滞物料回收后再利用，如塑胶制品回收等。

（4）将呆滞物料退还供应厂商。

（5）将呆滞物料转售给其他使用厂商。

（6）将呆滞物料售予中间商，如废品回收站等。

（7）暂缓处理，继续呆滞，等待时机。

（8）将呆滞品作报废处理。

（2）呆料的认定

呆料的认定通常是根据其最后异动日（该物料最近一次进出日期）判定，当其最后异动日至盘查日期的间隔日期超过180天时，仓管员可以填写“半年无异动滞料明细表”（见表5-4），报请主管人员审批。

表5-4　半年无异动滞料明细表

物料名称	单位	名称规格	入库日期	最近半年无异动			发生原因		拟处理方式		
				数量	单位	金额	原因	说明	办法	数量	期限

3. 呆、废料的类型

（1）呆料

呆料即物料存量过多，耗用量极少，而库存周转率极低的物料。这类物料只是偶尔耗用少许，甚至有根本不再动用的可能。呆料为可用物料，没有失去物料原来的特性和功能，只是呆置在仓库中很少动用。

通常是根据其最后异动日（该物料最近一次进出日期）判定，当其最后异动日至盘查日期的间隔日期超过180天时，仓管员可以填写“半年无异动滞料明细表”，报请主管人员审批。

（2）废料

废料是指报废的物料，其本身已残破不堪、磨损过甚或已超过其使用年限，以致其失去原有的功能而无利用价值。

（3）其他物料

①旧料，即物料经使用或储存过久，已失去原有性能或色泽，致使物料的价值降低。

②残料是在加工过程中所产生的物料零头，已失去其主要功能，但仍可设法利用。

4. 呆料的预防与处理

（1）呆料的预防

呆料预防重于处理，仓库人员可以从呆料的产生原因进行有效的防范，具体预防措施如表5-5所示。

表5-5 呆料的预防措施

部门	预防措施
销售部门	（1）加强销售计划的稳定性，对销售计划的变更要加以规划；切忌频繁变更销售计划，使购进的材料变成仓库中的呆料 （2）客户的订货应确实把握，尤其是特殊订货不宜让客户随意取消 （3）客户预订的产品型号或规格应减少变更，尤其是特殊型号和规格的产品更应设法降低客户变更的机会 （4）销售人员接受的订货内容应确实把握，并把正确、完整的订货内容传送至计划部门
设计部门	（1）提高设计人员的能力，减少设计错误，不至于因设计错误而产生大量呆料 （2）设计力求完整，设计完成后先经过完整的试验，再进行大批量订购材料 （3）设计时要尽量使零件、包装材料等标准化
计划与生产部门	（1）加强产销的协调，增加生产计划的稳定性，对紧急订单作妥善处理，如此可减少呆料的产生 （2）生产计划的拟订应合乎现状。若生产计划错误而造成备料错误，自然会产生呆料 （3）若生产线加强发料、退料的管理，则生产线上的呆料自然会减少 （4）新旧产品更替，生产计划应十分周密，以防旧材料变成呆料
货仓与物控部门	（1）应加强材料计划，减少材料计划失误的情况 （2）对存量加以控制，勿使存量过多，以减少呆料产生 （3）强化仓储管理，保证账物的一致性
采购管理部门	（1）减少物料的不当请购、订购 （2）加强辅导供应厂商，呆料现象自可降低

（续表）

部门	预防措施
验收管理部门	（1）物料验收时，避免混入不合格物料，强化进料检验并彻底执行 （2）加强检验仪器的精良化，避免不良物料入库

（2）呆料的处理

处理呆料的途径主要有如图5-34所示的六种。

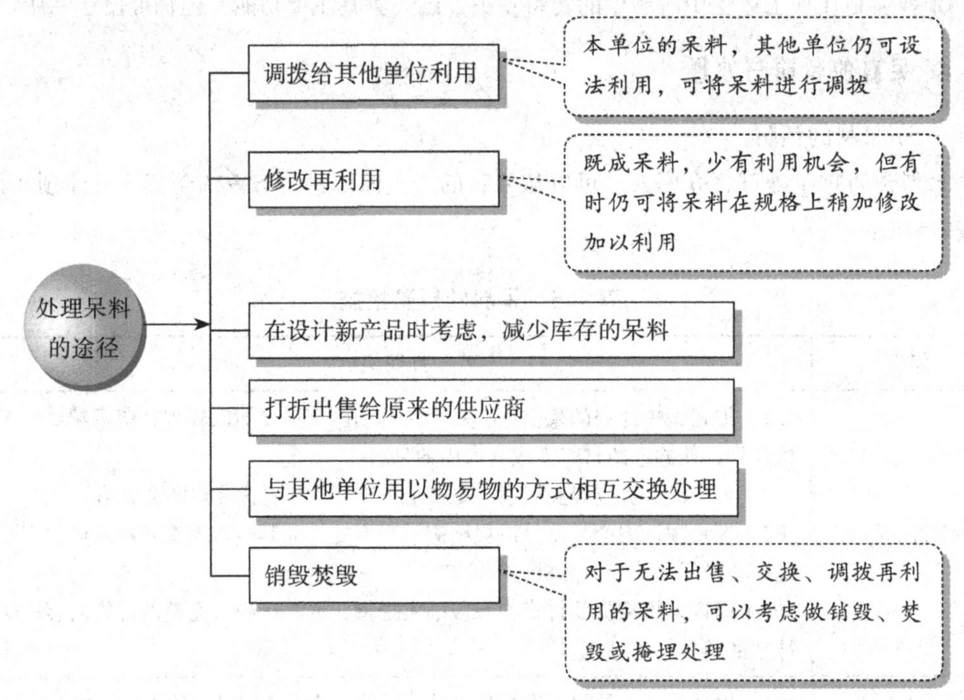

图5-34　处理呆料的途径

仓库主管在查看仓管员的物料库存报表时，应重点查看呆滞物料的种类、名称及数量。

5. 如何预防与处理废料

（1）废料产生的原因

要想正确预防处理废料，仓库主管必须了解废料产生的原因，具体如图5-35所示。

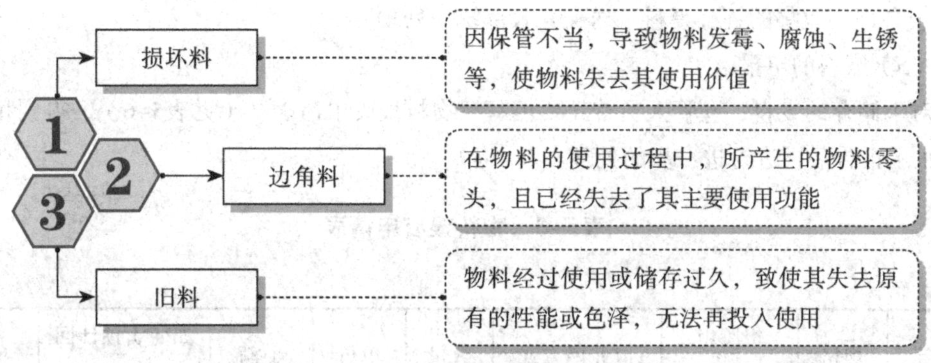

图5-35　废料产生的原因

（2）废料的预防

要想减少废料的产生，预防重于处理。为预防废料的产生，可针对废料发生的原因而采取不同的对策，主要有以下六个。

对策1：减少物料锈蚀的现象。可选用耐酸碱、不易锈蚀的材料。

对策2：减少剪裁边隙，增加钢板、布匹、胶皮等的使用率。

对策3：制定先进先出的物料收发制度，以免物料堆积过久而成为陈腐报废的物料。

对策4：机械设备定期做保养与维护，以减少机器运行不正常而产生废料。

对策5：预防虫咬现象的发生。彻底消灭老鼠、蟑螂和蛀虫等足以破坏物料的虫害。

对策6：设法防止物料的陈腐。可从以下三方面进行。

①减少闲置的呆料，设法加以利用。

②与原有供应厂商洽谈，以旧料换新料，防止发生物料陈腐。

③寻找物料的替代品，防止物料的陈腐。

（3）废料的整理

废料的整理要点如图5-36所示。

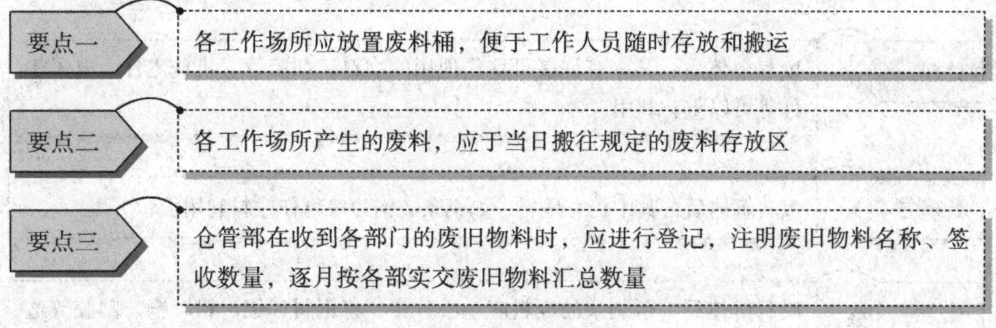

图5-36　废料整理的要点

（4）废料的保管

①设置废料存放区，按类别分开存放，勿随地丢弃。

②各部门收集的各种废料，送交仓管部统一处理。

（5）废料的申报

对于储存的废料，仓管人员首先要填写“物料报废申请表”（见表5-6），得到相关部门的批示报告后再进行进一步的处理。

表5-6　物料报废申请表

编号：　　　　　　　　　　　　　　　　　　　日期：

品名	规格	报废申请原因	拟处理方式	数量	单价	金额	如变卖预计回收金额	备注
合计								
总经理			厂长		生管		仓库主管审核	
财务副总经理			技术/开发		品保		制表人	

（6）废料的处理

仓库主管应根据本企业的实际情况处理废料。

在规模较小的企业，当废料积累到一定程度时应作出售处理。

在规模较大的企业，可将废料集中一处并从事物料解体的工作，将解体后的物料分类处理，如图5-37所示。

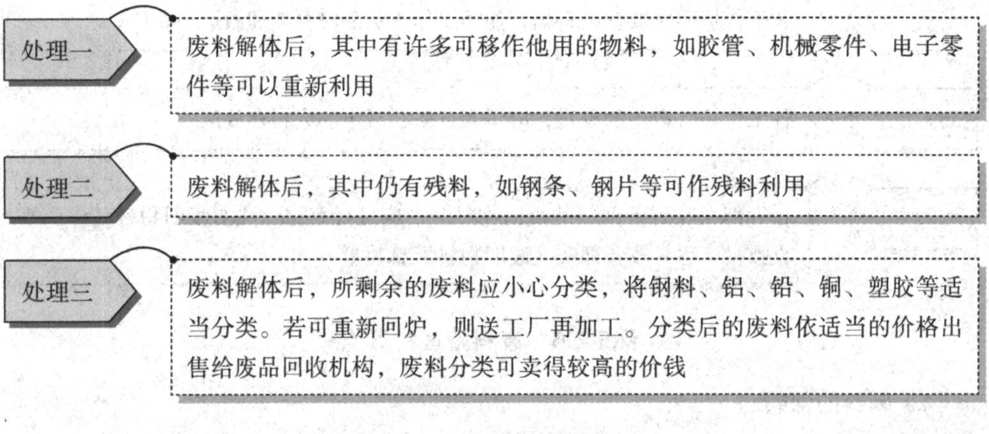

处理一：废料解体后，其中有许多可移作他用的物料，如胶管、机械零件、电子零件等可以重新利用

处理二：废料解体后，其中仍有残料，如钢条、钢片等可作残料利用

处理三：废料解体后，所剩余的废料应小心分类，将钢料、铝、铅、铜、塑胶等适当分类。若可重新回炉，则送工厂再加工。分类后的废料依适当的价格出售给废品回收机构，废料分类可卖得较高的价钱

图5-37　废料的处理

废料处理好的同时要做好档案资料，以备日后查询，其具体格式如表5-7和表5-8所示。

表5-7 废料处理跟催表

处理部门：　　　　　　　　　　　　　　　　　　　　　　　　　　　　填表：_____年___月___日

<table>
<tr><td colspan="3">材料编号</td><td colspan="2">名称</td><td colspan="2">规格</td><td colspan="3">处理表编号</td><td>应完成期限</td><td>未处理数量</td><td>未能如期完成的原因</td></tr>
<tr><td colspan="3"></td><td colspan="2"></td><td colspan="2"></td><td colspan="3"></td><td></td><td></td><td></td></tr>
<tr><td colspan="3">重拟处理方式</td><td colspan="10"></td></tr>
<tr><td>出售期限</td><td colspan="2">利用数量</td><td colspan="9">具体方案说明</td><td>滞料处理人</td></tr>
<tr><td></td><td colspan="2"></td><td colspan="9"></td><td></td></tr>
<tr><td></td><td colspan="2"></td><td colspan="9"></td><td></td></tr>
<tr><td colspan="13">处理记录</td></tr>
<tr><td colspan="2">日期</td><td colspan="2">方式</td><td colspan="2">单价</td><td colspan="2">数量</td><td>金额</td><td colspan="4">纪　要</td></tr>
<tr><td colspan="2"></td><td colspan="2"></td><td colspan="2"></td><td colspan="2"></td><td></td><td colspan="4"></td></tr>
<tr><td colspan="2"></td><td colspan="2"></td><td colspan="2"></td><td colspan="2"></td><td></td><td colspan="4"></td></tr>
</table>

处理部门主管：　　　　　　　　　　　　　　组长：　　　　　　　　　　　　　　滞料处理人：

表5-8 废料处理清单

物料名称	规格型号	物料状况	报废原因	预计残值(元)	实际收入	备注

仓管员：

学习笔记

通过学习本章内容，想必您已经掌握了不少学习心得，请仔细记录下来，以便继续巩固学习。如果您在学习中遇到了一些难点，也请如实写下来，方便今后重复学习，彻底解决这些难点。

我的学习心得

1. ____________________
2. ____________________
3. ____________________
4. ____________________
5. ____________________

我的学习难点

1. ____________________
2. ____________________
3. ____________________
4. ____________________
5. ____________________

我的运用计划

1. ____________________
2. ____________________
3. ____________________
4. ____________________
5. ____________________

第6章 物料盘点工作

盘点是指为了确定仓库内或其他场所内所存物料的实际数量，而对物料的现存数量加以清点。要想做好盘点管理，仓库主管必须根据仓库的实际储存状况，确定科学、合理的盘点方法。

学习指引

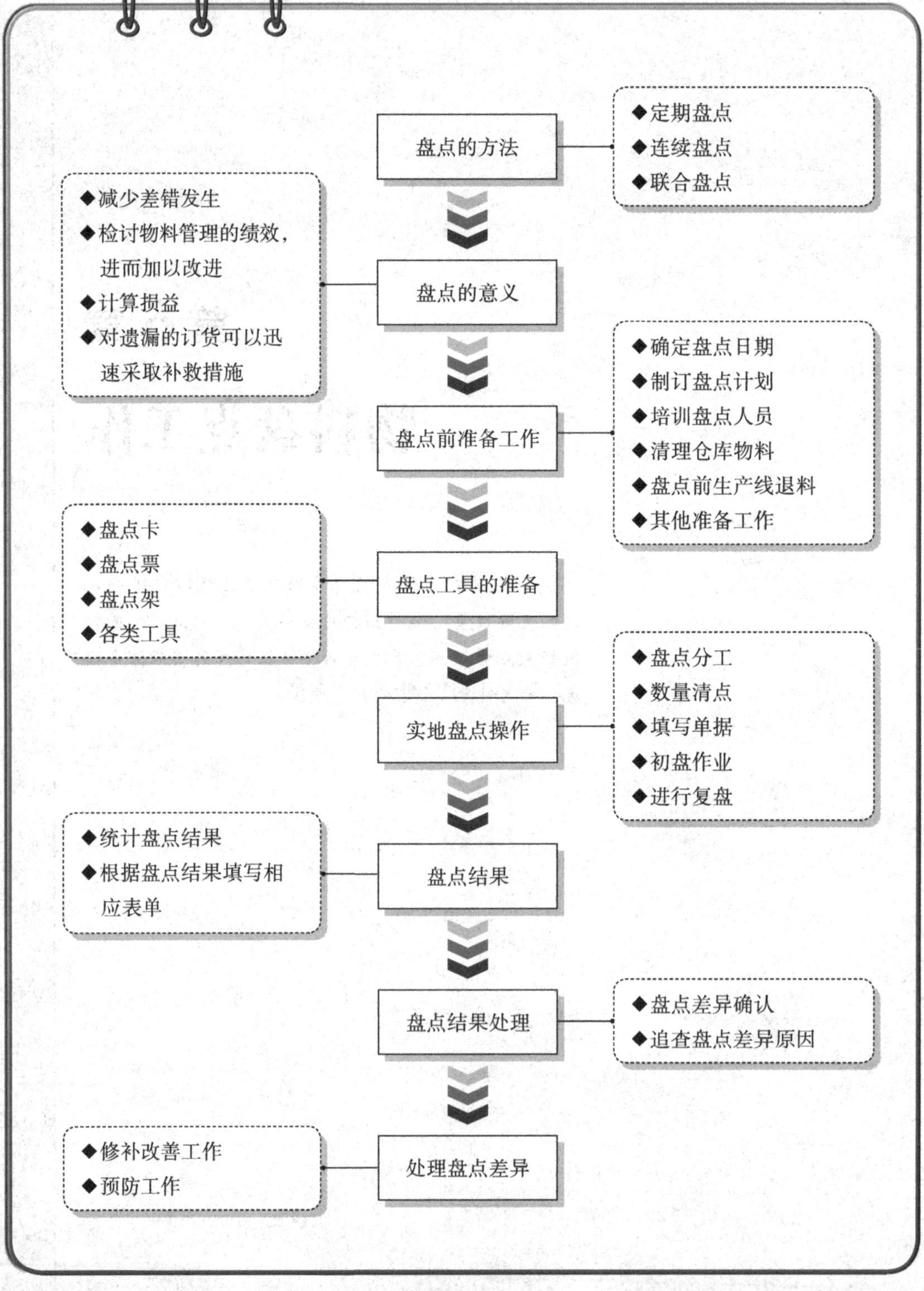

盘点的方法
- ◆定期盘点
- ◆连续盘点
- ◆联合盘点

盘点的意义
- ◆减少差错发生
- ◆检讨物料管理的绩效，进而加以改进
- ◆计算损益
- ◆对遗漏的订货可以迅速采取补救措施

盘点前准备工作
- ◆确定盘点日期
- ◆制订盘点计划
- ◆培训盘点人员
- ◆清理仓库物料
- ◆盘点前生产线退料
- ◆其他准备工作

盘点工具的准备
- ◆盘点卡
- ◆盘点票
- ◆盘点架
- ◆各类工具

实地盘点操作
- ◆盘点分工
- ◆数量清点
- ◆填写单据
- ◆初盘作业
- ◆进行复盘

盘点结果
- ◆统计盘点结果
- ◆根据盘点结果填写相应表单

盘点结果处理
- ◆盘点差异确认
- ◆追查盘点差异原因

处理盘点差异
- ◆修补改善工作
- ◆预防工作

6.1 盘点的方法

1. 定期盘点

定期盘点就是选择一个固定时期，对所有物料进行全面盘点。

（1）优缺点

定期盘点必须关闭仓库，做全面性的物料清点。其优点是能够方便、准确地核对物料、在制品的数量、种类，可减少盘点中的错误；缺点是可能会造成损失，并且需动用大批员工从事盘点工作。

（2）具体方法

定期盘点根据所采用的盘点工具，可分为三种具体方法，如图6-1所示。

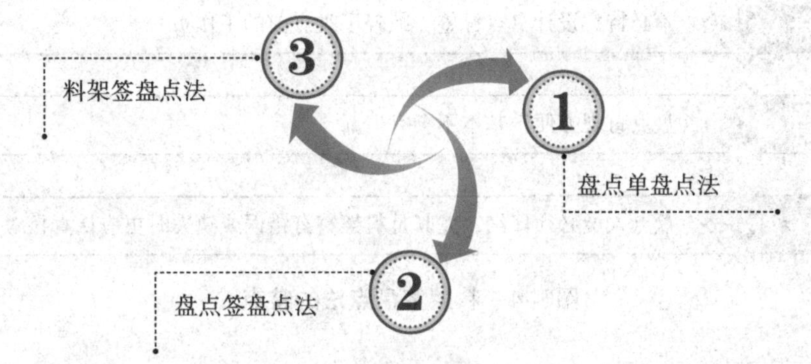

图6-1　定期盘点的方法

①盘点单盘点法，即使用物料盘点单，对盘点结果进行记录的方法。这种方法的优缺点如图6-2所示。

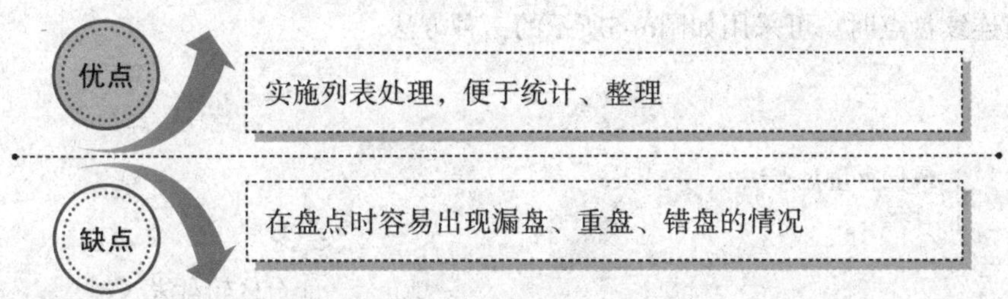

图6-2　盘点单盘点法的优缺点

②盘点签盘点法，即在盘点中采用特别设计的盘点签，盘点后贴在实物上，经复核者复核后撕下的方法。这种方法的优点如图6-3所示。

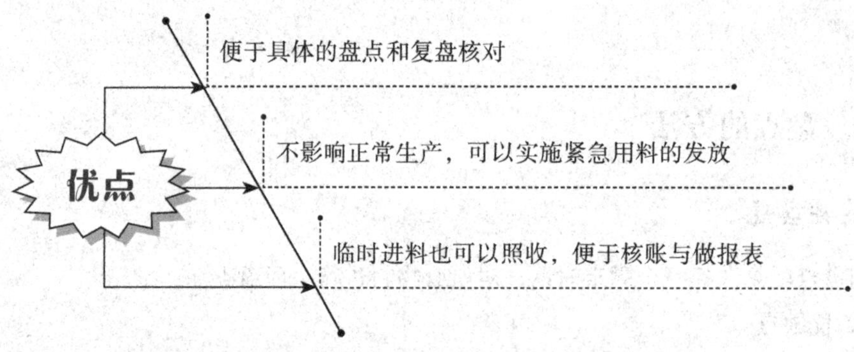

图6-3　盘点签盘点法的优点

③料架签盘点法，即直接将盘点数量填入料架签，复核无误后揭下原有料架签而换上不同颜色的料架签；之后清查料架签尚未换下的原因，再依料账顺序排列，进行核账与做报表的方法。这种盘点法有三大特点，具体如图6-4所示。

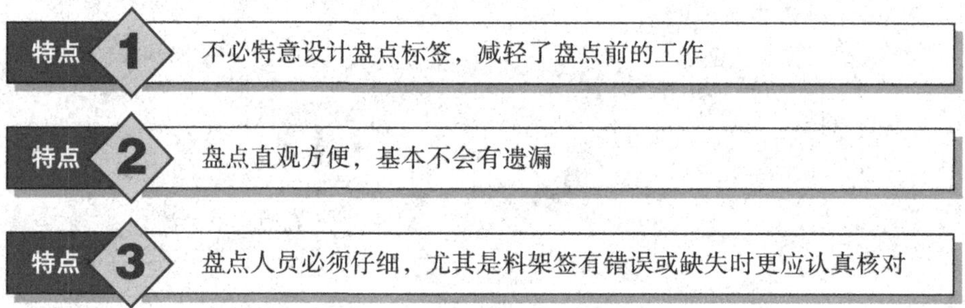

图6-4　料架签盘点法的特点

2. 连续盘点

连续盘点是将物料逐区、逐类连续盘点；或某类物料达到最低存量时，即机动加以盘点。在盘点时不必关闭仓库，可减少停工造成的损失，但必须有专业盘点人员常年划分物料类别。

实施连续盘点时，可采用如图6-5所示的三种方法。

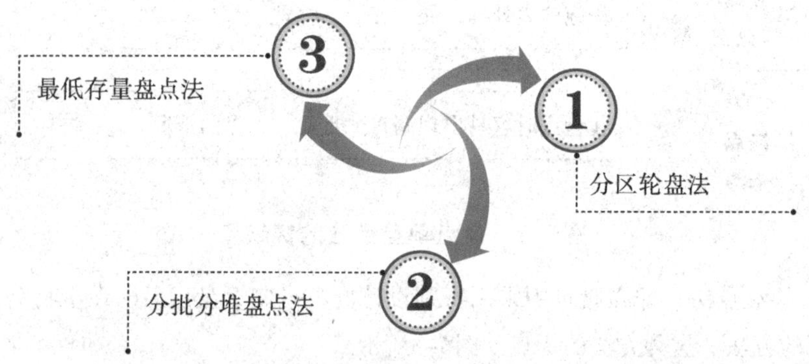

图6-5　连续盘点的方法

（1）分区轮盘法

分区轮盘法是由专业盘点人员将仓库分为若干区，依序清点物料存量，经过一定日期后周而复始。

（2）分批分堆盘点法

分批分堆盘点法是准备一张某批收料记录签，将其放置于透明塑料袋内，拴在该批收料的包装件上。发料时，在记录签上记录，并将领料单副本存于该透明塑料袋内。盘点时，对尚未启用的包装件可确认其存量毫无误差，只将动用的存量实际盘点。

（3）最低存量盘点法

最低存量盘点法是指当库存物料达到最低存量或订购点时，即通知专业盘点人员清点仓库，盘点后开具对账单，以便查核误差。这种盘点方法对于经常收发的物料相当有用，但对于呆料来说则不适合。

3. 联合盘点

定期盘点制与连续盘点制各有利弊，联合盘点制则是采用数种方法联合盘点。例如，实行最低存量盘点法者，同时采用定期盘点制；实行分批分堆盘点法者，同时采用分区盘点法。数种方法结合运用，可以做到尽善尽美。

6.2 盘点的意义

盘点是指为确定仓库内或其他场所内所存物料的实际数量，而对物料的现存数量加以清点。物料盘点的作用主要有以下四点。

1. 减少差错发生

物料不断收发，时间长了难免会发生差额与错误，盘点可以确定物料的现存数量，并纠正账物不一致的现象，不会因账面的错误而影响正常的生产计划。

2. 检讨物料管理的绩效，进而加以改进

呆料、废料的数量，物料的保管与维护，物料的存货周转率等，均可经过盘点加以认定并改善。

3. 计算损益

企业的损益与物料库存有密切的关系，而物料库存金额正确与否有赖于存量与单价的正确性。因此，为了保证求得损益的正确性，必须对物料加以盘点，明确物料现存数量。

4. 对遗漏的订货可以迅速采取补救措施

采购部门因工作疏忽而漏下订单时，通过盘点可以加以补救。

6.3 盘点前准备工作

仓库盘点实际上是一种检查确认，通过盘点，既可以发现操作中的失误，又可以确认工作效果。按盘点实施的时间，仓库盘点可分为日常盘点、月度盘点、年度盘点、停业盘点、整顿盘点和结账盘点。

1. 确定盘点日期

一般物料的盘点每半年或一年进行一次，对于容易损毁、损坏且盘点手续并不复杂的物料，可酌情增加盘点次数。

盘点时间太长，会造成极大的浪费，所以盘点时间应尽可能缩短。通常利用连续假期在两三日内完成盘点为宜。

2. 制订盘点计划

根据仓库管理及生产的需要，仓库主管需要制订盘点计划，依照计划对库存物品进行盘点。

下面是某企业的配件库（2号仓库）3月末盘点计划范本，供读者参考。

范本

配件库（2号仓库）3月末盘点计划

盘点时间：××年×月×日

地点：配件库各库房

盘点程序：

1. 初盘：由配件库自行安排相关人员对本库房物品进行盘点。

2. 抽盘：由盘点小组指定专人进行盘点，并核实账、卡记录。

3. 盘点工作总结：由仓储部根据本次盘点情况写出书面总结。

4. 盘点结果分析：由仓管员组织配件库工作人员对本次盘点的仓储状况、安全库存、盈亏结果等进行书面分析。

盘点小组负责人：××、××、××、××

工作人员：××、××、××、××

（续）

工作要求：

1. 各类库存物品的台账、标志卡、物品卡片、盘存单一定要在盘点之前登记完成，并由仓管员完成初盘。

2. 各种计时器具、卡量工具和检测仪器仪表，以及盘点登记用的各种表格应准备妥当，以备使用。

3. 抽盘结束后，应尽快查清盈亏原因，做好盘点工作总结，完成盘点结果分析，上报总部批准。

4. 将报批后的盘点盈亏结果分析交财务部门。

盘点领导小组

××年×月×日

3. 培训盘点人员

为使盘点工作顺利进行，每次定期盘点时，必须抽调人手增援。对于从各部门抽调来的人手，仓库主管必须加以组织、分配，并进行短期培训，使每一位人员能够彻底了解盘点工作内容并承担其应尽的责任。

（1）认识物料的培训

认识物料的培训的重点在于复盘人员与监盘人员，因为复盘人员与监盘人员大多对物料不熟悉。加强复盘人员与监盘人员对物料认识的方法有如图6-6所示的三种。

方法一

将易于认识的物料分配给物料认识不足的复盘人员和监盘人员（如财务、行政人员）

对所分配复盘的物料，加强复盘、监盘人员的物料认识培训

方法三

对物料认识不足的复盘、监盘人员，每次盘点所分配的物料内容最好相同或相近，不要每次盘点都变更

图6-6 认识物料的方法

（2）盘点方法的培训

盘点程序与盘点办法经过会议通过后，即形成公司的制度。参加初盘、复盘、抽盘、

监盘的人员必须接受盘点管理程序培训，必须对盘点的程序、盘点的方法、盘点使用的表单等整个过程充分了解，这样盘点时才能得心应手。

4. 清理仓库物料

在盘点前，仓库主管应组织仓管员做好仓库的清理工作，为实地盘点做好准备。

（1）供应商交来的物料尚未办理完验收手续的，不属于本公司的物料，所有权属于供应商，必须与公司的物料分开，以免盘入公司物料之中。

（2）已验收完成的物料应即时整理归库，若来不及入库，应暂存于某一特定场所，记录于临时账簿上。

（3）仓库关闭之前，必须通知各用料部门预领关闭期间所需的物料。

（4）清理、清洁仓库，便于计数与盘点。

（5）将呆料、不良物料和废料预先鉴定，与一般物料划定界限，以便正式盘点时做最后的鉴定。

（6）将所有单据、文件、账卡整理就绪，未记账、销账的单据均应结清。

（7）仓管员应于正式盘点前，先自行盘点，若发现问题应做必要且适当的处理，为正式盘点工作的顺利进行做好铺垫。

5. 盘点前生产线退料

仓库主管要及时与生产主管联系，并配合其做好生产线的退料工作。

生产线上的退料对象主要包括规格不符的物料，超发的物料，不良的物料，呆料、废料及不良半成品。

生产线的退料工作在平时就要进行，若在盘点来临时才进行退料工作，则工作烦杂且不易顺利进行。生产线退料工作必须彻底进行，生产线所属工作场所（如生产线附近、工作台抽屉、通风管）均应彻底退料。

6. 其他准备工作

（1）检定物品料号

若物品与料号不符，即料号与实物不符，则不管点数是否正确，都将会发生错误，甚至会影响到两种物品的正确性。因此，在盘点之前，应由仓管员或有经验的人员组队到盘点区域，先抽样检查物品与料号的准确性。若发现错误，应立即加以修正。

（2）校正度量仪器

除了可以计数的物品外，磅秤是盘点计量性物品的重要工具，因此，磅秤的精确与否至关重要。现场盘点常用的磅秤有地磅、台秤、弹簧秤等数种。我们应按过磅物品的轻重确定适当的规格和秤重；注意磅秤归零；秤锤的取用要配合秤台的规格，以免发生错误；磅秤平时的维护保养和是否正确使用都会影响盘点的精确性。

（3）停止进料供应

盘点期间或盘点前数日，除急用物品外，一般都不应再收货进库，以保证库存物品有序及易于盘点。在盘点前应以正式信函通知所有供应商配合盘点，除急用物品外，暂停送货。

（4）储备足够原料

该项准备工作主要针对制造型企业。在盘点之前，先预估盘点时间，通知各生产部门储备盘点期间够用的原料，以免发生停工待料的情况。

（5）准备盘点工具

仓库主管需要准备盘点时使用的计量用具及盘点票、盘点记录表和盘点盈亏表等单据。

6.4　盘点工具的准备

在盘点之前，仓库主管需要准备各种盘点工具，如盘点记录卡、盘点使用的工具。

1. 盘点卡

盘点卡的样式大体上可分为一联式和双联式，有可使用多次的盘点卡，也有每次盘点时新制作的盘点卡。

（1）双联式盘点卡

双联式盘点卡（见表6-1）为一般企业所广泛使用，其特点是盘点完成时，将盘点卡撕开，作为“物料盘点票”留存在物料上。

表6-1　双联式盘点卡

No.______

料号			
品名			
数量		单位	
料号			
品名			
数量		单位	
品名			
数量		单位	
存储场所			
盘点日期			
盘点者			
记账调整员			

盘点期间的收支			
__月__日		收入	支出
（备考）			

（2）单联式盘点卡

表6-2所示的盘点卡制成后可以重复使用，无需在每次盘点时制作，其特点是可以凸显在库记录的持续变化，其缺点是如果常年使用会产生污损，不耐使用。

表6-2　单联式盘点卡

<table>
<tr><td colspan="10">盘　点　卡
品名________　　　　No.______</td></tr>
<tr><td>盘点日期</td><td>单位</td><td>盘点数量</td><td>库存数量</td><td>差异</td><td>记事</td><td>检数</td><td>记账</td><td>调整</td><td>承认</td></tr>
<tr><td></td><td></td><td></td><td></td><td></td><td></td><td></td><td></td><td></td><td></td></tr>
</table>

（3）一联式盘点卡

表6-3所示的盘点卡应用于物流中心储位系统中，其使用效率特别高。盘点处理的全部过程，以一张盘点卡即可表示，非常便利。

表6-3　一联式盘点卡

<table>
<tr><td colspan="6">No. __________　　　盘　点　卡
____年___月___日实施</td></tr>
<tr><td>料号</td><td colspan="2"></td><td colspan="2">物料区分</td><td></td></tr>
<tr><td>品名</td><td colspan="2"></td><td colspan="2">包装单位</td><td>个</td></tr>
<tr><td colspan="6">仓库别</td></tr>
<tr><td colspan="3">盘点实数</td><td colspan="3">理论库存</td></tr>
<tr><td colspan="3"></td><td colspan="3"></td></tr>
<tr><td colspan="6">单价</td></tr>
<tr><td rowspan="2">调整</td><td colspan="2">数量</td><td colspan="2"></td><td>—</td></tr>
<tr><td colspan="2">金额</td><td colspan="2"></td><td>—</td></tr>
<tr><td colspan="6">盘点金额</td></tr>
<tr><td rowspan="2">备注：</td><td>盘点者</td><td></td><td>记账</td><td colspan="2"></td></tr>
<tr><td>调整</td><td></td><td>承认</td><td colspan="2"></td></tr>
</table>

（4）盘点卡的活用

下面用一联式盘点卡来说明盘点方法，如图6-7所示。

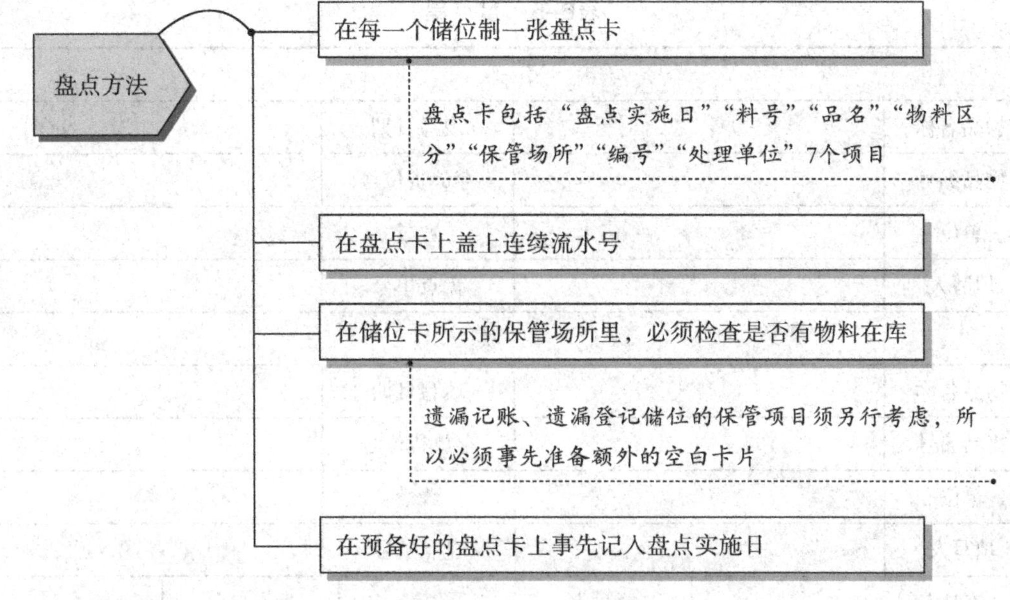

图6-7　盘点方法

以上工作都做好了，盘点卡的准备工作就完成了。

2. 盘点票

按计划要求制作盘点票（记录品名、品号等），以便使用。

（1）盘点责任人将盘点票（单）交给实施盘点的负责人。开展这项工作时，要填写盘点实施管理表（见表6-4），各仓库盘点责任人将账单交给实地盘点责任人之前，应记录账单单号与张数并在表格的第5栏“受领者”内加以登记。

表6-4　盘点实施管理表

仓库/区域	盘点（人数）	盘点实施责任者	盘点票交付回收记录						完了	其他
			交付（单号与张数）	受领者	回收（单号与张数）	交还者	未使用（单号与张数）	交还者		

（2）领取盘点票（见表6-5）的盘点实施负责人需要将盘点票交给各责任区域的实地盘点作业指挥者。

表6-5　盘点票

<table>
<tr><td colspan="6">第一联</td></tr>
<tr><td>物品名称</td><td colspan="2"></td><td>填写日期</td><td colspan="2"></td></tr>
<tr><td>物品编号</td><td colspan="2"></td><td>存放货位号</td><td colspan="2"></td></tr>
<tr><td>单位</td><td colspan="2"></td><td>数量</td><td colspan="2"></td></tr>
<tr><td>填写人</td><td colspan="2"></td><td>盘点单号</td><td colspan="2"></td></tr>
<tr><td colspan="6">第二联</td></tr>
<tr><td>物品名称</td><td colspan="2"></td><td>填写日期</td><td colspan="2"></td></tr>
<tr><td>物品编号</td><td colspan="2"></td><td>存放货位号</td><td colspan="2"></td></tr>
<tr><td>单位</td><td colspan="2"></td><td>数量</td><td colspan="2"></td></tr>
<tr><td>填写人</td><td colspan="2"></td><td>盘点单号</td><td colspan="2"></td></tr>
<tr><td>核对人</td><td></td><td>填写人</td><td></td><td>盘点单号</td><td></td></tr>
</table>

说明：此单一般为一式两联。一联供点数人填写，另一联供复盘人员填写。

（3）领取盘点票的作业指挥者将盘点票交给作业员，由作业员将盘点票全部分送到票上所标示的各区域的保管场所。

（4）盘点票分送各区域后，要确保票和物料一致，但有时也会发生有物料而没有盘点票的情况或盘点票所标示的保管场所没有物料的情况。图6-8是盘点票分送至保管场所后的时点所显示的状态的例子。

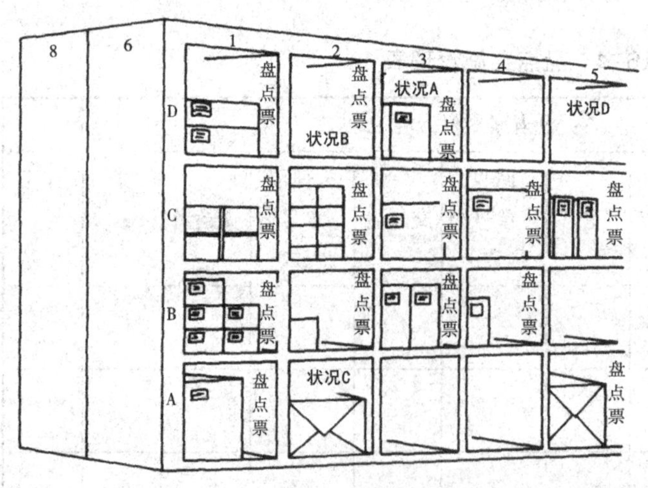

说明：

状况A：储位6D3为现品及盘点票均有，正常。

状况B：储位6D2为有盘点票而无现品（设法寻找，现品应在某个地方）。

状况C：储位6A2为有现品而无盘点票（使用备份票附加上去）。

状况D：储位6D5为现品与盘点票皆无，正常。

图6-8　盘点票与现品对照

在图6-8所示的各种状况中，状况A、D是正常的，但状况B（有票而无现品）和状况C（有现品无票）则必须加以处理。我们要探究出现状况B、C的原因，看看是现品放置到其他区域了，还是现品入仓时区域码误记了，或出库了而忘记作保管场所变更通知，或区域码未被注销，或入出库传票记账漏掉，或终端机输入错误等原因。我们要追究各种可能的原因，复检各种相关传票，再对照库存账册和传票，调查是否存在已经不用的旧区域，这样现品和盘点票才能一致。

3. 盘点架

使用盘点架（见表6-6）时要注意以下六点事项。

（1）按计划要求，做成新的盘点架。

（2）送交现货处理盘点人。

（3）在原有（旧）的盘点架上，填入现货的数量及日期（旧盘点架为上次盘点时所用，其上记录着从上次盘点至现时的出库情况）。

（4）把余数（现货数）转记到新盘点架上。

（5）收回旧盘点架做盘点处理。

（6）新盘点架转交仓库管理。

表6-6　盘点架

日期：______年___月___日

品名：____________________

品号：____________________

数量：____________________

日期	出	入	余

4. 各类工具

仓库主管应组织仓库人员准备好各种盘点所需的工具，具体如下。

（1）必需的办公用品，如计算器、油性笔。

（2）各种量检具，如磅秤、台秤、卷尺。

6.5 实地盘点操作

仓库主管在做好盘点各项准备工作之后，接下来就可以进行盘点了。

1. 盘点分工

（1）划分区域

将仓库分成几个区域，并确保各区之间不重合、不留有空白。

（2）人员分配

划分完区域后，将盘点人员分成若干个组，每组负责一个区域。分组时，应该注意将专业人员与非专业人员进行搭配组合，以提高盘点效率。

2. 数量清点

盘点人员依据分工，按顺序对负责区域内的物品进行点数。计量单位不同的库存物品，应该采用不同的计数方法。

（1）计件物品

以件（箱、捆、包）为单位的物品，先清点件数，再换算成计账单位与账、卡核对。包装容量不同的物品要分别清点，以免造成盘点错误。

（2）计重物品

对于有标准重量的物品，只要件数相符，即可作账货相符处理。对于无标准重量的物品或散件物品，原垛未动的，可复核原磅码单，磅码单无误即可作账货相符处理。

原垛已动的，且存量较大，可进行理论换算，如无较大短缺迹象，暂作账货相符处理，待出清后按实结算；零头尾数有疑问的应过磅计量，如不超过规定损耗率，作账货相符处理；如超过规定损耗率，作不符处理。

（3）计尺物品

包装容量一致的计尺物品，以件为单位计数；包装容量不一致的计尺物品，必须逐件核对磅码单。

3. 填写单据

盘点人员应该根据清点后得出的物品数量，填写盘点单的第一联，并将此联悬挂在相应的物品上。填写时，由于盘点单中的“盘点单号”为预先印刷的连续号码，因此应按照顺序填写。须注意，即使填写错误，也不得撕毁，应保留并上交主管人员处理。

4. 初盘作业

初盘作业的要点如图6–9所示。

要点一：指定时间停止仓库物料进出

要点二：各初盘小组在负责人的带领下进入盘点区域，至少两人一组，在仓管员引导下进行各项物料的清点工作

要点三：初盘人员清点完物料后，填写盘点卡，注明物料编号、名称、规格、初盘数量、存放区域、盘点时间和盘点人员，做到一种物料一张卡

要点四：盘点卡一式三联，一联贴于物料上，另两联转交复盘人员

要点五：初盘负责人组织专人根据盘点卡资料，填写盘点清册（根据物料盘点卡资料填入）。盘点清册一式三联，一联存被盘仓库，另两联交复盘人员

图6–9 初盘作业的要点

5. 怎样进行复盘

（1）初盘结束后，复盘人员在负责人的带领下进入盘点区域，并在仓管员及初盘人员的引导下进行物料复盘工作。

（2）复盘可采用100%复盘，也可采用抽盘，由企业盘点领导小组确定，但复盘比例不可低于30%。

（3）复盘人员根据实际情况，可采用由账至物的抽盘或由物至账的抽盘作业，如图6–10所示。

1 由账至物：即在盘点清册中随意抽出若干项目，逐一至现场核对，检查盘点清册、盘点卡与实物三者是否一致

2 由物至账：即在现场随意指定一种物料，再对盘点清册、盘点卡进行核对，检查三者是否相符

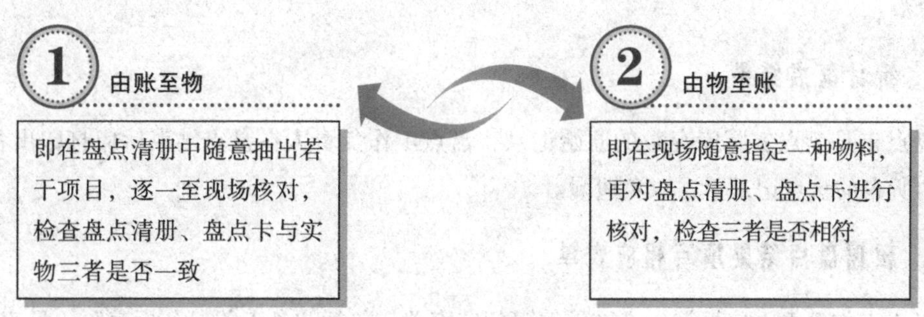

图6–10 抽盘作业的方法

（4）复盘人员对核对无误的项目，在盘点卡与盘点清册上签字确认；若核对有误的，应会同初盘人员、仓管员修改盘点卡、盘点清册中所记载的数量，并签字确认。

（5）复盘人员将两联盘点卡及两联盘点清册一并上交财务部。

下面是某企业物料盘点清册范本，供读者参考。

范本

物料盘点清册

编号：

部门					盘点日期				
盘点卡号	料号	单位	实盘数量	账面数量	差异数量	单价	差异金额	差异原因	存放位置
合计									
说明：									

会计：　　　　复盘：　　　　盘点人：

6.6 盘点结果

盘点后应按编号及发出数收回盘点卡，并根据每张盘点卡上的最终物品数量统计出物品的总数量。

1. 统计盘点结果

盘点卡是盘点实际库存数的原始记录，盘点工作负责人在盘点结束后应打印出各仓位区域内所有的盘点记录单，以免遗漏。

2. 根据盘点结果填写相应表单

盘点工作负责人应根据盘点结果填写相应表单，包括“盘点差异分析表”（见表6-7）和“盘点异动报告表”（见表6-8）。

表6-7　盘点差异分析表

物品编号	仓位号码	单位	原存数量	实盘数量	差异数量	差异（%）	单价	金额	差异原因	累计盘赢盘亏数量	累积盈亏金额	建议对策
合计									合计			

表6-8　盘点异动报告表

盘点日期	物品编号	物品名称	盘盈数量	盘亏数量	盘盈（亏）金额	原存数量	实盘数量	累计盘盈亏数量	单价	累计盘盈亏金额

6.7　盘点结果处理

在盘点过程中，如发现账物不符的情况，企业应积极找出造成账物差异的原因，同时做好预防及修补改善工作，防止再次发生。

1. 盘点差异确认

盘点工作负责人将盘点所得资料与账目进行核对后，如发现账物不符的情况，应追查原因。具体可从以下方面着手进行追查。

（1）账物不符是否确实，是否存在因账物处理制度存在缺陷而造成账物不符的情况。

（2）盘盈、盘亏是否为盘点人员素质过低产生了记账错误或进料、发料的原始单据丢失造成账物不足。

（3）是否为盘点人员不慎多盘或未用心盘点分置多处的物料，或盘点人员事前培训工作不到位而造成错误。

（4）盘点与账物的差异是否在允许范围之内。

（5）找出盘盈、盘亏的原因，日后是否可以事先设法预防或能否降低账物差异的程度。

查明以上事项的同时，应将相关情况填入“库存盈亏明细表”（见表6-9）中。

表6-9　库存盈亏明细表

类别：　　　　　　　　　　　　　　　　　　　　　　　　　　日期：

项次	品名	物品编号	单位	账面数量	盘点数量	差异	差异原因

厂长：　　　　　　　　　　　　　主管：　　　　　　　　　　　　　制表：

2. 追查盘点差异原因

在盘点过程中，如发现账物不符，应积极找出造成账物差异的原因，同时做好预防及修补改善工作，防止再次发生。差异原因的追查，可从以下两方面着手。

（1）是否属于物料记账的失误

①账物不符是否确实，是否存在因料账处理制度存在缺陷而造成料账无法正确表达物料数量的情况。

②盘盈、盘亏是否为料账人员素质过低，记账错误或进料、发料的原始单据丢失造成料账不符等原因造成的。

（2）是否属于盘点的失误

①是否存在盘点人员不慎多盘或未用心盘点分置多处的物料，或盘点人员事先培训工作不到位而造成错误的情况。

②对盘点的原因加以检查，盘盈、盘亏是否为盘点制度存在缺陷造成的。

③盘点与料账的差异是否在容许范围之内。

④寻找盘盈、盘亏的原因，日后是否可以事先设法预防或能否降低账物差异的程度。

不管盘点结果如何，仓库主管都应对盘盈与盘亏作出分析，并采取相应的对策，最后制成盘点盈亏汇总表、盘点总结报告表和盘点明细表，并按企业的文件发放程序发放给各相关部门。

6.8　处理盘点差异

1. 修补改善工作

（1）企业应依据盘点结果对分管人员进行奖惩。

（2）对账物、物料管制卡的账面进行纠正。

（3）对不足料迅速办理订购。

（4）呆料、废料应迅速处理。

（5）加强整理、整顿、清扫、清洁工作。

（6）将盘点中发现的废品集中存放起来，做废弃处理。

2. 预防工作

（1）呆料比例过高，应进一步研究，致力于减少呆废料。

（2）当存货周转率极低，存料金额过高造成财务负担过大时，应设法降低库存量。

（3）当物料供应不继率过高时，应设法强化物料计划与库存管理以及采购的配合。

（4）料架、仓储、物料存放地点足以影响到物料管理绩效时，应设法改进。

（5）成品成本中物料成本比例过高时，应寻找采购价格偏高的原因，设法降低采购价格或设法寻找廉价的代用品。

（6）盘点工作完成以后，应对产生差额、错误、变质、呆滞、盈亏、损耗等分析结果予以处理，并防止以后再次发生。

下面是某企业仓库盘点用表、盘点管理办法和盘点作业指导书范本，供读者参考。

范本

盘点记录表

盘点周期：　　　　盘点日期：　　　　页数：

序号	品名	规格	编号	账数	实数	差异数	状态	备注
主要事项说明：					盘点结果评价：			

盘点人：　　　　核对人：　　　　确认：

范本

盘点情况汇总表

经管部门：　　　　　　　　日期：　　　　　　　　编号：

品名	编号	单位	数量	品名	编号	单位	数量
合计				合计			

主盘人：　　　　　　　　会点人：　　　　　　　　盘点人：

说明：此单为一式两联，第一联由经管部门留存，第二联由财务部留存。

范本

成品、在制品盘点清册

日期：________

盘点卡号	料号	品名	规格	数量	单位	使用状况	备注

主管：　　　　　　　　复盘：　　　　　　　　盘点人：

范本

材料库存盘点明细表

材料保管部门：　　　　　　　　　　　　　　材料使用部门：

盘点日期：______年___月___日

材料分类	材料名称	规格	单位	账目库存量	盘点存量			盘点盈亏金额				发生差异或废品的原因	备注
					良品	废品	差异盈亏	单价	废品	盘盈	盘亏		

经理：　　　　　主管：　　　　　制表：　　　　　会同盘点部门签章：

范本

盘点管理办法

一、目的

为规范仓库盘点作业，确保仓库料账一致，配合年度会计审核，特制定本办法。

二、适用范围

本办法适用于各类仓库的物料数量盘点工作。

三、内容

1. 盘点准备

（1）申请盘点所需的表单，即盘点卡和盘点清册。盘点卡用于贴示物料，盘点清册用于汇总物料库存资料。

（2）召开盘点会议，必要时成立盘点领导小组，划分盘点区域及负责人，确定盘点各项工作的分工。

（3）申请特殊度量工具、印章及其他需用品。确定盘点日期。

（4）各单位指派参加盘点的人员，分为初盘人员与复盘人员，同时对人员进行

（续）

分组并指定小组负责人。

（5）对盘点人员进行教育和训练，由公司负责对各小组负责人进行训练，各小组负责人对所属人员进行训练。

2. 初盘作业

（1）指定时间停止仓库物料进出。

（2）各初盘小组在负责人带领下进入盘点区域，至少每两人一组，在仓管员引导下进行各项物料的清点工作。

（3）初盘人员在清点物料后，填写盘点卡，注明物料编号、名称、规格、初盘数量、存放区域、盘点时间和盘点人员，做到一物一卡。

（4）盘点卡一式三联，一联贴于物料上，另两联转交复盘人员。

（5）初盘负责人组织专人根据盘点卡资料，填写盘点清册，将物料盘点卡资料填入。盘点清册一式三联，一联存被盘仓库，另两联交复盘人员。

3. 复盘作业

（1）初盘结束后，复盘人员在各负责人带领下进入盘点区域，在仓管员及初盘人员代表的引导下进行物料复盘工作。

（2）复盘可采用100%复盘，也可采用抽盘，由公司盘点领导小组确定，但复盘比例不可低于30%。

（3）复盘人员根据实际状况，可采用由账至物或由物至账的抽盘作业。

① 由账至物，即在盘点清册上随意抽出若干项目，逐一至现场核对，检查盘点清册、盘点卡与实物三者是否一致。

② 由物至账，即在现场随意指定一种物料，再由此对盘点清册、盘点卡进行核对，检查三者是否相符。

（4）复盘人员对核对无误的项目在盘点卡与盘点清册上签字确认；对核对有误的，应会同初盘人员、仓管员修改盘点卡，盘点清册中所载的数量，并签字负责。

（5）复盘人员将两联盘点卡及两联盘点清册一并上交财务部。

4. 盘点注意事项

（1）备齐盘点所需各项物品。

（2）参加盘点的人员均须经过挑选和训练。

（3）决定仓库停止物料进出的时间，以避免一物二盘或漏盘。

（4）应尽量使现场存货量最少。

（5）应划分盘点区域，并指定初盘、复盘及配合人员。

（6）公司盘点领导小组应组织专人进行各区域的稽核、指导和协调工作。

（7）规定盘点开始与截止时间。

（8）仓库人员应全力做好配合工作。

（续）

（9）估算盘点卡与盘点清册数量，空白、作废的盘点卡、盘点清册均应100%回收。

（10）制定初盘、复盘、稽核及配合人员的职责说明书。

（11）盘点卡、盘点清册应书写工整、清晰，易于辨识。

（12）制定盘点工作的奖惩规定。

（13）未尽事宜参照本公司《财产盘点办法》的规定。

5. 应用记录

（1）盘点卡。

（2）盘点清册。

四、附则

（1）本办法由仓库管理部门主持制定，其修改权、解释权归仓库管理部门所有。

（2）本办法经总经理批准后，自颁布之日起实施。

盘点作业指导书

一、目的

为了更好地控制物资库存，合理调整采购并加强公司员工的责任及工作态度，根据计划需要对公司内全部物资进行盘点，特制定本作业指导书。

二、适用范围

本指导书适用于公司对盘点操作进行的管理事宜。

三、具体内容

1. 盘点编组

盘点工作开始前，根据盘点类别、盘点范围等确定盘点人员，并编制盘点人员编组表，报相关领导核定后予以实施。

2. 人员培训

（1）为保证盘点工作顺利进行，在盘点工作开始前期，要对相关人员进行盘点知识培训。

（2）培训主要从盘点物资的相关知识、盘点方法与技术两方面进行。

3. 库存物资的整理

（1）存货的堆置应力求整齐、集中、分类摆放。

（2）现金、有价证券等财物类物品应按类别整理并列出清单。

（续）

4. 仓库整理

（1）验收完毕的物资应及时整理归仓。

（2）仓库保持清洁、整齐，以便计数与盘点。

5. 盘点工具的准备

若使用盘点机盘点，需检查盘点机是否可正常运行；若采用人员填写方式，则需准备盘点表、红色和蓝色圆珠笔、盘点单等盘点工具。

6. 其他相关事项

（1）协调供应商送货时间，盘点期间暂停进仓，对盘点期间收到的物资而未办妥入账手续的，应另行分别存放并予以标示。

（2）协调生产运作，盘点期间暂不办理领料、退仓等作业，若各生产单位在盘点期间确需领料，经相关领导批准后，方可做特殊处理。

7. 盘点实施

（1）确定盘点方式（月度盘点、年中盘点、年终盘点、临时盘点）。

（2）确定盘点范围。

（3）盘点实施时间：××年×月×日×时至××年×月×日×时。

（4）盘点部门：××部。

8. 盘点注意事项

（1）初盘注意事项。

仓管人员负责在月（季、年）末完成初盘。由初盘人员填写盘点单中的物料编号、物品名称、初盘数量，并在“初盘人”栏内签名。盘点单应贴于该物品醒目的地方。

（2）复盘注意事项。

复盘时，复点者要先检查盘点配置图与实际现场是否一致，以及是否有遗漏的区域。

复盘可于初盘进行一段时间后开始，复盘者需手持初盘者已填好的盘点表，依序检查，再将复盘的数字记入复点栏内，计算出差异，填入差异栏，并在“复盘人”栏中签字。

9. 抽盘

（1）抽盘者同复盘者一样，也要先检查盘点配置图与实际现场是否一致，以及是否存在遗漏的区域。

（2）抽盘者抽点物品时，可选择盘点区域的死角、不易清点的物品、单价物品和数量多的物品，以及盘点表上金额较高的物品。

（3）抽盘者要对初盘与复盘差异较大的数额进行确认。

（4）抽盘人员应根据抽盘结果反映出的盘点及物品管理的相关问题，对盘点及物资的日常管理工作提出建议。

（续）

10. 账载错误管理

经盘点后，发现账载错误，如漏记、记错、算错、未结账或账记不清，应对相关人员按财务规章进行处理。数字如有涂改未签章，难以查核或虚构现象，可直接反映给财务主管报总经理议处。

记录人员、各经营部门的保管人员及其他财产保管人员若有以下情况，应予以赔偿。

（1）对所保管的财产有盗卖、调换、化公为私等徇私舞弊行为的。

（2）对所保管的财产未经报批擅自移动、出借或损坏不报的。

（3）发生以下情况，若及时汇报并采取措施避免损失进一步扩大的，可免于处罚。

①保管人员尽职尽责，但因不可抗力，如地震、火灾、抢劫等遭受损失的。

②容易腐蚀、变质，因管理人员无法控制而发生损失的。

③其他不属于保管人员的原因而造成损失的。

11. 盘点结束的后续工作

（1）盘点结果分析。盘点所得的资料应与账目相核对，若发现账物不一致，则应积极查明造成账物差异的原因。

（2）盘点工作评估。盘点工作结束后，公司应对本次盘点工作进行评估和总结，找出库存管理的不足之处，总结经验，同时为下一次的盘点工作提供经验。

四、附则

（1）本作业指导书由仓库管理部门主持制定，其修改权、解释权归仓库管理部门所有。

（2）本作业指导书经总经理批准后，自颁布之日起实施。

学习笔记

通过学习本章内容，想必您已经掌握了不少学习心得，请仔细记录下来，以便继续巩固学习。如果您在学习中遇到了一些难点，也请如实写下来，方便今后重复学习，彻底解决这些难点。

我的学习心得

1. ____________________

2. ____________________

3. ____________________

4. ____________________

5. ____________________

我的学习难点

1. ____________________

2. ____________________

3. ____________________

4. ____________________

5. ____________________

我的运用计划

1. ____________________

2. ____________________

3. ____________________

4. ____________________

5. ____________________

第7章

控制仓库库存

仓库库存控制是指对生产经营全过程所需的各种物料、产成品以及其他资源进行管理和控制，使其储备保持在经济合理的水平。仓库主管要做好仓库库存控制工作，不断优化库存量。

学习指引

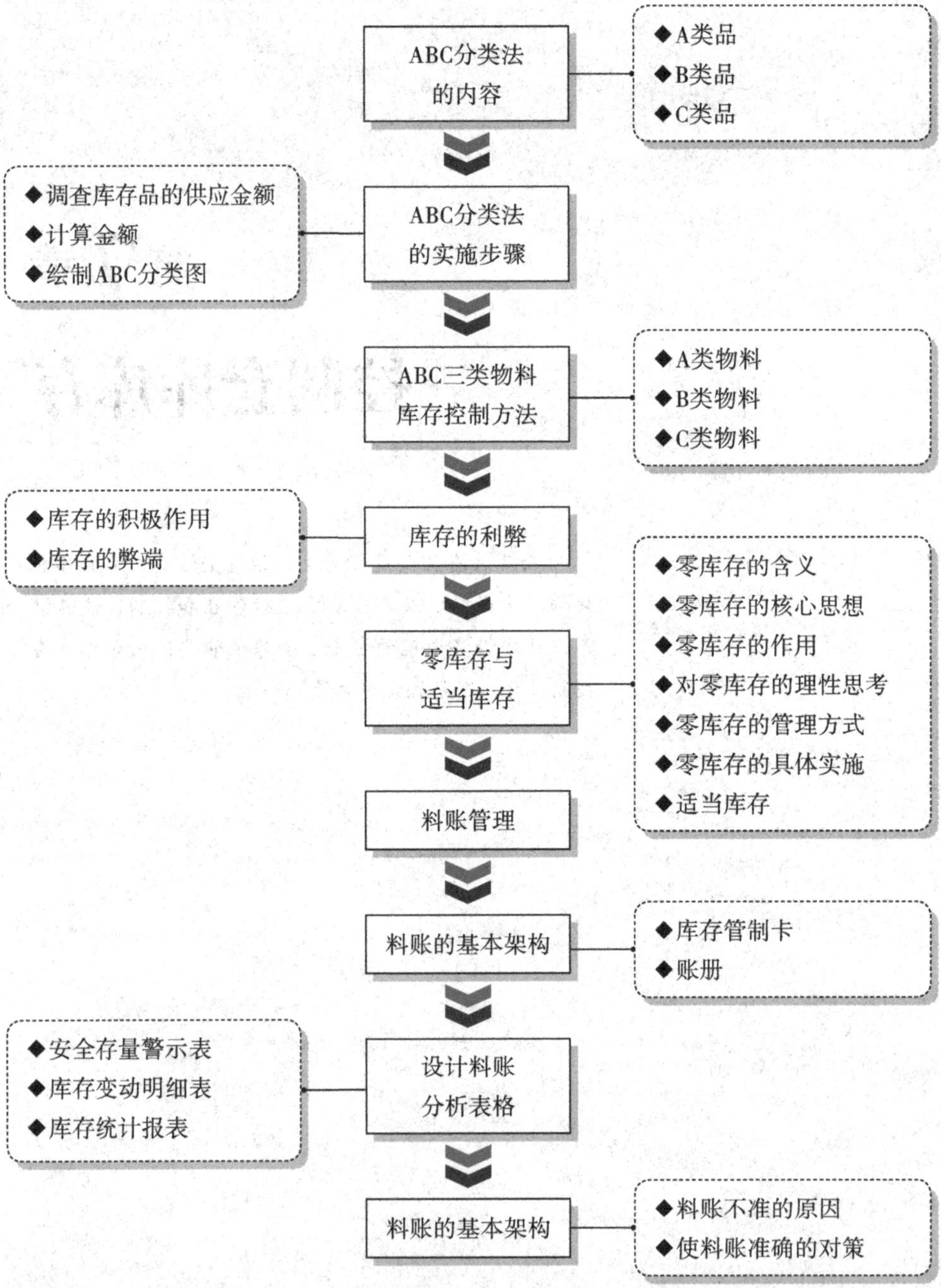

- ABC分类法的内容
  - A类品
  - B类品
  - C类品
- ABC分类法的实施步骤
  - 调查库存品的供应金额
  - 计算金额
  - 绘制ABC分类图
- ABC三类物料库存控制方法
  - A类物料
  - B类物料
  - C类物料
- 库存的利弊
  - 库存的积极作用
  - 库存的弊端
- 零库存与适当库存
  - 零库存的含义
  - 零库存的核心思想
  - 零库存的作用
  - 对零库存的理性思考
  - 零库存的管理方式
  - 零库存的具体实施
  - 适当库存
- 料账管理
- 料账的基本架构
  - 库存管制卡
  - 账册
- 设计料账分析表格
  - 安全存量警示表
  - 库存变动明细表
  - 库存统计报表
- 料账的基本架构
  - 料账不准的原因
  - 使料账准确的对策

7.1　ABC分类法的内容

ABC分类法是以库存物品单个品种的库存资金占总库存资金的累计百分比为基础进行分类，并实行分类管理。

1. A类品

A类品占用资金多（70%左右），品种少（10%左右）。

A类品需重点管理，严格控制库存，应采用增加采购次数的办法满足需要。

2. B类品

B类品占用资金及品种介于A类品和C类品之间（20%左右）。

B类品主要是专用物品或少数通用物品，按常规方式管理。

3. C类品

C类品占用资金少（10%左右），品种多（70%左右）。

C类品主要是低值易耗品，可集中采购，使一次订货满足长时间的需要。

7.2　ABC分类法的实施步骤

ABC分类法的实施步骤如图7-1所示。

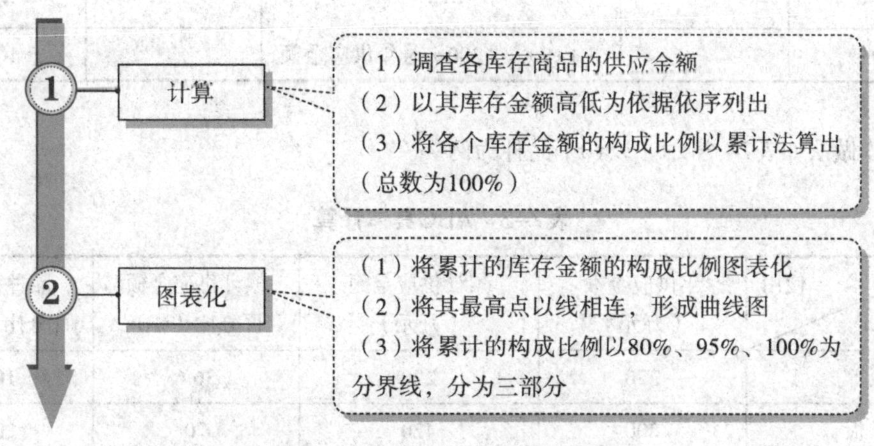

图7-1 ABC分类法的实施步骤

1. 调查库存品的供应金额

按库存品的品种在卡片上记入年供应金额，如表7-1所示。

表7-1　库存品年供应金额

库存品名	
年供应金额	
调查者	
调查日期：_____年____月____日	
备注	

品种在200个以下时，每种都记入卡片。如果品种非常多，可分区段，在每个区段中选择一个品种作为区段代表，并将其年供应额记入卡片。

2. 计算金额

按供应金额高低将卡片排序，再将累计供应金额与年总供应金额相除，得出百分比，填入表7-2中。

表7-2　ABC分类计算法

品种＼使用	年供应金额	累计供应金额（万元）	累计供应金额百分比（%）	品种累积百分比（%）
1号		1号年供应金额		0.5
2号		（1+2）号年供应金额		1
3号		（1+2+3）号年供应金额		1.5
……		……	……	……
200号		（1+2+…+200）号年供应金额		100

具体做法如表7-3所示（以10个品种为例）。

表7-3　ABC具体计算

品种＼使用	年供应金额（万元）	累计供应金额（万元）	累计供应金额百分比（%）	品种累积百分比（%）
1．钢板	220	220	36.6	10
2．绝缘板	200	420	70	20
3．锡	100	520	86.7	30
4．电线	40	560	93.3	40
5．电子	20	580	96.6	50

（续表）

品种 \ 使用	年供应金额（万元）	累计供应金额（万元）	累计供应金额百分比（%）	品种累积百分比（%）
6．晶体管	8	588	98	60
7．钢管	6	594	99	70
8．螺钉	4	598	99.6	80
9．支持器	4	599.4	99.9	90
10．钉子	0.6	600	100	100

累计金额的百分比计算公式如下（以3号为例）：

$$\frac{\text{锡累计供应金额}}{\text{百分比（\%）}}=\frac{\text{（1+2+3）号的累计供应金额}}{\text{（1+2+3+…+200）号的累计供应金额}}\times 100\%=\frac{520}{600}\times 100\%$$

$$=86.7\%$$

在10个品种的情况下，第1号品种为10%，第2号品种为2×10%=20%，其余的依此类推。

3．绘制ABC分类图

把表7-3中的累计金额百分比和品种累计百分比绘成曲线，再分成A、B、C三类供应金额（见图7-2），以品种累计百分比为横坐标，以累计占用金额为纵坐标，按ABC分类计算法计算上表所列关系，在坐标上取点并连接直线。

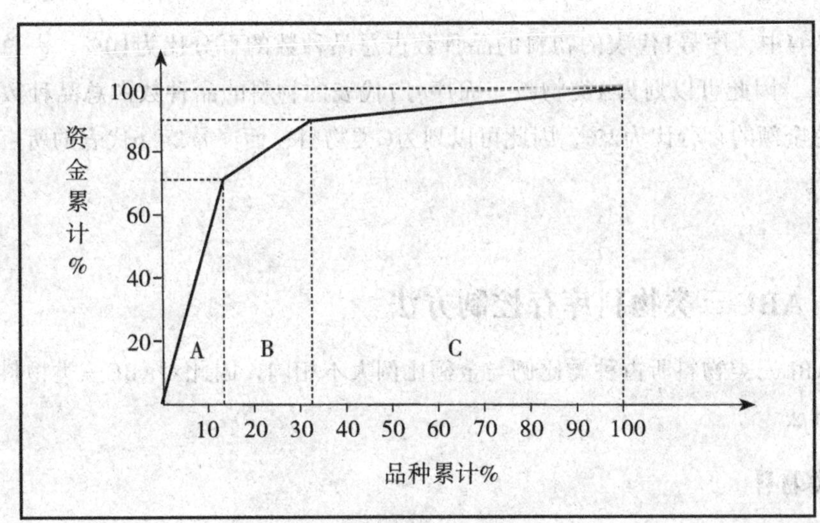

图7-2　ABC分类控制图

从图7-2中可以看出，品种累计百分比不足20%，而资金累计百分比约为70%的品种，可划为A类品；品种累计百分比达60%以上，而资金累计百分比约为10%的品种，可划为C类品。

介于A类品和C类品之间的库存品称之为B类品，这就是ABC分类控制法。

如果库存品种繁多，逐一列出会很麻烦，而且由于混杂在一起，得不出明确概念。若是按金额高低排序之后，再按一定的标准把供应金额分段，计算出各段的百分比，就能一目了然。例如，供应品种为722个，年供应金额为9 253.51万元，将供应商金额分成7段，其ABC分类如表7-4所示。

表7-4　ABC分类表

序号	供应金额区段（万元）	品种数	累计数	占总品种数百分比（%）	供应金额（万元）	金额累计（万元）	占总金额百分比（%）	分类
1	大于10	80	80	10	8 439.10	8 439.10	91	A
2	8～10	6	86	11	53.73	8 492.83	92	B
3	6～8	17	103	13	119.06	8 611.89	93	B
4	4～6	31	134	17	153.34	8 765.23	95	B
5	2～4	67	201	26	188.06	8 953.29	97	B
6	1～2	88	289	37	126.77	9 080.06	98	B
7	≤1	483	772	100	173.45	9 253.51	100	C
合计	—	772	—	—	9 253.51	—	—	—

在表7-4中，序号1代表的物料的品种数占总品种数的百分比为10%，占总金额的百分比为91%，因此可以划为A类物料。而序号7代表的物料的品种数占总品种数百分比为63%，占总金额的百分比为2%，因此可以划为C类物料；而序号2～6代表的所有物料可划为B类物料。

7.3　ABC三类物料库存控制方法

由于ABC三类物料所占种类比例与金额比例大不相同，因此对ABC三类物料应采取不同的控制方法。

1. A类物料

A类物料种类少，金额高，最好不要有存货。对于A类物料的控制有两个要点，具体如图7-3所示。

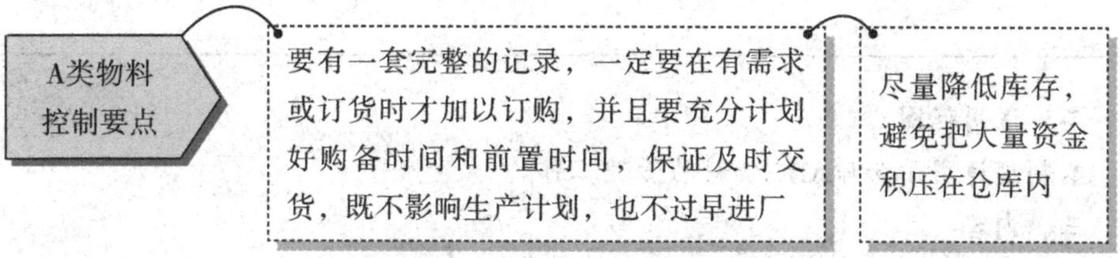

A类物料
控制要点
要有一套完整的记录，一定要在有需求或订货时才加以订购，并且要充分计划好购备时间和前置时间，保证及时交货，既不影响生产计划，也不过早进厂
尽量降低库存，避免把大量资金积压在仓库内

图7-3 A类物料控制要点

2. B类物料

B类物料介于A类物料和C类物料之间，种类与金额所占比例一般，但也不能忽视。对于B类物料，不必像A类物料那样跟单订货，但要对购备时间进行严格控制；也不必像C类物料那样一次性大批量采购；可采用选择补充库存制度进行控制，设置安全存量，到了再订购点时以经济采购量加以采购即可。

3. C类物料

C类物料种类多，金额低，对于C类物料的控制有两个要点，具体如图7-4所示。

对于C类物料可适当加大订购批量、提高保险储备量、采用定量库存进行控制，如库存量等于或低于再订购点时可补充订购，以减少日常的管理工作。

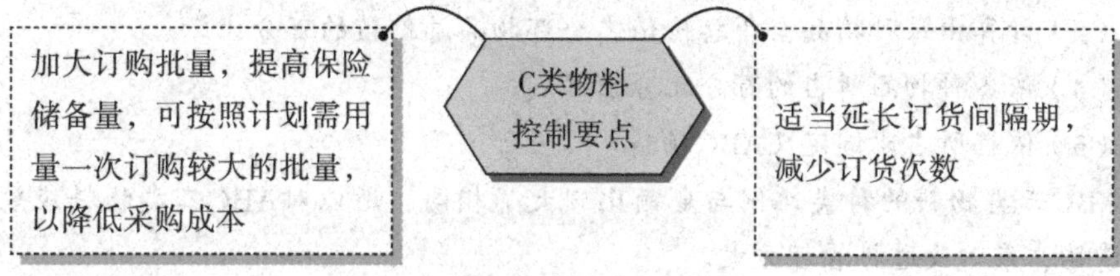

加大订购批量，提高保险储备量，可按照计划需用量一次订购较大的批量，以降低采购成本
C类物料
控制要点
适当延长订货间隔期，减少订货次数

图7-4 C类物料控制要点

小贴士

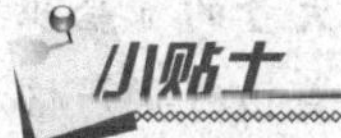

在运用ABC分类管理法时，一定要按照各类物料的特点和要求分类管理。

下面是某企业ABC物料管理制度范本，供读者参考。

范本

ABC物料管理制度

一、目的

为了加强对仓库物料的管理，对其进行ABC分类管理，特制定本制度。

（续）

二、适用范围

本制度适用于仓库ABC物料的管理工作。

三、内容

1. 定义

ABC分类法是以库存物品单个品种的库存资金占总库存资金的累计百分比为基础进行分类，并实行分类管理。类别为A、B、C三类，金额比例为7：2：1，而品种比例为1：2：7。

2. 分类

即对一个时期（1年）的物品消耗进行统计，分别计算出各个品种，耗用金额占总耗用金额的比例，将其分成A、B、C三类，即重点、次点、再次之。

在具体实施管理时要抓住A类，兼顾B类、C类，做到花较小的力量取得最好的经济效果。

3. 基本步骤

（1）依据统计资料，以每种物品的使用量乘以单价，得出全年每种物品的总价值。

（2）按每种物品的全年总价值的大小进行排列。

（3）计算出每种物品全年总价值占全部物品总价值的百分比。

（4）依各种物品所占的百分比分出类别。

（5）依据所占比例定义ABC物料。

ABC三类物料的种类比例与金额比例大不相同，所以对ABC三类物料应采取不同的请购、采购及进料管理方案。

3. 请购、采购控制方法

（1）A类物料：A类物料种类少，金额高，存货过高会产生大量的资金积压，加上部分物料工艺特殊或面临停产或未来新型使用，因此对于A类物料要严格加以控制。

（2）B类物料：B类物料介于A类物料和C类物料之间，种类与金额占的比例一般，但也不能忽视。对于B类物料，不必像A类物料一样一次性大批量采购，可以采取一周或两周最经济方式采购批量加以采购即可。

（3）C类物料：C类物料种类多，金额低，直接依MRP产生的结果购料即可。

四、附则

（1）本制度由仓库管理部门负责制定，其修改权、解释权归仓库管理部门所有。

（2）本制度经总经理批准后，自颁布之日起实施。

7.4 库存的利弊

仓库主管进行库存管理时，要采用最新的库存控制方法，并将之运用到仓库的实际管理工作中。

仓库主管在实施零库存之前，应对库存相关知识有整体的了解，并对库存的利弊进行合理分析，为做好仓库的库存控制打好基础。

一般来说，库存包括所有在库的各种物料、半成品、成品和其他物品。库存的实质就是企业各种资金的反映。我们必须认清库存的积极作用与消极作用。

1. 库存的积极作用

库存的积极作用主要表现在三个方面，具体如图7-5所示。

作用一 维持销售的稳定，防止错失销售机会

（1）企业如果没有一定的库存，遇到一些不定时的订单时就无法满足客户的要求

（2）库存可以改善服务质量，预防不确定性的需求变动，把握住销售机会

作用二 平衡企业物流

（1）采购的材料会根据库存能力（资金占用等）协调来料收货入库

（2）生产部门的领料应考虑库存能力、生产线物流情况（场地、人力等）平衡物料发放，并协调在制品的库存管理

作用三 平衡流通资金的占用，提高人员与设备的利用率

库存的物料、半成品及成品是企业流通资金的主要占用部分，因而库存量控制实际上也是对流通资金进行平衡

图7-5 库存的积极作用

2. 库存的消极作用

库存的消极作用体现在四个方面，具体如图7-6所示。

大量库存实质上就是大量的资金沉淀，使企业高额资本（盘存资产）增多，资金周转更困难，进而影响企业的正常经营

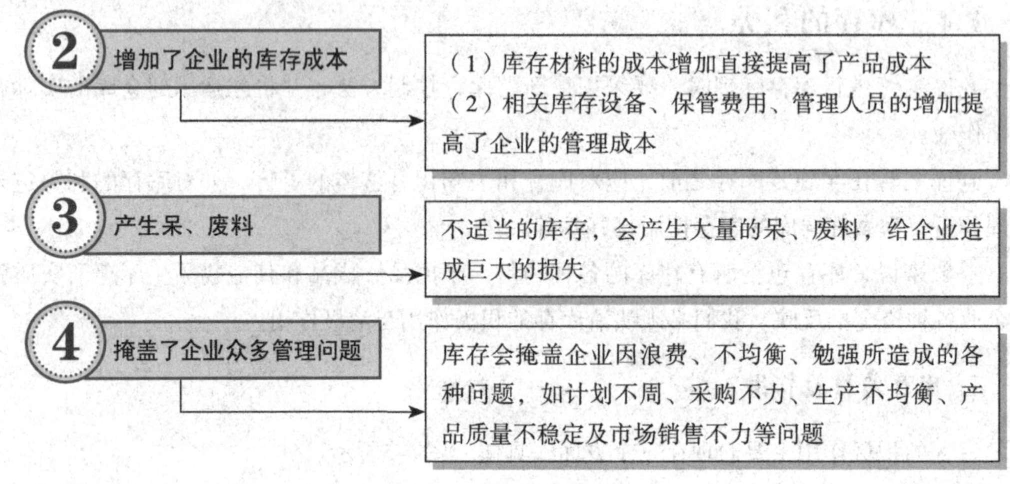

图7-6　库存的消极作用

只有认识库存的积极作用与消极作用，才能有效解决企业的库存问题，从而更好地解决生产和管理问题。

7.5　零库存与适当库存

由于库存存在很多弊端，仓库主管应积极寻找各种减少库存的方法（如零库存），并采用各种先进的管理方式对库存进行有效控制。

1. 零库存的含义

零库存系统是由日本丰田汽车公司首先采用的，它的基本思想是通过严格管理，杜绝生产待工、多余劳动、不必要搬运、加工不合理、不良品返修等方面的浪费，从而达到零故障、零缺陷、零库存。

2. 零库存的核心思想

零库存的核心思想可概括为“在需要的时候，按需要的量生产所需的产品”，即通过生产计划和控制及库存的有效管理，追求一种无库存或库存达到最少的生产系统。

3. 零库存的作用

零库存的目的是减少资金占用量和提高物流运动的经济效益。如果把零库存仅仅看成是仓库中存储物的数量减少或数量变化趋势而忽视其他物质要素的变化，那么上述目的将很难达到。在库存结构、库存布局不尽合理的情况下，某些企业的库存货物数量趋于零或等于零，不存在库存货物。从全社会来看，由于仓储设施重复存在，用于设置仓库和维护仓库的资金占用量并没有减少。因此，从物流运动合理化的角度来看，零库存管理应当包含如图7-7所示的两层意义。

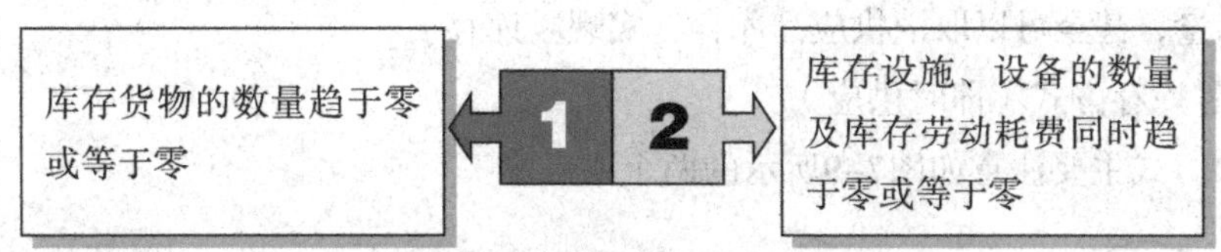

图7-7 零库存管理的两层意义

虽然库存给企业带来了一些好处，如避免缺货、保障向客户及时供应、保证生产与经营过程的连续进行，但是其弊端也有很多。现代生产的发展，竞争的加剧，对企业降低成本的要求越来越迫切。零库存是比较科学的方式，因此被很多企业所关注，但要实现零库存是非常困难的。

4. 对零库存的理性思考

零库存虽然解决了生产的成本问题，但对制造型企业供应链提出了高要求，一旦供应链被破坏，或企业不能在很短的时间内根据客户需求调整生产，企业生产经营的稳定性将会受到影响，经营风险加大。为了保证能够按照合同约定频繁小量配送，供应商可能要求额外加价，企业因此失去了从其他供应商那里获得更低价格的机会收益。综上所述，这种模式必须是从原材料采购到产成品销售每个环节都能紧密衔接。如果中间环节出现问题，就会导致极大的危机。所以零库存适合材料供应稳定、产品品种单一的企业采用。但是，这种品种单一的企业在目前竞争激烈的制造业市场中很难生存。

5. 零库存的管理方式

要想实现零库存，可以采取各种现代化的方式。

（1）看板供货

采取看板供货的方式主要注意如图7-8所示的三个要点。

在生产线上的各工序之间，使用一些固定格式的看板，记录何时生产、生产多少、运往何地等作业指令

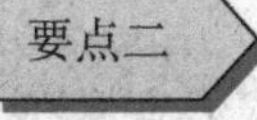

每一道工序按照看板的指示向先行工序一次索取组件，然后依次向后续工序送达

要点三

循环反复，仓库根据生产要求配送物料，而生产线上基本不产生任何多余物料。这样一来，仓库可以减少库存量，并最终达到零库存的目的

图7-8 看板供货的要点

（2）寻找合适、稳定的供应商

仓库的物料主要来自供应商，其供应的质量、速度直接影响到仓库的管理。制造型企业要与供应商建立稳定的协作、配套生产关系，这样可以减轻仓库的储存管理工作，减少物料库存总量，甚至可以取消供应品库存，实现零库存。

（3）零库存方式（即时供应）

零库存方式主要注意如图7-9所示的两个要点。

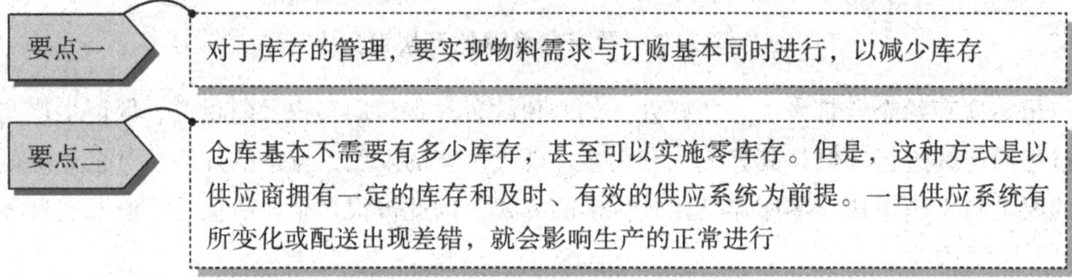

图7-9　零库存方式的要点

6. 零库存的具体实施

由于零库存的关键在于控制好生产计划，因此在具体实施时就要考虑到采购、供应的因素。总的来说，只有从采购、生产到仓库必须保持稳定的供应链，才能实现零库存。

7. 适当库存

过剩的库存对企业有很大弊端，而零库存管理对供应链的要求太高，实施起来有一定难度。因此，“适当库存”的理念被大部分企业所推行。

适当库存是企业最常见的库存形态。因为过剩和过少两种库存状态的性质完全相反，要达到平衡很困难。

一方面，当品种多样或是商品生命周期缩短时，不管库存多少，热卖商品还是会缺货，而库存太少就会错失销售机会；相反，滞销的商品就会造成库存过剩。另一方面，如果热门商品库存量增加，就会造成过剩库存以及资金周转压力。

适当库存就是让过剩库存不要受到资金的压力，让过少库存不要损失销售机会，以达到某种平衡状态，具体如图7-10所示。

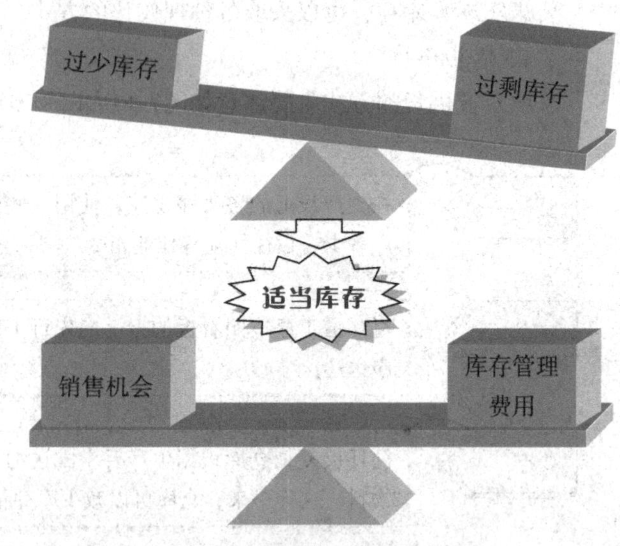

图7-10　适当库存理念示意图

适当库存既能避免过剩库存造成的资金压力，又能减少因过少库存而错失销售机会，能有效达到平衡状态。

7.6 料账管理

为了随时掌握库存状况，对库存进行管控，仓库主管在日常管理中必须要求仓管员将物料分类保管，并将收发状况的异动登记在账簿中，并录入计算机中，以备随时查询。

料账管理就是将仓库日常的收发物料做好账目管理，将纸面账目与计算机做账相结合，如图7-11所示。

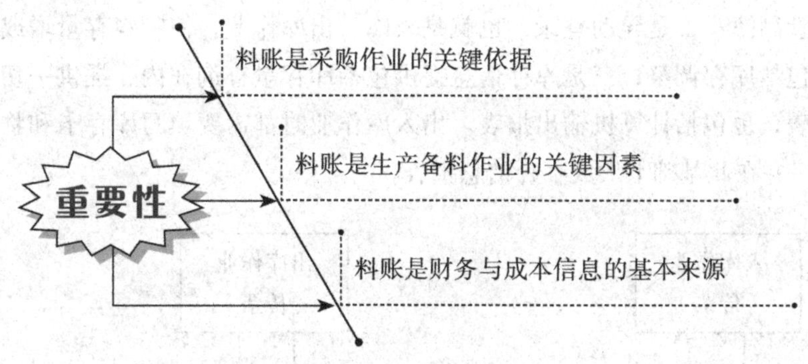

图7-11 料账管理的重要性

（1）料账是采购作业的关键依据

如果仓库里还有很多库存，采购人员是绝对不会再多买的。因此，工厂在采购之前，一定会查询库存量。即使运用MRP系统的“净需求分析”方式，除现有库存量之外，仍要复查计算机内的各种长期记录。

一般来说，查询库存量是指查看计算机（或仓库人工）所提供的库存量状况表，或向料账管理员口头查询。料账人员是依据账面提供信息的，很少有人直接到仓库储位上去查看。

（2）料账是生产备料作业的关键因素

料账做好了，生产部在编制生产排程时就能查核该生产批次所有用料的存量状况，或在开立制造命令单时查核存料投产的可能性。

一般情况下，如果生产部做好了生产排程，也开立了制造命令单，督促生产现场第二天就投入生产，而生产现场来仓库领料时，却发现所需要的物料有一半完全缺料，那生产能正常进行吗？如果只是若干品种物料的现有存量比生产所需量少，那么即使勉强投入生产，也只能是断断续续，何谈生产力？

（3）料账是财务与成本信息的基本来源

仓库的物料在会计上列为资产，是要明确记入资产负债表的。因此，做好料账也便于财务部门进行成本核算与编制报表。

物料也是成本的关键项目，必须明确记录在损益表中，而损益表又密切关系到盈余分配，在有些公司甚至关系到生产奖金和年终奖金。

在会计学上，库存是贯彻永续盘存理念的，必须使前后期盘存与合理的进出料异动互相对应。公司决定产品销售价时，也需以库存物料的单价变动作为决策依据。

以上这些信息，都是从基本的料账系统转换而来的。

7.7 料账的基本架构

料账的基本框架如图7-12所示。它主要包括三个部分，一是管制核心，也就是库存管制卡或库存管制簿；二是异动登录，也就是入库、出库作业，使物料存量增或减的记账作业，当然也包括库存调整；三是库存信息提供包括库存量查询在内，提供一切有关管理需求的账面报表，也包括计算机输出报表。出入库作业时都需要填写库存卡和物料登记卡、库存明细账，并在此基础上形成各种信息报表。

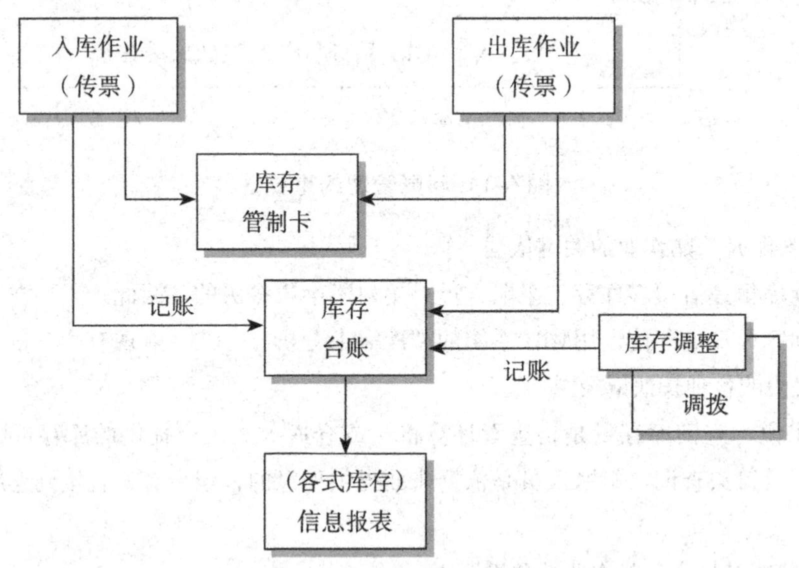

图7-12 料账的基本架构

1. 库存管制卡

从某种意义上讲，库存管制卡类似于某种物料的流水账，我们通过库存管制卡可以知道该物料当前库房的实际库存量。

为了强化料账管制功能，一般工厂基本上从以下两方面采取措施：

- 在储位料架上悬挂库存管制卡（见表7–5），一物一卡。
- 在仓库料账管理员办公桌上设置库存管制簿，每页（用量多，尤其是通用品时，多页连接）一个物料，依编号顺序（有时一个类别一本账），联结活页成一本（或同一类）管制账簿。

表7–5　库存管制卡

<table>
<tr><td colspan="4">储位：
料号：
规格：
订购点安全存量：
最高存量：</td><td colspan="3">卡号：
品名：
单位：
最低安全存量：</td></tr>
<tr><td>日期</td><td>凭单号码</td><td>摘要</td><td>入库量</td><td>出库量</td><td>结存量</td><td>备注</td></tr>
<tr><td></td><td></td><td></td><td></td><td></td><td></td><td></td></tr>
<tr><td></td><td></td><td></td><td></td><td></td><td></td><td></td></tr>
<tr><td></td><td></td><td></td><td></td><td></td><td></td><td></td></tr>
<tr><td></td><td></td><td></td><td></td><td></td><td></td><td></td></tr>
</table>

为了充分运用整张卡片，该卡经常被设计成两面，第一面格式不变，第二面没有表头，仅有第二部分，即异动记账内容。

（1）表头

在表头部分，各栏位的重点如表7–6所示。

表7–6　库存管制卡表头各栏位的重点

栏位	重点
储位代号	一种物料最好依规划放在同一储位，因此料账有其储位标示。有些情况下，同一规格的物料必须放置在非直接邻近的两个（以上）储位，这时管制卡就需要具有复数卡的功能，一物同时具备若干张卡，与存放物料互相依附对应，挂在该储位上。在这种情况下，各管制卡对应于各个储位，互相备注使之关联，避免存量判断上的失误
卡号	每张卡必须有一个卡号，而且是唯一号码，这样才可以稽核。卡号应事先印在上面，由物控经理列入管制范围，而不是由料账人员自行填入
料号、品名、规格	应严格遵守一料一卡的原则，使之正确“归户”
单位	库存管制卡只是供仓库储位现场管理之用，所以计算时应以计量单位为准。比如，有些物料是以千克计价采购的，但发料现场则用“个”来逐一计算。仓库应该以生产现场的使用目的为准，因此单位就是“个”

（续表）

栏位	重点
安全存量水准	安全存量水准依照安全存量管理模式需求，可再划分为订购点、最低存量以及最高存量栏，以实施更严密的管理。这些数据登录在表头，要求仓库执行出入库的作业人员，在实际执行出库作业时，记入出库量，计算、登录新的结存量时，同时查看安全存量水准，若发现有差异，则立即提醒仓库主管，这样能够更及时、更准确、更有效地控制库存

（2）异动记账内容

物料库存是为了供生产所需，一定会有出库的异动，而物料也必然有来处，因此一定是某些入库异动来的。凡是入库或出库，一定会造成库存量的变动，这些异动一定要记账处理。

有些出库并没有具体的使用目的，而是管理过程中的“附生结果”，如报废、退货给供料厂商。不过，因为它也影响存量，所以一定要记账处理。同样的，有些入库异动的来源如现场把已发料的不良物料退回仓库，也要记账处理。

异动记账内容一般有如表7–7所示的栏目。

表7–7　异动记账内容栏目及要点

栏目	栏目说明
日期	（1）日期即出入库的实际异动日期。在仓储管理实务中，应采取异动发生制，而不是凭证发生制。也就是说，如果某张领料单的开立时间是2016年10月8日，而实际向仓库领料是在10月11日，那么记在库存管制卡上的应该是10月11日 （2）日期也需要严加稽核和管制。仓储料账必须严格遵守今日事今日毕的原则，如果今日出入库了，明天再记账，或还没有出入库的实际发生就记账了，则容易造成料账不准
凭单号码	（1）凭单号码跟日期一样，也是必须填写的栏目。凭单号码是指各种入库、出库的表单号码。即使是仓库内部的库存调整也一定要具备凭单，而且必须经过上级授权核准 （2）在管理稽核功能上，这个栏目十分关键，在计算机作业中也是很重要的复查与多档过账的项目，不可忽视
摘要	摘要栏目是凭单号码的延伸，表明是入库还是出库，从何入库，或出库到何对象或何批
入库量、出库量	（1）入、出库量与入出库凭单是必须完全相符的对应栏位，如果是入库，填上入库单（如验收单）号码后，依该入库单上的数量，直接记入管制卡上的“入库量”栏，不可改变，不可不相符。这样，日后才可能真正有系统地稽核。出库作业也需同样记账

（续表）

栏目	栏目说明
入库量、出库量	（2）在有些入库或出库作业中，实际入、出库量与表单上的要求可能有差异。如果这样的情形经常发生，则最好在设计表单时加设“应出库量”与“实际出库量”两栏，再以实际量与入出库量栏对应
结存量	结存量也是必须填写的栏目，尤其在出库作业中，要求作业人员记入“结存量”，立即习惯性地复核安全存量水准，这样才能实现安全存量管制的效果，这比等待料账（或计算机）作业发出警示更及时、更准确
备注	备注一般用于特殊处理时如盘点时，转入次期的“期初盘存”；而换用新卡时原卡上应注明“转入新卡”，在新卡上则注明“旧卡转入”，这时原卡及新卡的卡号一定要明确记入此栏

（3）置卡的时机与负责人

由于库存管制卡是一项关键的控制工具，因此它的发出与收缴都要进行严格的控制。置卡的时机有如图7-13所示的四个。

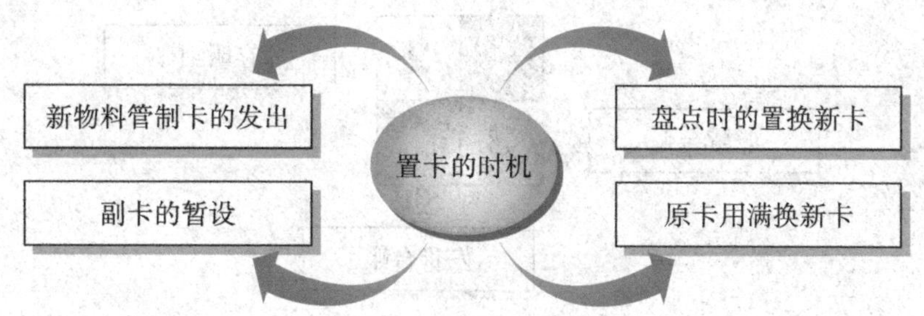

图7-13　置卡的时机

①时机一：新物料管制卡的发出。在新产品设计完成，新的物料规格产生时，由物控经理与设计人员制定料号，物控经理在订购单发出后，就取出一份已印妥卡号的空白管制卡，填写上料号、品名、规格等信息后交给仓管人员，等待入库时一并处理。

②时机二：副卡的暂设。如果有某项物料进料量很大，原来的储位没有办法完全容纳，必须分开放置时，则必须设置副卡。这时，应向物控经理说明情况，由其发放空白管制卡，并在其上注明为副卡，交由仓管人员处理。若该暂储的储位存量已用完，或在仓储整顿时予以归位，则必须将副卡作废处理，并交由物控经理销账。

③时机三：盘点时的置换新卡。有些管理严格的工厂，常会要求在实地盘点时，一律将库存管制卡重新设置。这时，由盘点负责人依预盘明细表的内容，交由物控经理制作各料项的新的库存管制卡，再交给盘点人员在盘点时一并挂上，或者在盘点完成时，依据盘点结果，交由仓管人员重置新卡。

④时机四：原卡用满换新卡。如果原有库存管制卡的“异动内容”栏位已填满或原卡

已破损或模糊不能使用时，就要求由仓管人员向物控经理说明，换新卡。同样，在新卡上应该注明原卡的号码，在原卡上也要注明新卡的号码。

（4）管制卡的存放

所有空白卡一律由物控经理进行严格管制。凡是已被置换的原卡，一律交由物控经理，其存放期为一年，以便需要稽核时动用。当然，保存期限届满时，法律责任及稽核功能已经失效，可以废弃销毁。

（5）为呆料与不良品设置辅助标志

如果由于设计变化或其他原因，确定某物料已经判定为呆料，又来不及（或未有规定）移到呆料仓库，则可在库存管制卡上注明为呆料（包括原因、发生日期），借以敦促仓库人员及早处理。经判定为不良品的物料，也可做同样处理，待仓储整顿时一并处理。

2. 账册

常用的账册有四种，具体如图7-14所示。

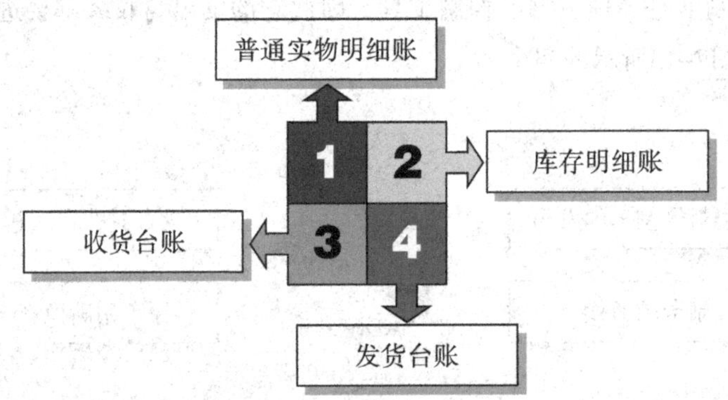

图7-14　料账管理的账册

（1）普通实物明细账

对只需反映库存动态的物料，可采用普通实物明细账记账，如表7-8所示。

表7-8　普通实物明细账

存货名称：　　存货编号：　　计量单位：

最高存量：　　最低存量：　　存放地点：

年		凭证		摘要	收入	发出	结存
月	日	种类	号码				

（2）库存明细账

对区分批次和有追溯性要求的物料（如企业生产所需的零部件、原材料），可采用可追溯性的库存明细账记账，如表7-9所示。

表7-9　库存明细账

存货名称：　　　　　　　　存货编号：　　　　　　　　规格：
计量单位：　　　　　　　　库区：

年		凭证		摘要	收入		发出		结存		其中（A）			其中（B）			其中（C）		
月	日	种类	号数		批号	数量	批号	数量	批号	数量	批号	数量	库存	批号	数量	库存	批号	数量	库存

（3）收货台账

收货台账是指材料入库时，仓库人员做收货记录的一种账目，它详细列明入库材料的基本情况以及采购者、检验者、收货者，有特殊情形的（如让步收货、超量采购）也必须在备注栏里注明。收货台账如表7-10所示。

表7-10　收货台账

时间：

序号	物料编号	物料名称	规格型号	单位	入库数量	入库日期	实收数量	品质等级	采购单号	入库人员	检验员	收货员	储存位置	备注

复核：　　　　　　　　　　　　　　　　　　统计：

（4）发货台账

发货台账是详细记录发货情况的账目。发货应由专人负责，凭领料单发料，并分类进行登记。发货台账如表7-11所示。

表7-11　发料台账

日期	物料编号	物料名称	单位	领用数量	领料单编号	用途	领料部门	领料员	备注

复核：　　　　　　　　　　　　　　　　　　　　　　统计：

7.8　设计料账分析表格

做好料账管理是实施物料需要计划（MRP）、企业资源计划（ERP）管理的重要前提，因此仓库主管需要设计各种分析表格。

1. 安全存量警示表

安全存量警示表（见表7-12）专门用来分析料账不准的主要原因，可用于考察某种物料的品种、规格、品名、单位、现有库存量、安全存量基准以及差异数量，并将该表同出入库单、库存管制卡、台账的记录内容互相对照，从中发现并找出产生差异的原因。

表7-12　安全存量警示表

料别	料号	品名	规格	单位	现有库存量	安全存量水准	差量水准	建议采购量

多储位料项存量明细表如表7-13所示。

表7-13　多储位料项存量明细表

物料类别：		料号：	单位：	
品名：			规格：	
管制卡号	入库日期	现有存量	储位号	状态
合计				

2. 库存变动明细表

由于经常发生入库、出库、移库等情况，因此仓库中的物料库存量是不断变化的。我们通过库存变动明细表可以清楚地了解库存的准确数量。

库存变动明细表如表7-14所示。

表7-14　库存变动明细表

料号		品名规格			单位	
日期	入库数量	出库数量	现有库存量	安全存量基准	差异数量	备注

3. 库存统计报表

定期（日、周、月、年）制作库存报表，可以将其作为掌握库存资料的依据，也可以将其作为库存规划与管控之用。

7.9 料账不准原因分析与解决对策

料账管理的好坏关系到MRP运作、采购决策以及生产排程需料供需顺畅与否，所以，必须把料账做到完全准确。

1. 料账不准的原因

要想解决料账不准的问题，必须找出料账不准的原因。一般而言，料账不准的原因大致有如图7-15所示的六个方面。

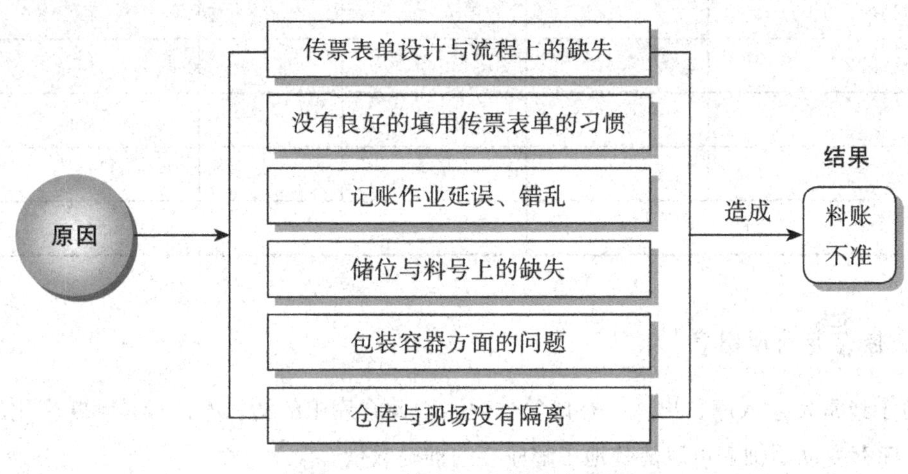

图7-15 料账不准原因图

（1）传票表单设计与流程上的缺失

有不少企业由于要节省间接事务人力工时，因此因陋就简，有时没有应用必要的表单，有时混用合并表单，致使料账人员记账时没有正确的依据。而且很多表单没有经过严密的设计，许多必要的栏位缺失，现场人员不认真填写，料账人员只好凭猜测记账。还有不少问题是流程上模糊、不明确造成的，使不同部门之间的料账互相矛盾。

（2）没有良好的填用传票表单的习惯

在规范的凭证作业中，关键栏位（如数量、料号、生产批号）是不可以填错的。如果填错，一定要作废原单再重新开立。即使是在原单上更改，也一定要加盖更改者的印章，并签上时间，以便追踪与追责，并借此避免不必要的记账错误。

（3）记账作业延误、错乱

料账应该是今日事今日毕，甚至要达到即时作业的程度。因为入库与出库的同时，已立即使实料产生了变化，如果账面没有立即跟进，就一定会产生误差。从实务方面来说，料架储位上的库存管制卡必须在物料入库、出库上下架的同时记账，而料账管理员应把所有入出库表单暂留到当日下班前一并记账作业。

（4）储位与料号上的缺失

如果储位混乱，在储位上标示（或库存管制卡上标明）的物料与实际料号规格不符，就会造成料账上的双向错误，如领出（购入）A料，却把账记到B料上。尤其是一些经验不够丰富的仓管员，对规格认识不清，因此常在忙乱中“乱点鸳鸯谱”。另外，料号的编法太复杂，且易弄错，仓库资历浅的人员无法很快掌握，也会产生这种错误。

（5）包装容器上的问题

在许多工厂里，供料厂商送料时，为了节省成本，大多使用非标准容器，甚至是其他用途“转用”的瓦楞纸箱，只在箱上注明数量。这种做法，使得进料点收与验收员不容易准确掌握数量。当然，领料出库时，也是一样。如果平时仓管人员不够细心，加上平时仓储整顿没做好，就很难做到料账准确。

（6）仓库与现场没有隔离

若要仓库料账人员把账管好，就一定要给他们可以掌控的工具，即确保仓库独立。如果仓库可以任由生产现场（或其他部门）的人员自由进出，甚至入库、出库物料不必依据凭证表单，自己搬取，或借口现场急需而到仓库抢料，也就不可能要求仓管员建立正确的意识并承担明确的责任。尤其是主仓库，平时应尽可能上锁，明确规定仅料账专人方可进出。

2. 使料账准确的对策

要使料账保持准确，必须坚持如表7-15所示的对策。

表7-15 使料账准确的对策

对策	说明
严密的入出库凭证	（1）设计适用且内容周全的入出库凭证表单，交由仓库及现场人员正确使用 （2）培养现场人员正确填单的观念与习惯，禁止事后补单以及乱填乱改 （3）仓管员要严格控制没有凭证表单的出入库作业，一律不予通融；接到凭证后，要细心查阅内容的合理性与正确性，包括各栏位应填写的部分，以及连号状况
即时或当日的记账作业，绝不拖延	（1）必须在出入库的同时做好记账，料账应该“今日事今日毕”，计算机化作业最好是即时记账 （2）仓库料账人员应在每日记账后，针对本日异动的料项，再到储位料架上确认其异动明细及库存量
运用标准容器，以利于入出库数量的准确复点	对于关键物料项，最好使用标准容器，使每箱内数量一致，从而便捷地由箱数掌握真正的总数量。对于其他非关键物料，应要求在入库时与发料后强化复点工作，以便能更正确地掌握库存量
强化仓库的储位整顿	每月定时轮流整顿各储位，同时复查料账，即时予以调整。如果出入库频繁，且又属多批小量生产形态，则必须每周对本周内经常出入库的料项强化其整顿工作
运用常时盘点补足	为了达到真正的料账复查调整的目的，仓管人员可每日抽出1小时（大多在下班前），针对本日出入库量明显较大的物料，在储位上进行简单的目视盘点

下面是某企业物料库存管理办法与物料存量控制办法范本，供读者参考。

范本

物料库存管理办法

一、目的

为了对库存的原材料、半成品、成品进行安全管理，防止缺货、断货、积压等对公司造成损失，特制定本办法。

二、适用范围

本办法适用于公司所有原材料、半成品、成品的管理。

三、内容

1. 术语

采购周期是指采购方决定订货并下订单、供应商确认、订单处理、生产计划、原料采购（有时）、品质检验、发运（有时为第三方物流）的整个周期时间。若客户提供了滚动预测，采购周期为订单、供应商确认、订单处理、发运的时间总和。

2. 职责

（1）采购部负责编制原材料、成品安全库存表，经主管领导审批后输入到系统。

（2）采购部和生产部共同负责编制半成品安全库存表，经主管领导审批后输入到系统。

（3）仓库负责根据安全库存表管理库存。

3. 工作程序

（1）物流专员每月结合成品安全库存表制订月度发运计划，并负责系统中成品安全库存的更新。

（2）计划员每月结合成品、半成品安全库存表制订生产总计划。

（3）采购员结合原材料安全库存表制订月度采购计划，依采购批量进行采购，并负责系统中原材料安全库存的更新。

（4）仓库管理员每日根据安全库存表检查库存数量，发现数量小于或超出规定时，需及时通知相关采购人员；同时可根据车间日常领料情况，发现异常后及时反馈给采购人员。

（5）采购员在接到仓库管理员库存报警或超量通知后，应根据生产实际需求决定是否与供应商联络，通知供应商及时交货或改变交期。

四、附则

（1）本制度由仓库负责制定，其修改权、解释权归仓库所有。

（2）本制度经总经理批准后，自颁布之日起实施。

范本

物料存量控制办法

一、目的

为了使工厂物料库存量得到控制，特制定本办法。

二、适用范围

本办法适用于ABC物料中的C类物料，A类物料、B类物料中的常备物料。

三、内容

1. 预估月用量

（1）用量稳定的物料由仓管人员依据去年的平均月用量，并参照今年的销售计划来预估月用量。

（2）季节性与特殊性物料由PMC人员于每年各季度末的25日以前，依前三个月及去年同期各月的耗用量，并参考市场状况，设定预估月用量。

2. 请购点设定

（1）请购点=购备时间×预估每日耗用量+安全存量。

（2）采购需求量=本生产周期天数×预估每日耗用量。

（3）安全存量=紧急购备时间×平均每日耗用量。

（4）最高存量=采购需求量+安全存量。

3. 物料采购时间

由采购人员依采购作业的各阶段所需日数设定，其作业流程及作业日数经主管核准，送相关部门作为请购需求日及采购数量的参考。

4. 设定请购量

（1）考虑项目：采购作业期间的长短、最小包装量及最小交通量及仓储容量。

（2）请购数量=最高存量−安全存量=本生产周期天数×预估每日耗用量。

5. 存量基准的建立

PMC人员将以上存量基准（安全存量、预估每日耗用量、紧急购备时间、正常购备时间等）分别填入存量基准设定表，交主管核准并建档。

6. 请购作业

请购单由PMC人员提出，利用系统查询库存量、安全存量、已订未交量等，填好审核后送采购部门办理采购。

7. 用料差异反应及处理

PMC人员于每月5日前针对前月开列的用料差异反应表，查明基准差异原因，并拟订处理措施，确定是否修正预估月量。如需修订，应于反应表“拟修订月用量”栏内修订，并经主管核准后，通知技术部人员修改系统存量基准。

四、附则

（1）本办法由仓库管理部门负责制定，其修改权、解释权归仓库管理部门所有。

（2）本办法经总经理批准后，自颁布之日起实施。

学习笔记

通过学习本章内容，想必您已经掌握了不少学习心得，请仔细记录下来，以便继续巩固学习。如果您在学习中遇到了一些难点，也请如实写下来，方便今后重复学习，彻底解决这些难点。

我的学习心得

1. ________________
2. ________________
3. ________________
4. ________________
5. ________________

我的学习难点

1. ________________
2. ________________
3. ________________
4. ________________
5. ________________

我的运用计划

1. ________________
2. ________________
3. ________________
4. ________________
5. ________________

第8章

管理出库工作

物料的发出是物料管理的重要组成部分。仓库主管要认真做好物流出库管理工作，按照生产的需要及时地向各车间、各部门供应适用的物料，以保证生产正常进行。严格地根据生产计划、消耗定额和规定的手续做好发料工作，对于物料的节约使用有着相当重要的促进作用。

学习指引

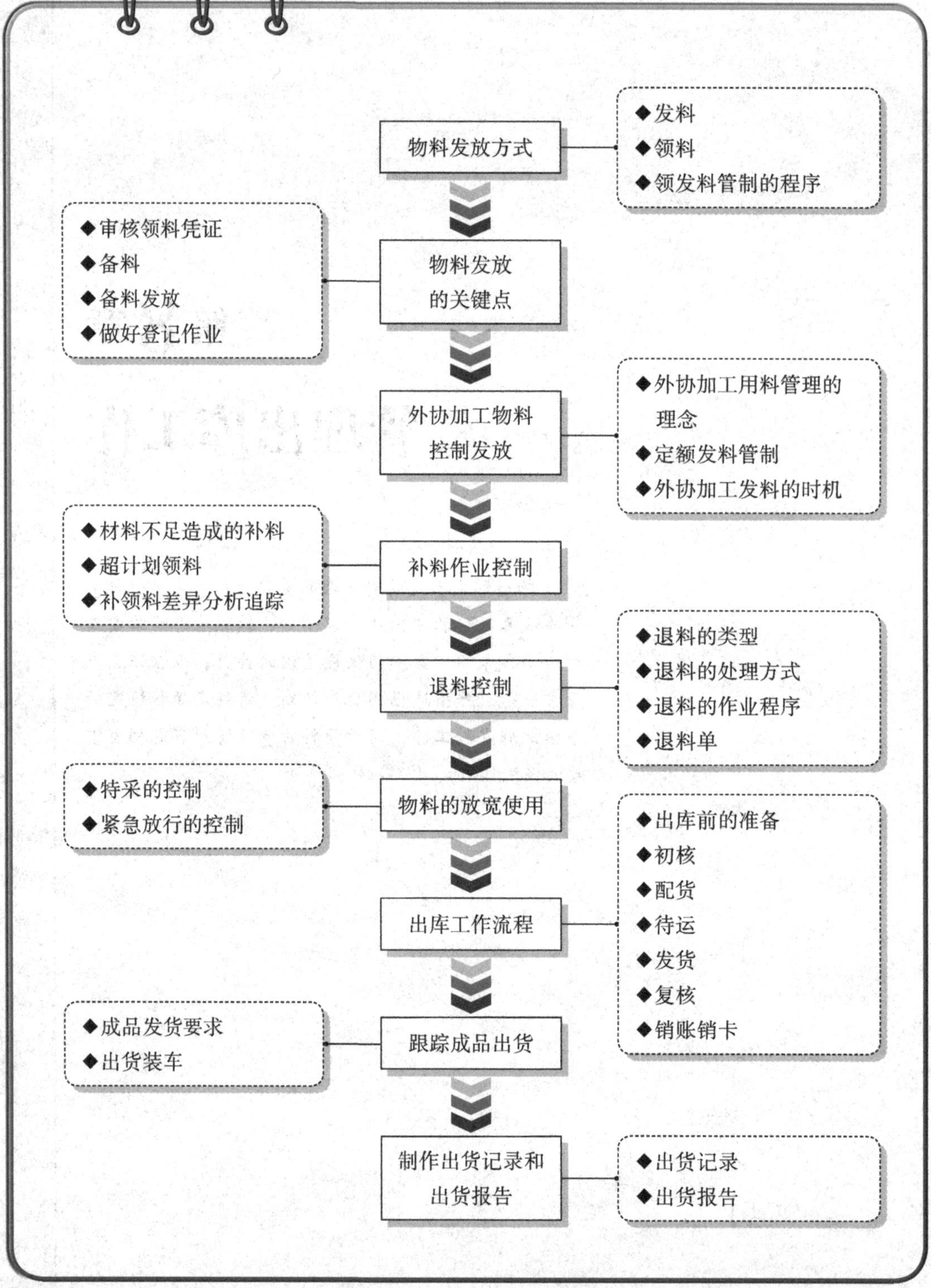

物料发放方式
- ◆发料
- ◆领料
- ◆领发料管制的程序

物料发放的关键点
- ◆审核领料凭证
- ◆备料
- ◆备料发放
- ◆做好登记作业

外协加工物料控制发放
- ◆外协加工用料管理的理念
- ◆定额发料管制
- ◆外协加工发料的时机

补料作业控制
- ◆材料不足造成的补料
- ◆超计划领料
- ◆补领料差异分析追踪

退料控制
- ◆退料的类型
- ◆退料的处理方式
- ◆退料的作业程序
- ◆退料单

物料的放宽使用
- ◆特采的控制
- ◆紧急放行的控制

出库工作流程
- ◆出库前的准备
- ◆初核
- ◆配货
- ◆待运
- ◆发货
- ◆复核
- ◆销账销卡

跟踪成品出货
- ◆成品发货要求
- ◆出货装车

制作出货记录和出货报告
- ◆出货记录
- ◆出货报告

8.1 物料发放方式

物料发放是指仓库将物料由仓库取出，交给制造部门或外包厂商的作业。仓库主管应针对物料的发放制定一套具体的实施办法，并让各仓管员了解物料发放的方式、作业要领。伴随此项作业的有登账、分类、备料、搬运等工作。物料的发放方式有两种，即发料与领料。

1. 发料

发料是指仓库根据生产计划，将储存的各种物料直接向制造部门的生产现场发放。发料是仓库的日常工作之一，也是物料控制的重要环节。

（1）拒绝发料的情况

在发料前，仓库主管必须对可以发料和拒绝发料的情形有所了解。一般来说，遇到如图8-1所示的情况时应当拒绝发料。

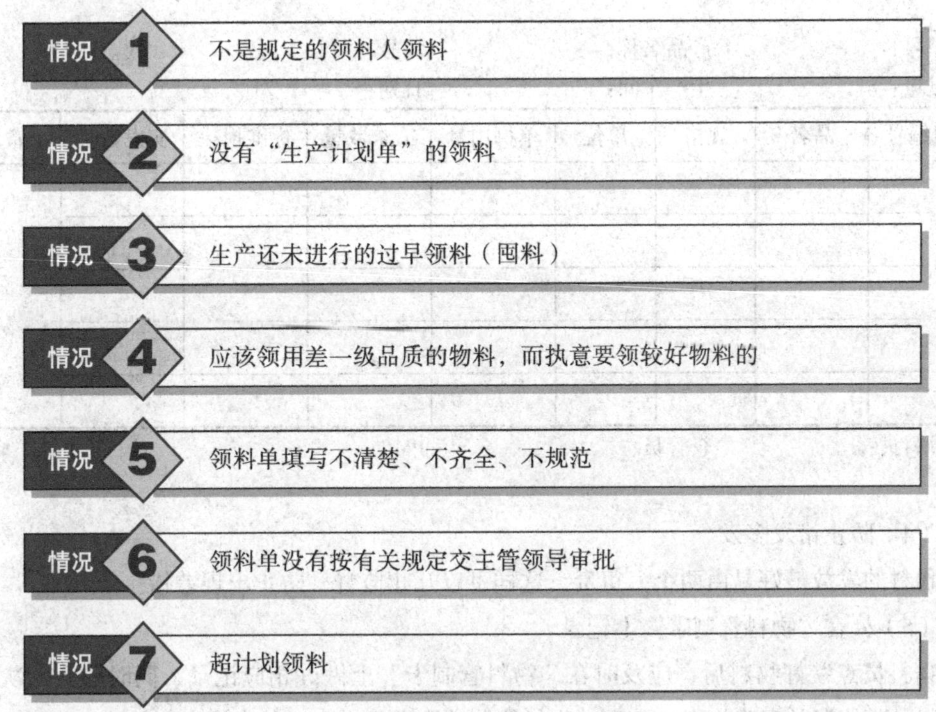

图8-1 拒绝发料的七种情况

（2）专人发料制度

专人发料的两个含义如图8-2所示。

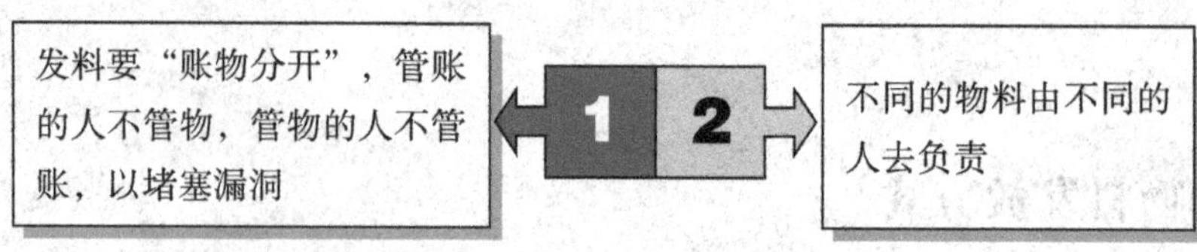

图8-2　专人发料的两个含义

每家企业都有很多种物料，要每个人都熟悉所有物料是难以做到的，也是没有必要的。对仓管人员进行合理分工，每个人负责几种或几类物料，有利于更好地进行物料监控。

（3）认真审查"发料单"

货仓管理员要认真审查"发料单"，对不符合要求或不符合程序的不予发料。货仓管理员接收到"发料单"后，首先应与BOM清单核对，发现错误时要及时通知物控开单人员修改，确认无误后将"发料单"交由货仓物料员发料。

发料单不仅是发料的依据，还是进行物料控制的依据，是进行发料统计以及订单、产品的物料消耗统计的最原始凭证。填写发料单时要注明所有物料的用途、订单编号等信息，同时领料的数量也要一目了然，如表8-1所示。

表8-1　发料单

制造单号：　　　　产品名称：　　　　编号：

生产批量：　　　　生产车间：　　　　日期：

物料编号	品名	规格	单位	单机用量	需求数量	标准损耗	实发数量	备注

生产领料员：　　　　仓管员：　　　　PMC：

（4）防止错发多发

物料的发放最好是由两个人负责，这样可以互相监督，防止出现差错。

（5）要在"物料管制卡"上记录

物料员点装好物料后，应及时在"物料管制卡"上做好相应记录，同时检查一次"物料管制卡"的记录正确与否，并在"物料管制卡"上签上自己的名字。

（6）做好物料交接

仓管人员将物料送往生产备料区与领料员办理交接手续，然后在"发料单"签上各自的名字，并各自取回相应联单。

（7）认真、及时地填写仓库账簿

仓管员应将“发料单”的实际发出数量及时记入仓库账簿。仓库账簿是进行物料存储控制的基本依据，不能有任何的差错，在发料之后要认真登记，物品标签上也同样要进行登记。

（8）做好表单的保存与分发

仓管员将当天有关的单据分类整理好后存档或集中分发给相关部门。

2. 领料

领料是由制造部门现场人员在某项产品制造之前填写“领料单”并向仓库领取物料的作业。一般来说，领料作业主要是针对C类物料。由于生产计划常变更或物料计划做得不好，进料常出现延迟或过分紧急的情况，致使管理人员很难掌握主动的发料方式，只好采取领料方式。

物料控制必须从领料开始抓起。企业应根据实际生产情况确定领料方式。确定领料方式时应注意以下要点。

（1）确定各车间、各部门领料专人

领料一般由各班组或车间的专门人员（即领料员）负责。在规模较小的企业，有的不设专人负责领料，而是由班组长或车间主任负责，但应杜绝员工个人领料，由员工领料不便于进行物料数量的控制和物料的协调。

（2）规定合适的领料时间

领料员根据生产的实际进度，提前12小时或1～2天将物料领回，并分发到各道用料工序的员工手上。

（3）配置相应的领料工具

对于较大数量的领料，应配有杂工和必要的铲车、叉车、箱子等工具，便于物料的运输。

（4）明确“领料单”的填写格式和方法

领料员应按订单领料，并按照订单的物料计划填写“领料单”（见表8-2）。填写时要按要求填写，应该填写的项目一个也不能少，尤其是订单编号要填写清楚。

表8-2　领料单

No.________　　　　　　　　　　　　　　　　________年____月____日

制单号	料号	品名	规格	数量	实发数量	备注
主管		发料人			领料人	

第一联：会计　第二联：仓库　第三联：生管　第四联：领料部门

（5）明确物料领用的审批权限和办法。

车间负责人在审批“领料单”时要认真负责，查看需要填写的项目是否全部都按要求填写了，应该填写的项目一个也不能少，尤其是订单编号要填写清楚，这是进行物料控制和按单发料的基础。领料单作业流程如表8-3所示。

表8-3　领料单作业流程

程序	PMC部门	货仓部门	生产部门	会计部门	作业说明
制单	4联单				1. 本单共4联 2. PMC部门开单后，留下第1联进行计算机处理 3. 其他联单送往货仓 4. 货仓发完料并由生产部门点收后，签回第2联，第3联留于生产部，第4联送会计部门核算
发料		2/3/4			
点收			2/3/4		
计算机处理	1				
存查	1	2	3	4	

（6）确定合适的物料日领用限额及批量限额。

要把握好领料时间，过早领料会造成车间“物料暂存区”的物料堆积，过迟领料又会影响到物料的正常使用。

（7）认真对物料进行检验，凡破损的物料一律拒收。

（8）要认真清点物料数量，防止少领、错领。

（9）已经领到车间的物料，要有专门的地方放置及专人负责保管，特别是贵重物品以及体积较小的物品，保管不当很容易造成丢失。防止物料丢失的方法如图8-3所示。

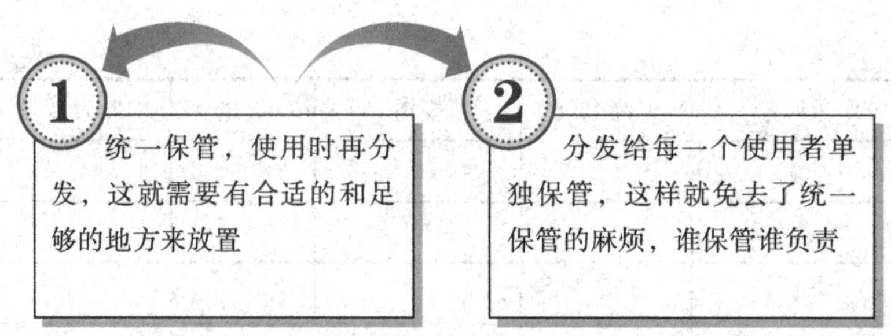

图8-3　防止物料丢失的方法

3. 领发料管制的程序

领发料是一项日常的标准作业，为了使它顺畅进行，一定要制定标准程序，使相关人员可以遵循实施。领发料管制的程序如图8-4所示。

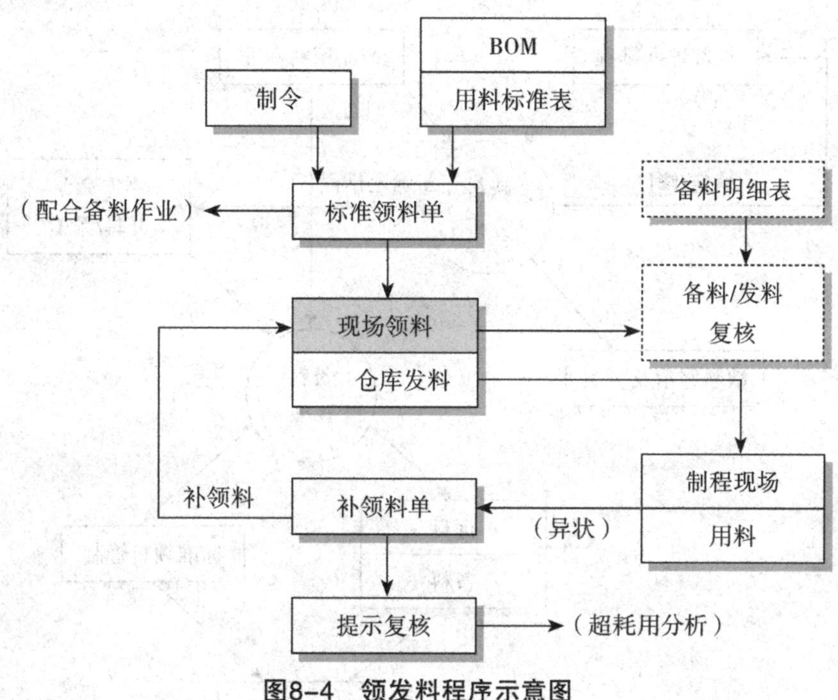

图8-4 领发料程序示意图

8.2 物料发放的关键点

1. 审核领料凭证

当领料人员持“领料单”到仓库领料时，仓库主管应就以下方面对领料单进行审核，具体内容如图8-5所示。

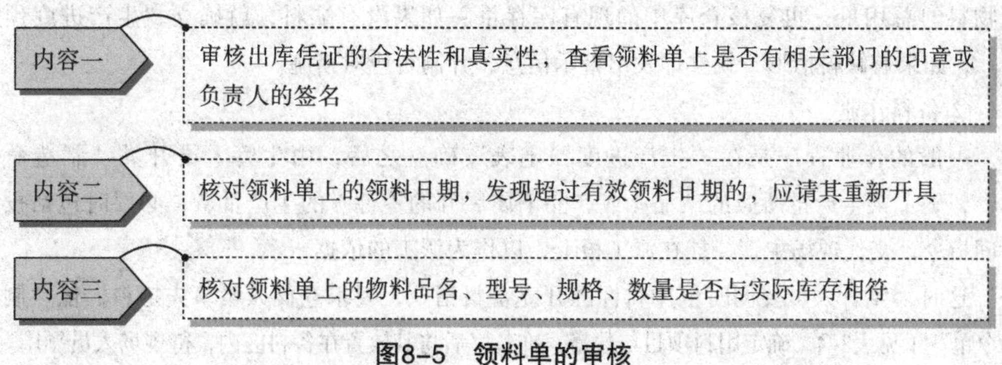

图8-5 领料单的审核

2. 备料

（1）备料管理的程序

备料管理可以设定如图8-6的作业程序。

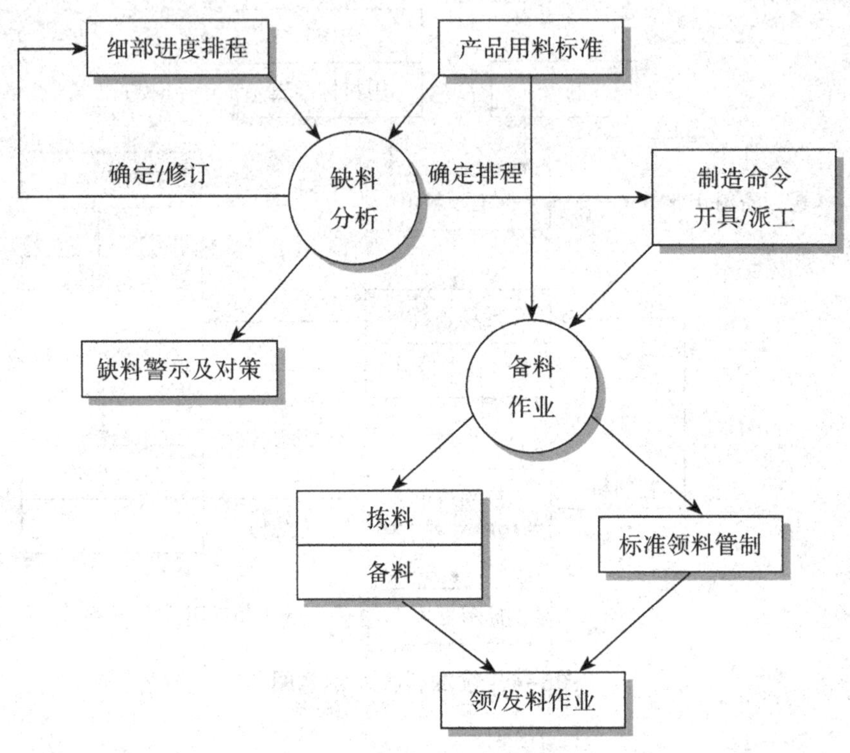

图8-6　备料管理作业程序

①缺料分析

在工厂里，生管部门会制订近期的细部生产计划，并制作“生产进度预定表”，针对一个生产组织或生产线（当然仅指一个大制程），确定次周或第三周（当然也可能是次日）的作业指令，要求现场人员按指令执行。

生管部一旦制定出这个细排程，就必须依照产品的BOM清单复算该大制程所需的各批物料的总用量，再复核仓库中的现有库存量。如果没有缺料，就确立“生产进度预定表”；如果有缺料情形，就立即发出警示信息，并制定应对措施。

②备料作业

一般的作业程序是在“生产进度预定表”确立之后，由生管人员开具“制造命令单”，确定某生产批所属的产品（或产品下属展开的零件）的生产批量，必要时包括投产时间指令，交代现场主管，挂在派工板上，以作为派工的依据。

这时，生管人员要同时依用料标准开立备料指令，要求仓储人员事先拣料，依“制造命令单”（见表8-4）确定用料项目与数量，准备好后将其放置在备料区内，待现场人员领用。

表8-4 备料指令单

编号：

<table>
<tr><td colspan="3">制造部门：</td><td colspan="3">大制程代号：</td><td colspan="2">指令日期：</td></tr>
<tr><td colspan="3">生产批号：</td><td colspan="3">制造令号码：</td><td colspan="2">应投产日期：</td></tr>
<tr><td colspan="3">产品（零件）号：</td><td colspan="3">单位：</td><td colspan="2">排程量：</td></tr>
<tr><td>用料类别</td><td>料号</td><td>品名</td><td>规格</td><td>单位</td><td>用量</td><td>应备料量</td><td>备注</td></tr>
<tr><td></td><td></td><td></td><td></td><td></td><td></td><td></td><td></td></tr>
<tr><td></td><td></td><td></td><td></td><td></td><td></td><td></td><td></td></tr>
<tr><td></td><td></td><td></td><td></td><td></td><td></td><td></td><td></td></tr>
<tr><td></td><td></td><td></td><td></td><td></td><td></td><td></td><td></td></tr>
<tr><td colspan="2">核准</td><td colspan="3"></td><td>生管</td><td colspan="2"></td></tr>
</table>

（2）备料注意要点

备料时应注意以下四个要点。

①备料要按物品出库凭证（如“领料单”“物品出货通知单”“物品调拨单”）所列项目进行，不得随意变更。其一般步骤如图8-7所示。

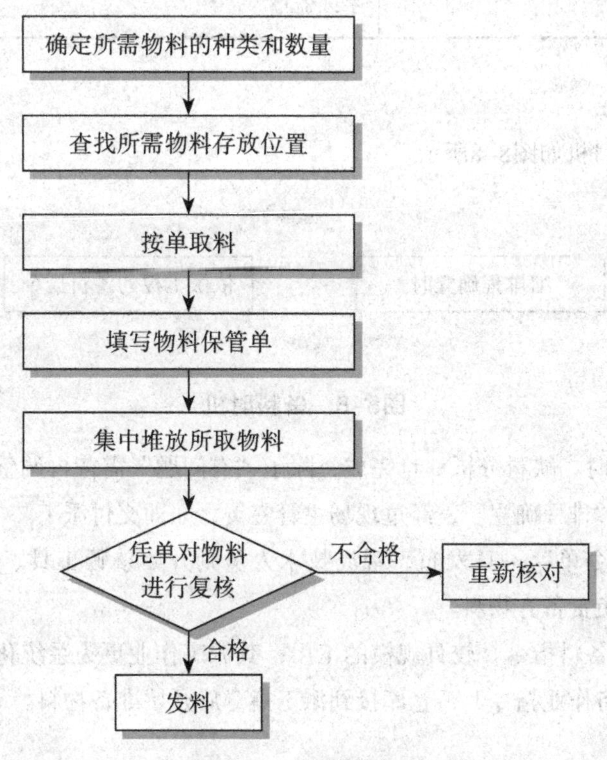

图8-7 备料流程图

②备料时要按号找位、据单配货，并采用适当的备料方法。

③在出库时，应遵守先进先出的原则，以确保物料储存的质量，防止由于储存时间过长导致物料损坏、变质。

④使用适当的备料方法。根据需准备物料的不同，仓管员要采用原箱原捆备料、原堆桩原货垛备料、拆箱拆捆备料等方法。各备料方法的具体操作如表8-5所示。

表8-5　备料方法的操作说明

备料方法	适用范围	操作说明
原箱原捆备料	出库物料量或购销发运量较大的发货业务	不需拆箱拆捆，只需按整箱整捆备齐物料就可发放
原堆桩原货垛备料	发货量是整批数、品种单一的物料	在货物原堆桩、原货垛处，按领料单上的品名、数量点齐，并在原货垛上标出发货量记号；待取料时，仓管员在原货垛处按事先标定的数量记号将物料点交发放即可
拆箱拆捆备料	领料量较小，或领料、发运量大，但品种多样，需拆零配料的业务	备料时将物料拆箱、拆捆，备好后再对物料进行重新包装，并在包装内附上装箱单，注明所装物料的品名、牌号、规格、数量和装箱日期，并由装箱人员签字或盖章

（3）备料时机

最适宜的备料时机如图8-8所示。

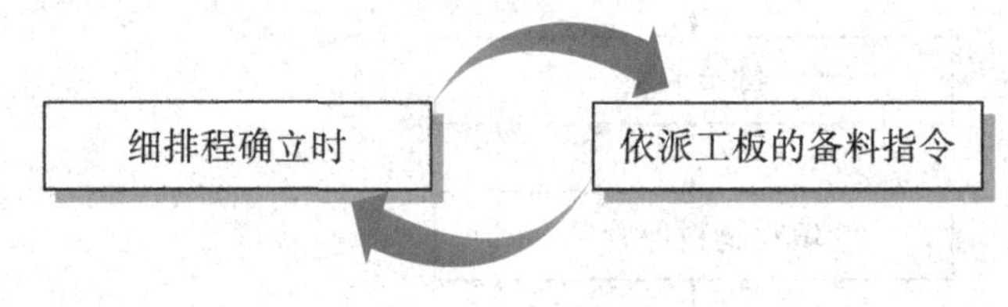

图8-8　备料时机

①细排程确立时。缺料分析一旦完成，除了“有问题”需待再调整的生产批（制造命令单）之外，应属“排程确立”，经过现场主管签署，立即交付派工。

“派工制造命令单”一旦发布，现场技术人员则开始整顿工具、夹导具、模具等工作，并由仓库人员负责备齐物料。

②依派工板的备料指令。较具规模的工厂，其派工作业更为系统化，会使用派工板的方式进行各项“准备作业指令”，仓库接到派工指令后开始准备物料。

备料工作是仓储人员的职责，无论是发料制还是领料制，仓库都要事先备齐各生产现场需投产的用料，迅速交予现场制程，以提升其生产力。

3. 备料发放

（1）备料发放要点

在完成备料工作后，仓库主管就可以组织人员进行发放。备料发放要点如图8-9所示。

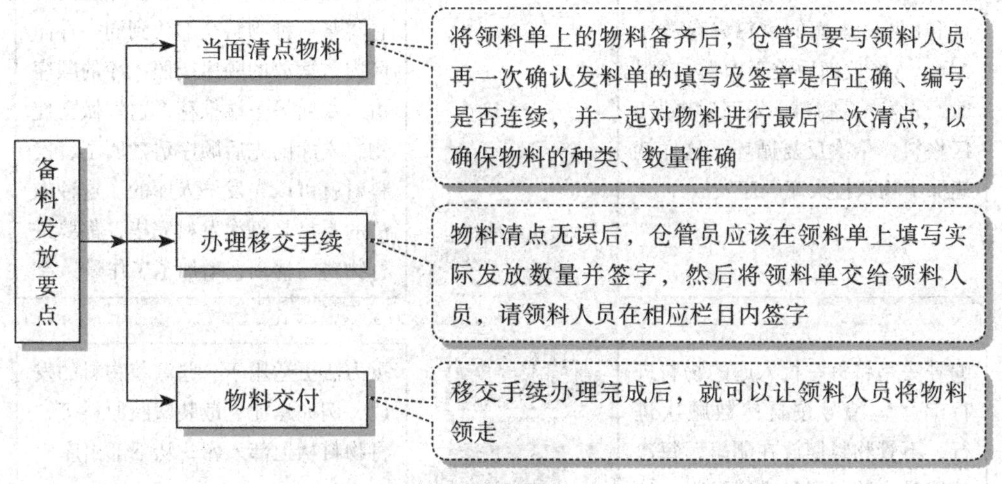

图8-9　备料发放要点

（2）备料发放原则

发料是物料移交的过程，这一过程主要应防止发料失误，以及物料移交过程中的划伤磕碰、液体溅出、危险品事故等的发生。关于物料发放的程序与注意事项，在第一点中都已讲到，在此主要讲述备料发放原则，备料发放原则如图8-10所示。

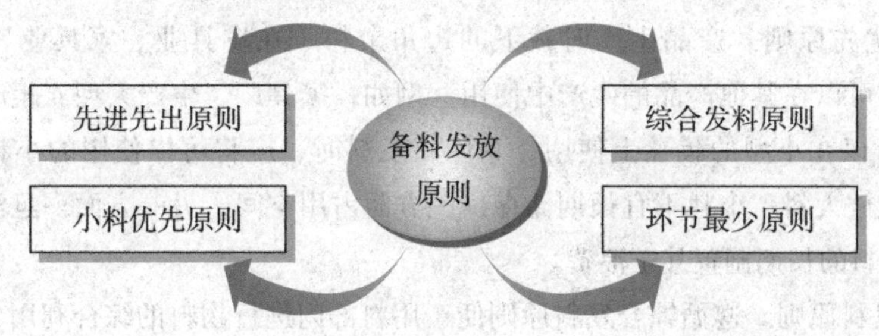

图8-10　备料发放原则

①先进先出原则。遵循先进先出原则的目的是为了防止物料因存放时间过长而变质、损坏，以确保物料的品质和利用率。

许多物料在常温下都有一定的保质期限，如果过了保质期，就会变质，甚至完全不能使用，如金属物料存放的时间太长会氧化；木材、人造板会因潮湿而损坏。

先进先出原则是对同类、同规格物料而言，不同规格的物料不适用这一原则。例如，木材，尽管是同种、同等级，但如果规格不同，先入库的是50毫米厚的，要发放的物料是40毫米厚的，如果按这一原则把先入库的50毫米厚木板发放出去，就会在加工中造成很大的浪费。

先进先出原则的做法如图8-11所示。

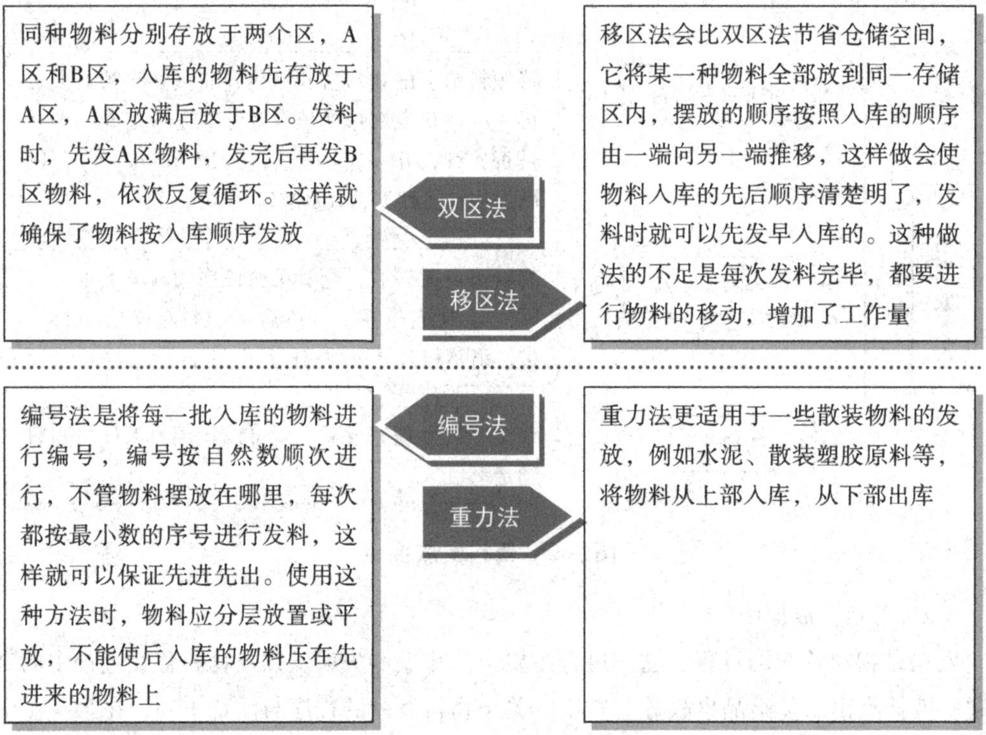

双区法：同种物料分别存放于两个区，A区和B区，入库的物料先存放于A区，A区放满后放于B区。发料时，先发A区物料，发完后再发B区物料，依次反复循环。这样就确保了物料按入库顺序发放

移区法：移区法会比双区法节省仓储空间，它将某一种物料全部放到同一存储区内，摆放的顺序按照入库的顺序由一端向另一端推移，这样做会使物料入库的先后顺序清楚明了，发料时就可以先发早入库的。这种做法的不足是每次发料完毕，都要进行物料的移动，增加了工作量

编号法：编号法是将每一批入库的物料进行编号，编号按自然数顺次进行，不管物料摆放在哪里，每次都按最小数的序号进行发料，这样就可以保证先进先出。使用这种方法时，物料应分层放置或平放，不能使后入库的物料压在先进来的物料上

重力法：重力法更适用于一些散装物料的发放，例如水泥、散装塑胶原料等，将物料从上部入库，从下部出库

图8-11　先进先出原则的做法

②小料优先原则。产品生产时裁下的边角余料（在皮具业、家具业、制衣业很常见），有些还可以在其他产品的生产中使用。例如，家具厂，生产大型衣柜时裁下来的边角余料，还可以在小型的妆凳上使用。仓库在发料时，应将可以使用的小料优先发放出去，然后再发放大料。小料不宜长期储存，一方面占用空间，另一方面一旦没有合适的订单就会造成物料的长期搁置甚至浪费。

③综合发料原则。遵循综合发料原则便于用料部门进行物料的综合利用，提高物料的利用率。综合发料的情形如图8-12所示。

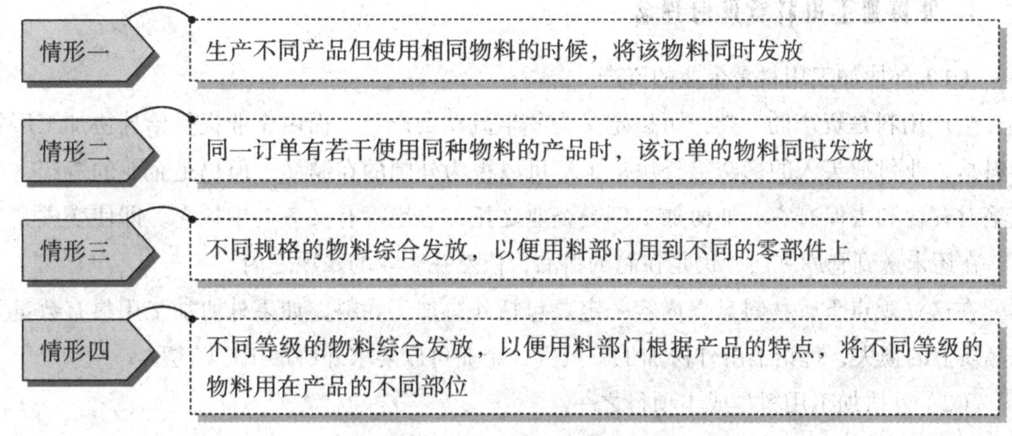

图8-12　综合发料的情形

④环节最少原则。物料发放的环节越多，就越容易造成物料的损坏和缺失，因此，应减少发放环节。环节最少原则的原因如图8-13所示。

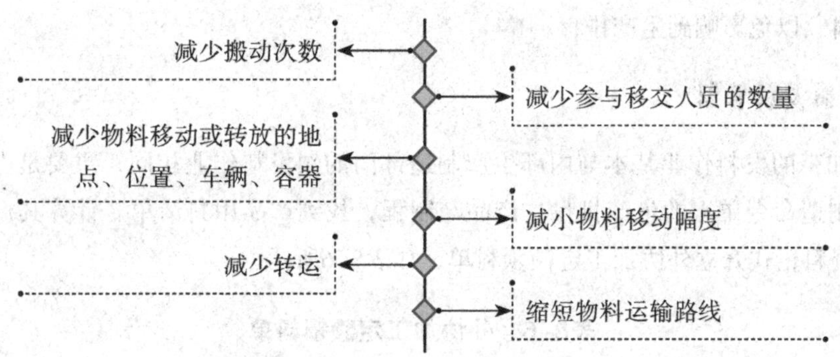

图8-13　环节最少原则的原因

4. 做好登记作业

物料发放完毕，仓管员要根据“领料单”调整库存账目，使账、物、卡重新统一，并编制“物料收发日报表”及“出货台账”，以便为日后的统计工作打下基础。

8.3　外协加工物料控制发放

外协加工与采购作业最大的不同就是企业要供料给外协加工厂。这就涉及用料管理的问题，尤其当己方以原料形态交给对方，经过对方的加工，已变成半成品（也可能变成直接投入生产现场的在制品）的形态，这又涉及双方的权利与义务即责任关系，这比单纯的采购作业复杂得多。

1. 外协加工用料管理的理念

（1）外协加工用料是企业的资产

生产用料是资产的一类，可以定义为“半流动资产”，而由企业提供给外协加工厂的物料是企业付钱买入的，交给外协加工厂可以视为外围的在制品，但仍是企业的资产，企业绝对有权利去保有它。外协加工厂受企业之托，也绝对有义务去维护它。即使变成完工品，在还未送到仓库之前，仍是在制的料品，依然在企业的账项之内。

在这一观点下，物料盘点内容一定要包括外协加工物料。如果外协加工用料有数量上或品质上的损失，理论上由外协加工厂负责，企业可以要求外协加工厂赔偿。

（2）外协加工用料是成本项目之一

外协加工用料与生产现场的领料一样，一旦领用，就列入物料成本项下。为了控制成本，发料时必须依用料标准计算用料量，多发或少发都不可以。

（3）外协加工用料是投入生产的资源

作为企业的资源，要很有效率地利用外协加工用料，不要太早发料，以免积存；也不能太晚发料，以免影响到生产排程。

2. 定额发料管制

外协加工的发料作业基本与内部生产制造部门的领发料作业相同，主要是由生产部提出，依照制造命令单上的生产批量、产品与制程，找到产品用料清单，计算其标准需用料量，依此资料正式开立外协加工定额领料单，如表8-6所示。

表8-6　外协加工定额领料单

编号：

<table>
<tr><td colspan="10">厂商代号：　　　　厂商全名：　　　　发料日期：
外协加工订单号：　　　　生产批号：　　　　（半成品／零件）料号：
外协加工批量：</td></tr>
<tr><td>序号</td><td>类别</td><td>料号</td><td>品名</td><td>规格</td><td>单位</td><td>标准用量</td><td>应用总量</td><td>实领总量</td><td>备注</td></tr>
<tr><td></td><td></td><td></td><td></td><td></td><td></td><td></td><td></td><td></td><td></td></tr>
<tr><td></td><td></td><td></td><td></td><td></td><td></td><td></td><td></td><td></td><td></td></tr>
<tr><td></td><td></td><td></td><td></td><td></td><td></td><td></td><td></td><td></td><td></td></tr>
<tr><td></td><td></td><td></td><td></td><td></td><td></td><td></td><td></td><td></td><td></td></tr>
<tr><td colspan="10">说明：</td></tr>
<tr><td rowspan="2">厂商签收</td><td rowspan="2"></td><td rowspan="2">核准</td><td rowspan="2"></td><td rowspan="2">仓库</td><td>主管</td><td></td><td rowspan="2">生产部门</td><td>主管</td><td></td></tr>
<tr><td>发料</td><td></td><td>填表</td><td></td></tr>
</table>

有定额用料量，就可能会有超耗领用量。为严格控制发料，应该由外协加工厂商通过生产部开立“外协加工补料单”，再向仓库要求发料，而且其核准的层次也要提高。

3. 外协加工发料的时机

外协加工发料最好是在开立正式的“外协加工订制单”时，就计算其用料需求量，即时开立“外协加工定额领料单”，与备料（实物）一并交由外协加工厂商。最理想的状况是，由外协加工厂商到本企业仓库，双方同时清点所备料品。

在实际操作中，一般都是由生产部先发出“外协加工订制单”给外协加工厂商做准备，待快要投产时，由外协加工厂商到本企业仓库依“外协加工定额领料单”领料。

8.4 补料作业控制

补料是指当原来所发放的材料数量不足时，再次进行材料的申请。补料有两种情形：一种是材料不足造成的补料；另一种是超计划领料。

1. 材料不足造成的补料

材料不足造成的补料是一种正常的补料，造成补料的原因主要有：物料计划遗漏；生产计划改变，生产量增加；材料的利用率低。申请补料时，应填写“补料单”（见表8-7），并按有关程序进行补料。

表8-7 补料单

生产单号：________ 产品名称：________ No.

生产批量：________ 生产车间：________ □材料 □半成品 日期：________

物料编号	品名	规格	单位	单机用量	标准损耗	实际损耗	损耗原因	补发数量	备注

生产领料员：________ 仓管员：________ PMC：________

（共4联：PMC联、货仓联、生产联、财务联）

2. 超计划领料

超计划领料往往是由于损耗预留不足，材料品质差而导致其利用率低；操作及加工过程中损坏、物料丢失、出现品质问题、物料挪作他用、加工错误造成物料报废、工艺更改、产品更改等引起的。

（1）超计划领料的管理

超计划领料的管理有三个要点，具体如图8-14所示。

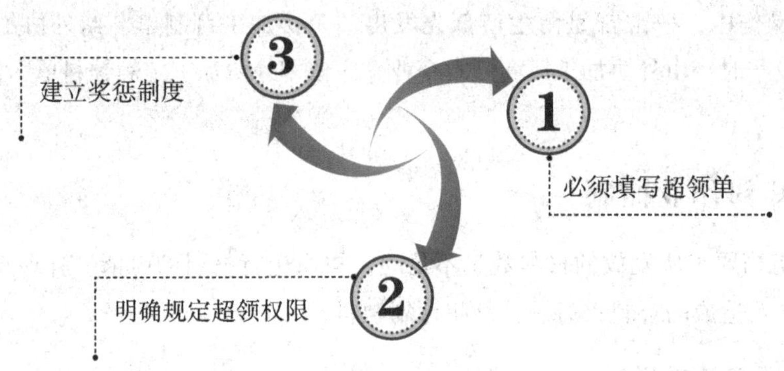

图8-14 超计划领料的管理要点

要点一：必须填写超领单。

当“领用单”上所核定数量的物料领用完毕，制造部门不论何种原因需追加领用物料的，必须由制造部相关人员填写“物料超领单”（见表8-8）方可领料，并要注明超领物料所用的制造命令号码、批量、超领物料编号、名称、规格及超领数量、超领率，并详细阐明超领物料的原因。

表8-8 物料超领单

领用部门： 日期：

制造命令号：			批量：		
超领物料编号	名称	规格	超领数量	超领原因	超领率

生产领料员：＿＿＿＿ 仓管员：＿＿＿＿ PMC：＿＿＿＿

说明：本单一式四联，一联生产部自存，一联送仓库，一联送PMC，一联送财务。

要点二：明确规定超领权限。

①确定可领用数量。其计算公式如下：

可领用数量＝制造命令批量×每单位产品用量×（1+损耗率）

其中，单位产品用量及损耗率依照“产品用料明细表”确定。

②超领率低于1%时，由制造部主管审核后方可领用物料。

③超领率大于1%小于3%时，由制造部主管审核后，转生产管理部物控人员审核，审核通过后方可领用物料。

④超领率大于3%时，除上述人员审核外，需经生产副总审核，审核通过后方可领用物料。

⑤“物料超领单”一式四联，一联由生产部门自存，一联交仓库保管，一联送生产管理部门物控人员，一联交财务部保管。

要点三：建立奖惩制度。

企业应完善“超料事故”处罚措施，相关责任人要一追到底，绝不放任姑息；制定节省材料表彰奖励制度，鼓励员工爱惜公物，大力提倡节约、反对浪费。

（2）超计划领料的“先行发料”原则

先行发料是指对于某些超料情况，在还没有拿出超料原因报告，未查清问题原因，未找到责任部门及责任人的情况下，为了不影响正常生产而先发料、后追查的一种工作程序。

这一工作程序的意义在于防止因复杂的问题追究而影响正常生产。须注意的是，走“特殊程序”不是对问题放任不管，该追究的一定要追究，是谁的责任谁就要承担，应该受到处罚的也绝不放过。

3. 补领料差异分析追踪

发生了补领料后，不应只是要控制，还要事后加以分析，追查其原因以及责任所在，并谋求防治对策。

（1）制程不良，造成用料浪费（重制）

制程不良的原因有很多，有因作业员不熟练而产生的，有因作业员偶尔疏忽而产生的，也有因前制程不良而延续下来的，当然也可能是因机台精确度（精密度）偏失而导致超出规格界限的。

如果是因作业员不熟练而发生制程不良，那就要依赖作业标准与工作指导两项对策来防止。如果是因作业员偶尔疏忽导致制程不良，那就要依赖防呆措施的工作设计法才可能真正解决。如果因机台精确度问题所产生的制程不良，则需通过制程能力管理解决。

（2）进料不良，加工前发现，要换用良料

进料不良，有时候是因购料入库时进料检验的疏忽，尤其是IQC大多采取抽样检验。抽样检验难免有疏漏，加上忙中出错，以及检验者的个人因素，都可能会有不良料品掺入。

作业员有时可能比进料检验人员还要“内行”，作业时一上手就能查知不良所在，此时要准予换料。防治进料不良的措施有强化IQC作业以及选用合宜的品质良好的供应厂商两种。

当然，如果生产制程很长，也可能是前制程不良，未经查验而流入本制程（蔓延的不良），一旦查明，应准予换用良料。如果有这种情况发生，就要考虑加强各制程的自主检查或生产线中的制程稽核，以便及早发现不良品，使之不再流通。

（3）仓库发错料，需要换用正确的料项

备料是一件枯燥但又需要经验与细心的工作。一旦仓管人员疏忽，或者经验不足，就有可能发错不同规格的料项，或者发出已“设计变更”后不可再用的料项。

一旦发现这种误发事项，就应该换用正确的料项。其防治的措施包括仓管人员的训练、“条码式”的入出库控制以及储位的明确标示。

8.5 退料控制

退料是对生产的剩余材料或其他各种不能再使用的材料进行缴仓的工作。仓库主管应针对退料缴仓工作制定相关规范，以便让各仓管员熟悉并遵照执行。

1. 退料的类型

退料的类型有以下五种。

（1）当天下班前仍没有用完的易燃易爆危险品，如油漆、天那水。

（2）订单生产任务完成后的剩余材料。

（3）需要缴库管理的特殊材料、贵重材料等。

（4）可以再利用的边角余料。

（5）加工错误但可以通过改制用于其他产品生产的报废零部件。

退料应按照有关程序进行，并填写“退料单”，仓管员要核对“退料单”的内容与实物是否相符。

2. 退料的处理方式

（1）余料缴库

余料缴库是指制造部门将其领用而剩余的物料再退回到仓储部门。余料退回时，退料单位应该填写“退料报告单”，连同所退物料到仓储部门办理退料手续。

（2）坏料缴库

坏料是指损坏而不能使用的物料，坏料退回时需开具“坏料报告单”，连同坏料一并交回仓储单位。

（3）废料缴库

废料是指工厂在制造过程中遗留下来的碎残物料，其本身仍有残余价值。制造部门应在一定期间内将其收集起来，并开立“废料报告单”，与废料一并交回仓储部门。

3. 退料的作业程序

退料的作业程序如图8-15所示。

图8-15 退料的作业程序

（1）余料收缴

生产部门相关人员在生产中发现有余料时，须加以整理、包装、称重后填写“余料收缴单”，收缴人员会同磅秤点收人员签字确认后送回仓库，并由仓管员将收缴余料立账管理。

（2）存放管理

仓库应按类别分区堆放各类余料。余料应分类定量包装好，清点无误后，由仓管员分类存放到指定位置，并在余料卡上填写入库的日期及数量。

余料的存放也应遵循先进先出的原则，以便及时交送生产部门使用，避免因存放过久而变质。

（3）处理运用

仓库收缴的余料必须全数予以检选，去除异物，分类、分色、分级并定量包装、存放。仓库应建立余料卡，若需测定物料性能，则可委托技术部门办理。生产部门在审核“制造通知单”时，遇有可用余料的订单，应立即查核仓库的余料量，如有适用的，立即通知仓库备料，以供生产时转用。无回收价值的余料，应定期予以销售，避免变成滞料，以利于堆放区域环境的整顿。

4. 退料单

退料应按照有关程序进行，并填写“退料单”。

（1）退料单作业流程

退料单作业流程如表8-9所示。

表8-9　退料单作业流程

程序	生产部门	品管部门	货仓部门	PMC部门	会计部门	作业说明
制单	四联单					1. 本单共4联 2. 生产部开单经品管人员检验区分后，将单与货送至货仓 3. 货仓收到退货签收后，生产部门取回第1联 4. 货仓留下第2联，将第3联送至PMC部，第4联送至会计部核算
检验		四联单				
退仓			四联单			
计算机处理				3		
存查	1		2	3	4	

（2）退料单范本

退料单范本如表8-10和8-11所示。

表8-10　坏（废）料退库单

工作命令号		退料单位		退料日期	年　月　日
组件编号		入库单位		会计科目	
元件编号	规格名称	退库数量	单位	发现损坏制度	发现损坏原因
					□材料不良 □外出加工不良 □本厂加工不良
退库原因及处理	□ 材料不良，退回供应商 □ 材料不良，不退供应商 □ 外协加工不良，退回外协加工厂商 □ 外协加工不良，不退外协加工厂商 □ 本厂损坏，可重修 □ 本厂损坏，报废			重修部分说明	
管理部	仓库	收料组	品管部	组长	班长

注：本单一式三联。第一联：退库单位→品管部→仓库→管理部；第二联：退库单位→品管部→仓库（如重修）→生管部；第三联：退库单位存查。

表8-11 退料单

______年___月___日

制单No.	料号	品名	规格	退货数量	备注

主管：　　　　品管：　　　　退料人：　　　　收料人：

8.6 物料的放宽使用

仓库主管在进行物料的发放控制时，对于特采、紧急放行等物料应予以放宽使用；对于缺少而难以及时供应的物料，则要寻求使用不影响生产技术和质量的代用物料。

物料的放宽使用是在生产紧急、交货期迫近、没有其他选择的情况下，对存在问题的物料给予放宽处理，要求接受与使用的一种方法。

1. 特采的控制

特采是指进料经IQC检验，品质低于允许水准，IQC虽然提出退货的要求，但工厂由于生产上的原因，而作出“特别采用”的要求。

在进料检验员判定进料不合格后，或者来不及检验时，由采购人员或物控部门提出，并填写“物料特采申请单”（见表8-12），经进料检验主管审核或工程技术主管复核，再经品质部高层主管或高层主管人员核准，然后将“物料特采申请单”复印件或副本分别送到进料检验人员、仓管人员手中，才算是完成特采的程序。此时仓管人员应特别注明该批物料的状况并贴上标志，再发货给生产部门。

表8-12 物料特采申请单

特采单号		检验员		供应商	
物料编号		物料名称		型号	
特采原因及解决方案： 申请人签字：　　______年___月___日					

（续表）

审核意见：   审核人签字：　　　　　　　　______年___月___日
核准意见：   核准人签字：　　　　　　　　______年___月___日

（1）特采的情形

仓库主管必须让各仓管员了解特采的基本知识，分清是否可以特采的不同情形，并进行相应处理，具体如表8-13所示。

表8-13　可以特采与不可特采的情形一览

类型	具体情形
可特采	（1）制造或生产的过程中很容易发现并排除的判断原因 （2）有轻微或次要缺陷，且不对产品功能造成影响且不在产品表面位置 （3）有严重、安全等缺陷，对产品功能有重要影响，但可以通过重新全检或挑选后使用，且与供应商协商沟通好条件的，可采用特采后再安排人员挑选使用 （4）原材料计量值管制特性的CPK值比目标值小一点，且不影响产品的关键特性
坚决不可特采	（1）规格完全不符或送错来料 （2）出现严重缺陷，且在后使生产工序及制程中不易发现的来料 （3）新供应商来料，且其为本企业产品中的关键原料 （4）有一种以上主要缺陷，在整批物料中普遍存在的来料 （5）供应商送来的同类型物料曾被本企业的客户投诉，并且其缺陷相类似

（2）特采物料的处理

特采物料的处理主要有偏差、全检和重检三种方式，具体如表8-14所示。

表8-14　特采物料的处理

处理方式	说明
偏差接收	（1）对于不会影响生产速度和产品的最终质量的物料，可在特批后予以接收 （2）此类物料应由生产部、品质部按实际生产情况，估算出耗费工时数，对供应商作扣款处理

（续表）

处理方式	说明
全检	（1）送检批不合格品数超过规定的允收水准，经特批后，进行全数检验 （2）选出其中的不合格品，退回供应商，合格品接收入库或投入生产
重检	如果送检批几乎全部不合格，但经过加工处理后可以接收。在此情况下，品质部会同仓储部进行来料再处理 （1）IQC对加工后的物料进行重检，对合格品进行接收，对不合格品开出“IQC退货报告”交相关部门办理退货 （2）此类物料由IQC统计加工工时，对供应商作扣款处理

2. 紧急放行的控制

紧急放行是指因生产急需来不及检验就放行产品的做法。

（1）可以紧急放行的情形

一般只有在下列情况下才允许紧急放行：产品的不合格项能在技术上加以纠正，并且在经济上不会发生较大损失，也不会影响相关连接、相配的零部件质量。

（2）紧急放行的具体要求

紧急放行的具体要求如图8-16所示。

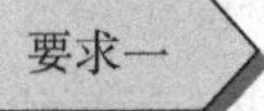

应在进货检验程序中对紧急放行作出规定，明确紧急放行情况的审批人、责任人，规定可追溯性标志的方法，明确识别记录的内容、如何传递、由谁保存

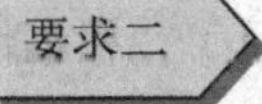

紧急放行所使用的全部质量记录，应按规定认真填写，在保存期内不得丢失和擅自销毁

要求三

当供方的产品进厂后，对于需要紧急放行的产品，应根据情况由责任部门（一般为采购部门或生产计划部门）的责任人提出申请，报经授权人审批进制

要求四

对紧急放行的产品作出可追溯性标志，同时做好识别记录，记录中应详细记载紧急放行产品的规格、数量、时间、地点、标示方法和供方的名称及所提供的证据

要求五

在紧急放行的同时，应留取规定数量的样品进行检验，且必须尽快完成检验报告

图8-16 紧急放行的具体要求

8.7 出库工作流程

成品出货是仓库根据业务部门开具的成品出库凭证，按所列项目组织成品出库的工作。仓库主管应严格按照相应要求组织仓管员做好成品出货控制工作。

仓库主管要组织仓管员严格按出库流程进行操作，具体如图8-17所示。

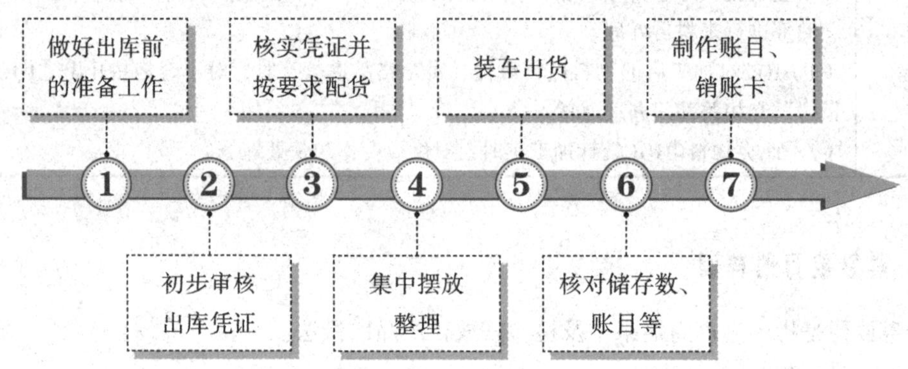

图8-17 出库工作流程

1. 出库前的准备

通常情况下，仓库调度在成品出库的前一天接到相关通知后，应分理和复审提货单，及时、正确地编制好有关出库任务单、配车吨位单、机械设备单等，并分别送给工班长、机械班、仓管员、收发员或理货员，以便做好出仓准备工作。

当仓管员从调度手中接到出仓通知后，应做好以下工作。

（1）在进出仓业务通知牌上注明将出仓产品的品名、规格、数量以及产品的货位货号、发往地点等信息。

（2）按提货单所写的入库凭证号码，核对好储存凭证（即仓管员的账目），根据储存凭证上所列的货位、货号寻找到该批产品货垛，然后将提货单与储存凭证、桩位卡、产品进行核对；确认正确无误后，做好出仓标记，以确保单、货相符。

（3）在场地允许的条件下，将成品调出分开码放，方便出货。

2. 初核

审核成品出库凭证，主要是审核正式出库凭证填写的项目是否齐全，有无印鉴，所列提货单位名称、产品名称、规格、重量、数量、唛头、合约符号等是否正确，单上填写字迹是否清晰，有无涂改痕迹，单据是否超过了规定的提货有效日期。

3. 配货

（1）属于自提出库的成品，不论整零，仓管员都要将货配齐，经过复核后再逐项点付给提货人，当面交接，分清责任。

（2）属于送货的成品，由仓管员在包装上刷写或粘贴必要的各种发运标志，然后集中到理货场所待运。

4. 待运

送货的成品，不论是整件还是拼箱，均须进行理货，集中待运。

5. 发货

仓管员或收发理货员应对提货单等相关单据进行逐一核对，并点货交给运输人员，分清责任。

装车时，仓管员应指导装车工轻拿轻放，并按一定顺序装载。

6. 复核

仓管员发货后，应及时核对成品储存数，同时检查成品的数量、规格等是否与账面结存数相符。随后核对成品的货位量、货卡，发现问题要及时纠正。

7. 销账销卡

成品出库工作结束后，仓管员应销账销卡，统计余数。在成品出库工作中必须防止包装破损和受到污染的产品出库。

8.8 跟踪成品出货

仓库主管应组织仓库人员制订成品出货计划，并要求仓管员全程跟踪出货运输前的各种工作。

1. 成品发货要求

成品发货要求如图8-18所示。

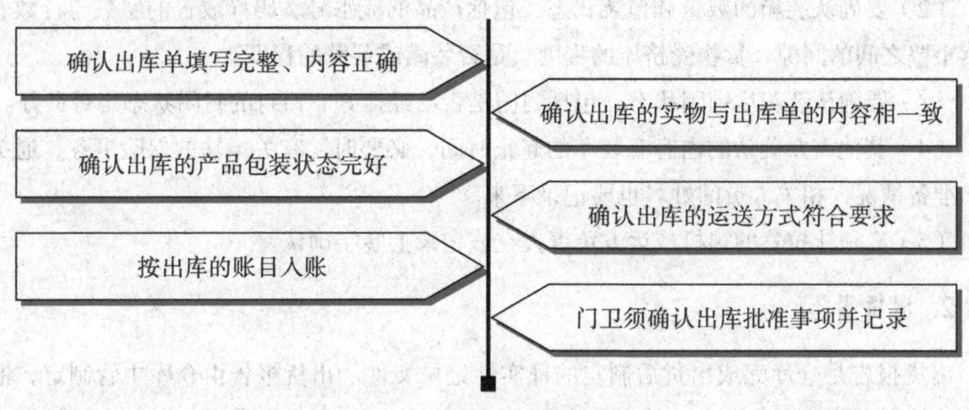

图8-18 成品发货要求

2. 出货装车

出货装车时需要确认的事项如图8-19所示。

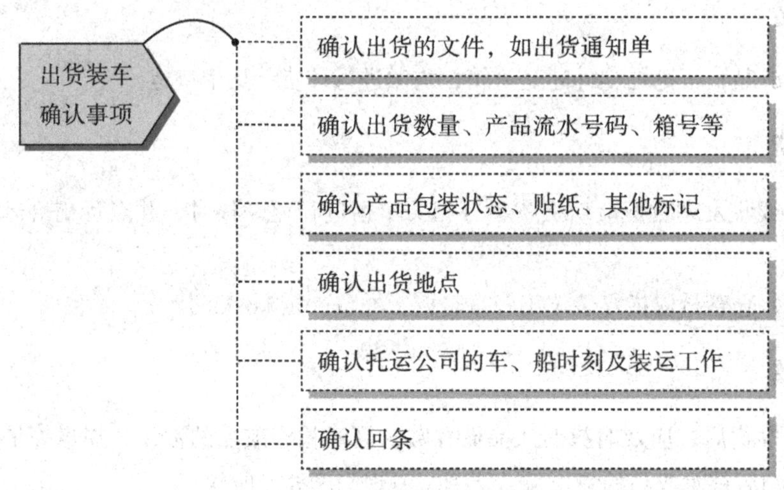

图8-19　出货装车确认事项

8.9　制作出货记录和出货报告

成品出货时，相关人员必须制作出货记录和出货报告，并交由仓库主管审核批准。

1. 出货记录

出货记录是出货责任人完成出货任务的证据，可以从中明确出货的客户、依据、运输方式等内容。

（1）记录之前首先要确认运单，确认内容主要有运输公司的名称、运号、车号，出货的产品、型号、订单号、批号、数量，转运地和目的地。确认时要仔细辨别运单的真伪。

（2）要确认装箱的数量和包装状态，包括产品的流水号、码垛放置的层数与行数、货与货柜壁之间的间隙、货物受挤压的程度、是否装满或装载的程度。

（3）要确认装箱后锁闭状态，包括门闩是否已经拴好、铅封的封闭状态是否良好。

（4）其他需要确认的内容有装车的起止时间；必要时，有关运输的保险事务，通关资料的准备情况，相关人员的姓名也要记录下来。

（5）必须让拉货的司机或运方负责人在该记录上签字确认。

2. 出货报告

出货报告是仓库完成出货后制定的证实性记录文件。出货报告由仓库主管制定，制成后发放给财务部、市场部、生产管理部等相关部门使用。出货报告要及时发出，最好是出货的当天就完成。

（1）出货报告的内容

出货报告的内容要能清楚地反映本次出货的详细情况，如出货产品的类别、名称、规格、型号、批号、批量和数量，完成出货日期，出货地点，承接运输的单位和运输方式，产品出货的目的地。

（2）出货报告的保存

出货报告（见表8-15）应作为重要记录进行保存，以便日后查询。出货报告的保存期限一般应是使用的当年再加一个日历年。这个期限是最小的时间，使用中可以更长。

表8-15　出货报告

日期：　　　　　　　　　　　　　　　　编号：

<table>
<tr><th>序号</th><th>品名</th><th>型号</th><th>批号</th><th>订单号</th><th>出货数量</th><th>箱数</th><th>箱号</th><th>目的地</th><th>集装箱号</th><th>承运公司</th><th>备注</th></tr>
<tr><td></td><td></td><td></td><td></td><td></td><td></td><td></td><td></td><td></td><td></td><td></td><td></td></tr>
<tr><td></td><td></td><td></td><td></td><td></td><td></td><td></td><td></td><td></td><td></td><td></td><td></td></tr>
<tr><td></td><td></td><td></td><td></td><td></td><td></td><td></td><td></td><td></td><td></td><td></td><td></td></tr>
<tr><td></td><td></td><td></td><td></td><td></td><td></td><td></td><td></td><td></td><td></td><td></td><td></td></tr>
<tr><td></td><td></td><td></td><td></td><td></td><td></td><td></td><td></td><td></td><td></td><td></td><td></td></tr>
<tr><td></td><td></td><td></td><td></td><td></td><td></td><td></td><td></td><td></td><td></td><td></td><td></td></tr>
<tr><td colspan="12">特别事项说明：</td></tr>
<tr><td colspan="3">出货地点</td><td colspan="3"></td><td colspan="3">完成时间</td><td colspan="3"></td></tr>
<tr><td colspan="3">生管确认</td><td colspan="3"></td><td colspan="3">OQC确认</td><td colspan="3"></td></tr>
<tr><td colspan="12">备考：</td></tr>
<tr><td colspan="4">承办：</td><td colspan="4">检验：</td><td colspan="4">批准：</td></tr>
<tr><td colspan="12">分发：□销售部　□财务部　□生产管理办公室　□其他部门
签收：</td></tr>
</table>

拓展阅读

异常情形处理

一、出库过程异常情形处理

1. 出库凭证（提货单）异常

（1）凡出库凭证超过提货期限，用户前来提货，必须先办理手续，按规定缴纳逾期仓储保管费后方可发货。任何非正式凭证都不能作为发货凭证。提货时，用户发现规格开错，仓库主管不得自行调换规格发货。

（2）凡发现出库凭证有疑点，以及发现出库凭证有假冒、复制和涂改等情况时，应及时与仓库保卫部门及出具出库单的单位或部门联系，妥善进行处理。

（3）物品进库未验收，或者出现未进库的出库凭证，一般暂缓发货，并通知客户待货到并验收后再发货，提货期顺延。

（4）如果发现出库凭证规格开错或印鉴不符时，仓库主管不得调换规格发货，必须通过制票员重新开票方可发货。

（5）如客户因各种原因将出库凭证遗失，客户应及时与仓库主管和账务人员联系挂失；如果挂失时物品已被提走，仓库主管不承担责任，但要协助客户找回物品；如果物品还没有提走，经仓库主管和账务人员查实后，做好挂失登记并将原凭证作废，缓期发货。仓库主管必须时刻警惕，如再有人持作废凭证要求发货，应立即与保卫部门联系处理。

2. 提货数与实存数不符

提货数量与物品实存数不符的情况，一般是实存数小于提货数。造成这种问题的原因主要有以下几种。

（1）如属于入库时记错账，则可以采用“报出报入”方法进行调整。

（2）如属于仓库主管串发、错发而引起的问题，应由仓库方面负责解决库存数与提货数间的差数。

（3）如属于客户漏记账而多开提货数，应由客户出具新的提货单，重新组织提货和发货。

（4）如果是仓储过程中的损耗，需要考虑该损耗是否在合理的范围内，并与客户协商解决。合理范围内的损耗，应由客户承担；而超过合理范围之外的损耗，则由仓储部门负责赔偿。

3. 串发货和错发货

串发货和错发货主要是指仓库主管由于对物品种类、规格不熟悉，或者由于工作中的疏漏，把错误规格、数量的物品发出库的情况。

在这种情况下，如果物品尚未离库，应立即组织人力，重新发货。如果物品已经离开仓库，仓库主管应及时向主管部门和客户通报串发货和错发货的品名、规格、数量、提货单位等情况，会同客户和运输单位共同协商解决。一般在无直接经济损失的

（续）

情况下由客户重新按实际发货数冲单（票）解决；如果已造成直接经济损失，应按赔偿损失单据冲转调整保管账。

二、出库后异常情形处理

（1）在物品出库后，若有客户反映规格混串、数量不符等问题，如确属仓库主管发货差错，应予纠正、致歉；如不属仓库主管差错，应耐心向客户解释清楚，请客户另行查找。

凡属易碎物品，发货后客户要求调换，应以礼相待，婉言谢绝；如果客户要求帮助解决易碎配件，要协助其联系解决。

（2）凡属客户原因，型号、规格开错，制票员同意退货，仓库主管应按入库验收程序重新验收入库；如属包装或产品损坏，仓库主管不予退货，待修好后，按有关入库要求重新入库。

（3）客户要求退货或换货时，凡属产品的内在质量问题，应由质检部门出具检查证明、试验记录，经物品主管部门同意，方可退货或换货。

（4）退货或换货产品必须达到验收入库的标准，否则不能入库。

（5）物品出库后，仓库主管发现账实（结存数）不符，是多发或错发的要派专人及时查找追回以减少损失，不可久拖不予解决。

下面是某企业仓库发料管理制度与仓库备料管理制度范本，供读者参考。

范本

仓库发料管理制度

一、目的

为加强仓库发料管理工作，特制定本制度。

二、适用范围

本制度适用于对仓库发料的管理。

三、内容

1. 发料员职责

（1）每天上班第一时间做好5S；保持物料整齐、地面干净卫生。

（2）下班前，必须关灯、风扇及门窗。

（3）发料、退料必须保证通道、消火栓、灭火器等设备范围内无安全隐患。

（4）有权对非仓库人员或未经允许擅自出入仓库，在仓库乱拿、乱放、踩踏、破坏等一切行为进行控制、阻止与警告，并及时知会仓管员或主管。

（续）

2. 发料规定

（1）没有领料单或没有填写单号不允许发料。

（2）所有物料数量不得多发、少发，且一定要清点数量。种类不得多给和少给，规格种类不得错乱、含糊、混淆等。

（3）所有物料先领取尾数；所有物料尽量只允许有一个尾数。每种物料发放完成时，必须将其摆放整齐。

（4）必须填写物料结存卡，且必须准确；不得弄丢和放错位置。

（5）物料到达车间后，必须符合车间的摆放要求。

（6）所有发给车间的物料，必须经过当班组长的清点并在领料单上签字确认回单。

（7）车间领料单在其签收之后，不得以未发完为由继续发放或领取。也不允许私自发放物料到车间或带车间人员到仓库领料。

（8）物料发放完后，发料员必须在领料单上仓管员处签名。

3. 退料

（1）车间退料单必须填写单号、名称、规格、数量；合格品则要求车间按原包装数量和规格退回；不良品需注明原因并由检验员签字。

（2）退回的物料，必须有明显标示；不相同的物料不允许放在同一箱/架，且退回的物料要按要求放在指定地点。

（3）经车间处理过的物料，如发现有已打印、贴标、封胶、折叠等现象，拒绝退料。

（4）所有物料的摆放，面积不要超过黄线。

（5）物料用的木托盘，不允许在仓库、乱放和竖立，必须统一放置。

（6）仓库已经固定或规划好的物料及其他设备，不得挪作他用。

四、附则

（1）本制度由仓库管理部门主持制定，其修改权、解释权归仓库管理部门所有。

（2）本制度经总经理批准后，自颁布之日起实施。

范本

仓库备料管理制度

一、目的

为了规范本公司的生产材料的投料、准备和领料管制工作，以达成公司品质目标和满足客户关注的需求，特制定本制度。

（续）

二、适用范围

本制度适用于公司生产材料的投料、领用等所有活动的管理。

三、内容

1. 职责

（1）品质部负责对领用过程中出现的品质问题进行反馈和出具处理意见，并做好检验状态标志。

（2）生产部负责出具领料单据，并确保单据的正确性。

（3）仓库负责所有生产材料的准备及发放工作。

2. 备料流程

（1）仓库记账员根据生产计划在ERP系统中的“生产投料单”打印“领料单”，并交到仓库备料人员手中（生产计划提前12小时下达“生产投料单”），生产计划对紧急订单应在“生产投料单”上注明。

（2）如遇到无库存或其他问题，备料人员应马上通知车间领料人员。

（3）仓库备料人员应及时把“领料单”下发到仓库各保管员手中，对于其中的紧急订单，要求保管员优先处理。

（4）仓库备料人员随时跟踪备料情况，并及时通知车间领料人员领料。

（5）车间领料人员在接收物料的过程中，应认真核对材料的名称、规格和数量，并在“领料单”上签字确认。在车间生产过程中，材料缺少时，车间应出具“超标物料领用单”领料。

（6）车间领料过程中出现的品质问题，应立即通知品质部进行判定，作出书面处理意见，并通知生产部、计划部、采购部、仓库等相关部门。

四、附则

（1）本制度由仓库管理部门主持制定，其修改权、解释权归仓库管理部门所有。

（2）本制度经总经理批准后，自颁布之日起实施。

学习笔记

通过学习本章内容，想必您已经掌握了不少学习心得，请仔细记录下来，以便继续巩固学习。如果您在学习中遇到了一些难点，也请如实写下来，方便今后重复学习，彻底解决这些难点。

我的学习心得

1. ____________________
2. ____________________
3. ____________________
4. ____________________
5. ____________________

我的学习难点

1. ____________________
2. ____________________
3. ____________________
4. ____________________
5. ____________________

我的运用计划

1. ____________________
2. ____________________
3. ____________________
4. ____________________
5. ____________________

第9章

仓库搬运工作

物品搬运装卸通常是指物品在车间或仓库内部的移动，以及在仓库与生产设施之间和仓库与运输车辆之间的转移过程。仓库主管必须熟悉了解搬运的各种基本知识，对搬运工作做好计划控制。

学习指引

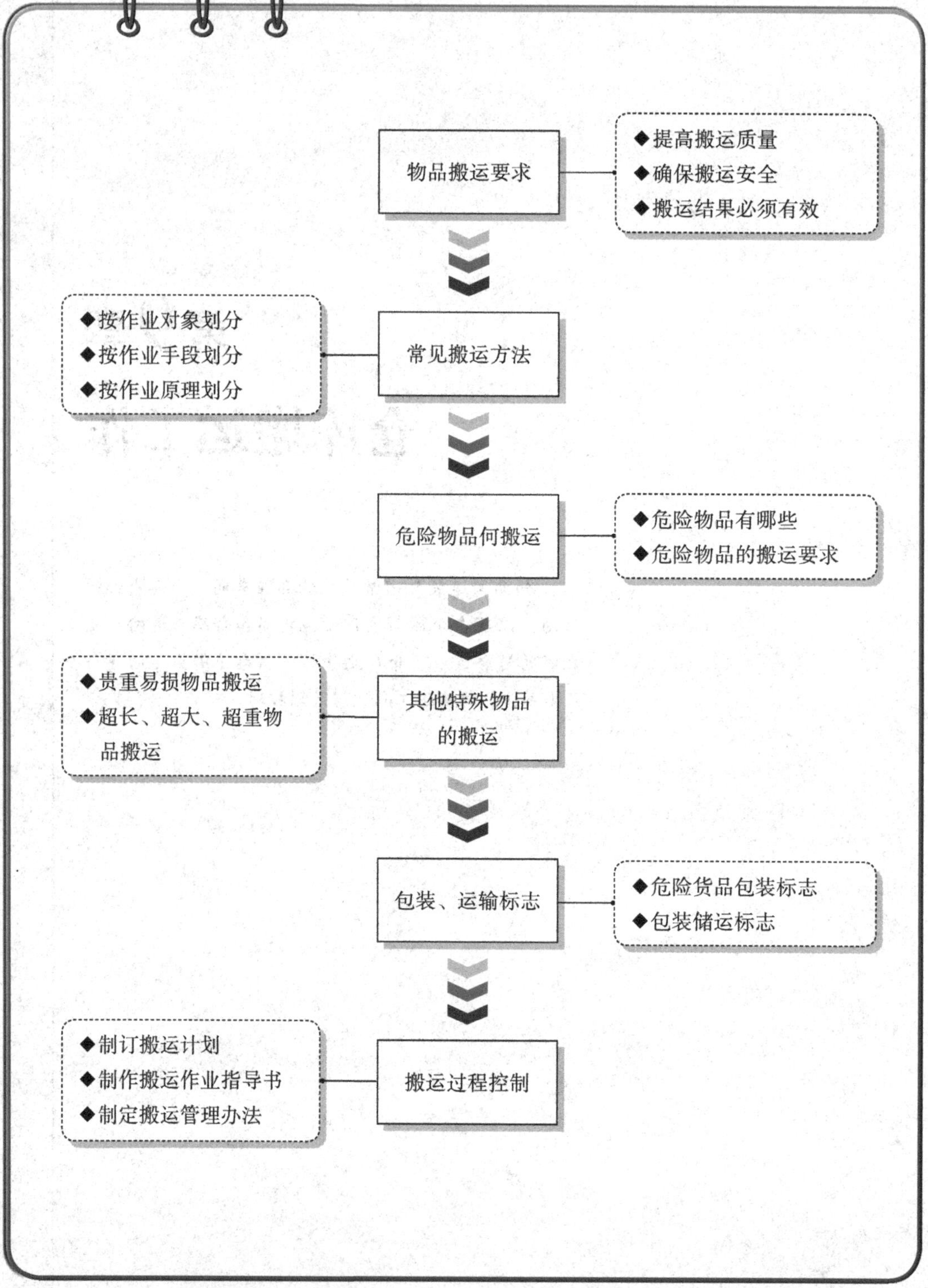

物品搬运要求
- ◆提高搬运质量
- ◆确保搬运安全
- ◆搬运结果必须有效

常见搬运方法
- ◆按作业对象划分
- ◆按作业手段划分
- ◆按作业原理划分

危险物品何搬运
- ◆危险物品有哪些
- ◆危险物品的搬运要求

其他特殊物品的搬运
- ◆贵重易损物品搬运
- ◆超长、超大、超重物品搬运

包装、运输标志
- ◆危险货品包装标志
- ◆包装储运标志

搬运过程控制
- ◆制订搬运计划
- ◆制作搬运作业指导书
- ◆制定搬运管理办法

9.1 物品搬运要求

1. 提高搬运质量

实施搬运作业时，必须确保被搬运物品的质量，如不能发生性能损坏、物品变质。为此，仓库主管应制订搬运计划，明确搬运的责任与分工，制定并严格遵守搬运工作指导书；当出现搬运质量问题时，要对问题进行分析，提出并采取改进措施。

2. 确保搬运安全

在搬运过程中既不能使人员、设备、物品等发生事故（如人身安全意外、设备损坏、物料丢失），又要准确、及时地完成搬运任务。确保搬运安全的措施如图9-1所示。

措施一：在工序间运送或搬动中，对易磕碰的关键部位提供适当的保护（如保护套、防护罩）

措施二：使用与物品特点相适应的容器和运输工具（如托盘、货架、叉车），并加强对容器和运输工具的维护与保养

措施三：对于精密、特殊的物品，还要防止震动及温度、湿度等环境的影响

措施四：在物品搬运过程中，如需要通过环境受污染的地区时，应进行适当的防护

措施五：对易燃、易爆或对人身安全有影响的物品，搬运时应有严格的控制程序

措施六：对有防震、防压等特殊要求的物品，搬运过程中要采取专门的防护措施，并用明显的识别标记。要注意保护有关标记，防止丢失或被擦拭掉

措施七：保证准确、无误地将物品送达指定的加工点、检验点或仓库

措施八：对搬运人员进行培训，使其掌握必要的作业规程和要求

图9-1 确保搬运安全的措施

3. 搬运结果必须有效

搬运结果对于物品的使用或存放应该是有效的。

（1）搬运结果要到位，最好是一次性到位，避免再次搬运。

（2）摆放方式要符合物品特性，如物品的放置体位、方向等，避免再次返工。

（3）放置环境要适合，要尽可能减少暂时存放的机会。

（4）杜绝或减少搬运的损失，包括丢失、打破、变形等因素导致的各种损失。

（5）降低搬运成本，选择使用合理的搬运方式，可以采用机械化、自动化、人工等多种搬运方式，但前提是用最低的综合投入实现最大的搬运量。

9.2 常见搬运方法

搬运方法是为实现搬运目标而采取的搬运作业手法，它将直接影响到搬运作业的质量、效果、安全和效率。搬运方法有以下几种。

1. 按作业对象划分

按作业对象划分，主要有以下三种搬运方法。

（1）单件作业法，即逐个、逐件地进行搬运和装卸。此方法主要是针对庞大、笨重的物品。

（2）集装单元作业法，即像集装箱一样实施搬运。

（3）散装作业法就是对无包装的散料，如水泥、沙石、钢筋等直接进行装卸和搬运。

2. 按作业手段划分

按作业手段划分，搬运方法一般有三种，具体如图9-2所示。

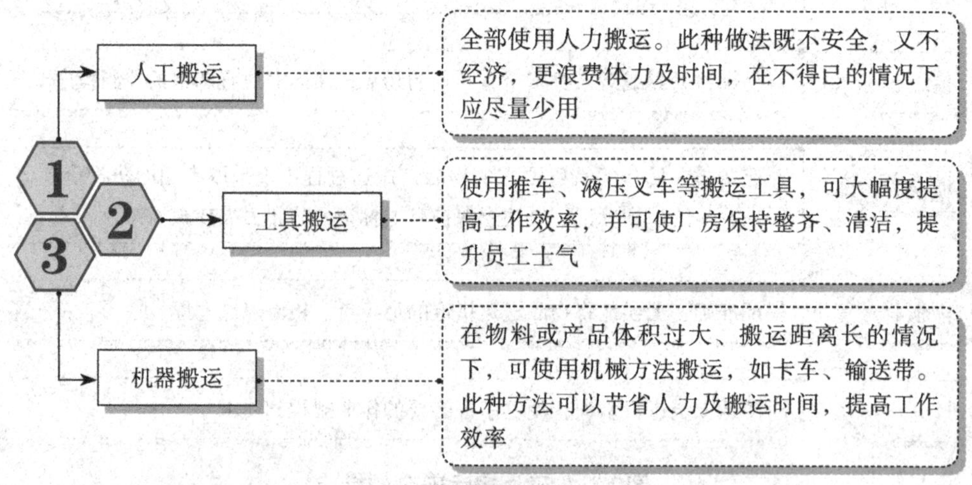

图9-2 常用的搬运方法

在选择搬运方法时，应尽量使用工具搬运、机器搬运，减少人工搬运。

3. 按作业原理划分

（1）滑动法

滑动法就是利用物品的自重力而产生的下滑移动，如滑桥、滑槽、滑管。

（2）牵引力法

牵引力法即利用外部牵引力的驱动作用使物品产生移动，如拖拉车、吊车。

（3）气压输送法

气压输送法即利用正负空气压强产生的作用力吸送或压送粉状物品，如负压传输管道。

9.3 危险物品何搬运

1. 危险物品有哪些

危险物品是指那些存在安全隐患的物料，具体包括以下几种。

（1）危险品，如汽油、天那水、炸药、压缩气体、液化气。

（2）剧毒品，如农药。

（3）腐蚀品，如硫酸。

（4）放射性物品，如射线器械。

2. 危险物品的搬运要求

由于危险物品的搬运有效性对搬运过程具有重大影响，有可能导致人身伤亡或造成重大财产损失，所以，搬运这类物品时要按特殊搬运要求进行。

（1）爆炸品

爆炸品的搬运一般有五个要求，具体如图9-3所示。

要求一：装卸车时详细检查车辆，车厢各部分必须保持、干净和干燥，不能残留酸、碱等及油脂类物品和其他异物

要求二：作业前检查危险品的包装是否完整、坚固，使用的工具是否适合、良好

要求三：禁止参加作业的人员携带烟火器具，以及穿有铁钉的鞋

要求四：人工搬运、交接物品时要手对手、肩靠肩，交接牢靠

要求五：装卸时散落的粉末状爆炸物要及时用水湿润，再用锯末或棉絮等物品将其吸收，并将吸收物妥善处理

图9-3　爆炸品的搬运要求

（2）氧化剂

氧化剂的搬运一般有三个要求，具体如图9-4所示。

氧化剂的搬运要求：

- 装车时车内应清扫干净，不得残留硫化物、磷化物等化学物品
- 装卸前应将车门打开，并彻底通风
- 散落在车厢或地面上的粉状、颗粒状氧化物，应撒上沙土后再清理干净

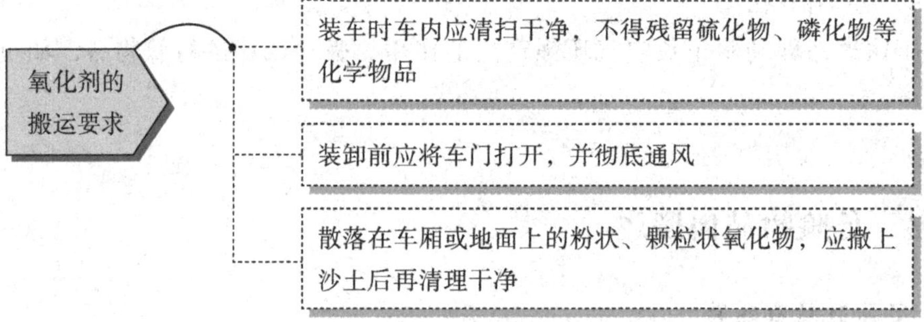

图9-4　氧化剂的搬运要求

（3）压缩气体和液化气体

压缩气体和液化气体的搬运一般有三个要求，具体如图9-5所示。

压缩气体和液化气体的搬运要求：

- 使用专用的搬运器具，禁止肩扛或滚动
- 搬运器具、车辆、手套、防护服上不得沾有油污或其他危险物品，以防引起爆炸
- 钢瓶应平卧堆放，垛高不得超过四个，禁止日光直射暴晒

图9-5　压缩气体和液化气体的搬运要求

（4）自燃品、易燃品

自燃品、易燃品的搬运一般有四个要求，具体如图9-6所示。

要求一：作业时要开门、窗通风，避免可燃气体聚集

要求二：对于桶装液体、电石物品，若发现容器膨胀，应使用铜质或木质的扳手轻轻打开排气孔，放出膨胀气体后方可作业

要求三	遇雨雪天气时，禁止搬运遇水燃烧的物品
要求四	装运易挥发液体的瓶罐时，开盖前要慢慢松开螺栓，并停留几分钟后再开启；装卸完毕后，应将阀门和螺栓拧紧

图9-6　自燃、易燃品的搬运要求

（5）剧毒品

剧毒品的搬运一般有以下五个要求。

- 卸车前打开车门、窗户通风。
- 作业时应穿戴好防护用具，作业后及时沐浴。
- 对使用过的防护用具、工具等，最好集中洗涤并消毒。
- 患有慢性疾病的人员不能参加此项作业。
- 作业人员的工作时间不宜过长；作业中如发现有头晕、恶心等情况要立即停止作业，并及时处理。

（6）腐蚀性物品

腐蚀性物品的搬运一般有四个要求，具体如图9-7所示。

要求一	散落在车内或地面的腐蚀品应以沙土覆盖或用海绵吸收后，用清水冲洗干净
要求二	装过酸、碱的容器不得胡乱堆放
要求三	作业前应准备充足的干净冷水，以便人身、车辆、工具等受到腐蚀时可以及时得到冲洗
要求四	装卸石灰时，应在石灰上放置垫板；不准在雨中作业；严禁将干、湿石灰混装在一起

图9-7　腐蚀性物品的搬运要求

（7）放射性物品

放射性物品的搬运一般有三个要求，具体如图9-8所示。

放射性物品的搬运要求

- 由有经验和技能熟练的人员在作业前进行检查和鉴定，以确认是否可以搬运，并指定装卸方法和搬运时间
- 作业前做好防护措施，精力集中
- 作业后应立即将防护用品交回专门的保管场所，作业人员及时沐浴并更换衣服

图9-8　放射性物品的搬运要求

9.4 其他特殊物品的搬运

1. 贵重易损物品搬运

搬运贵重易损物品时应注意以下要领。

（1）小心谨慎、轻拿轻放，严禁摔碰、撞击、拖拉、翻滚、挤压、抛扔和剧烈震动。

（2）严格按包装标志码垛、装卸。

（3）了解并遵守各种搬运要求。

（4）盛装器皿应符合物品的特性，必要时要专用。

2. 超长、超大、超重物品搬运

超长、超大、超重物品是指长度超长、体积超大、重量超重的物品，如大型机械设备、桥梁、钢结构件。搬运这类物品时的最大隐患是安全，因此，一定要事先做好安全防护工作。具体要求如下。

（1）选择安全性能有保证的搬运设施，如桥式、门式起重机。

（2）搬运重量不能超负荷。

（3）选择安全性高、耐磨、强度高的索具，如钢丝绳。

（4）安全系数不能小于规定值。

（5）搬运器械在使用前须认真检查、确认。

（6）选择有经验、技术熟练的人员，最好是具有上岗证的人员操作。

（7）由有经验的专人指挥。

（8）按既定步骤作业。

（9）作业完成后再确认安全性。

9.5 包装、运输标志

物品包装、运输标志是指根据物品自身特性及该物品的防护及运输要求而设计的图文说明性标志。仓库主管要了解各种标志所代表的含义与注意事项，以正确、有效地组织搬运。

1. 危险货品包装标志

危险货品包装标志用来标明化学危险品。这类标志为了能引起人们的特别警惕，一般采用特殊色彩或黑白菱形图示。常见的包装标志图形如表9-1所示。

表9-1　危险货品包装标志

标志类别	图形	说明
爆炸品标志	爆炸品 1 符号：黑色 底色：橙红色	表示包装内为爆炸品，其受到高热、摩擦、冲击或与其他物质接触后，即发生剧烈反应，产生大量的气体和热量而引起爆炸，如炸药、雷管、导火线、三硝甲苯、过氧化氢等产品
易燃气体标志	易燃气体 2 符号：黑色或白色 底色：正红色	表示包装内为容易燃烧并因冲击、受热而产生气体膨胀，有引起爆炸和燃烧危险的气体，如丁烷
不燃气体标志	不燃气体 2 符号：黑色或白色 底色：绿色	表示包装内为有爆炸危险的不燃压缩气体，易因冲击、受热而产生气体膨胀，引起爆炸，如液氮
有毒气体标志	有毒气体 2 符号：黑色 底色：白色	表示包装内为有毒气体，即易因冲击、受热而产生气体膨胀，有引起爆炸、造成中毒危险的气体
易燃液体标志	易燃液体 3 符号：黑色或白色 底色：正红色	表示包装内为易燃性液体，燃点较低，即使不与明火接触，也会因受热、冲击或接触氧化剂引起急剧的燃烧或爆炸，如汽油、甲醇、煤油、天那水等产品

（续表）

标志类别	图形	说明
易燃固体标志	易燃固体 4 符号：黑色 底色：白色红条	表示包装内为易燃性固体、燃点较低，即使不与明火接触，也会因受热、冲击或摩擦以及与氧化剂接触时，能引起急剧的燃烧或爆炸的物品，如电影胶片、硫黄、赛璐珞、炭黑等产品
自燃物品标志	自燃物品 4 符号：黑色 底色：上白下红	表示包装内为自燃性物质，即使不与明火接触，在适当的温度下也能发生氧化作用，放出热量，因积热达到自燃点而引起燃烧，如天那水、黄磷、白磷、磷化氢等产品
遇湿易燃物品标志	遇湿易燃物品 4 符号：黑色或白色 底色：蓝色	表示包装内物品遇水受潮能分解，可产生可燃性有毒气体，放出热量，会引起燃烧或爆炸，如电石、金属钠等产品
氧化剂标志	氧化剂 5.1 符号：黑色 底色：柠檬黄色	表示包装内为氧化剂（如氯酸钾、硝酸钾、硝酸铵、亚硝酸钠、铬酸酐、过锰酸钾），具有强烈的氧化性能，当遇酸、潮湿、高热、摩擦、冲击或与易燃有机物和还原剂接触时即能分解，引起燃烧或爆炸
有机过氧化物标志	有机过氧化物 5.2 符号：黑色 底色：柠檬黄色	表示包装内为有机过氧化物，本身易燃、易爆、极易分解，对热、振动、摩擦极为敏感

（续表）

标志类别	图形	说明
有毒品标志	有毒品 6 符号：黑色 底色：白色	表示包装内为有毒物品，具有较强毒性，少量接触皮肤或侵入人体内，能引起局部刺激、中毒，甚至造成死亡的货物，如氰化物、钡盐、铅盐等产品
剧毒品标志	剧毒品 6 符号：黑色 底色：白色	表示包装内为剧毒物品（如氰化物、砷酸盐），具有强烈毒性，极少量接触皮肤或侵入人体、牲畜体内，即能引起中毒或造成死亡
有害品（远离食品）标志	有毒品（远离食品）6 符号：黑色 底色：白色	表示包装内为有害物品，不能与食品接近。这种物品和食品的垂直、水平间隔距离至少应为3米
感染性物品标志	感染性物品 6 符号：黑色 底色：白色	表示包装内为含有致病微生物的物品，误吞咽、吸入或皮肤接触会损害人的健康
一级放射性物品标志	一级放射性物品 I 7 符号：黑色 底色：白色，附一条红竖线	表示包装内为放射量较小的一级放射性物品，能自发地、不断地放出α、β、γ等射线

（续表）

标志类别	图形	说明
二级放射性物品标志	二级放射性物品 II 7 符号：黑色 底色：白色，附两条红竖线	表示包装内为放射量中等的二级放射性物品，能自发地、不断地放出α、β、γ等射线
三级放射性物品标志	三级放射性物品 III 7 符号：黑色 底色：白色，附三条红竖线	表示包装内为放射量很大的三级放射性物品，能自发地、不断地放出α、β、γ等射线
腐蚀品标志	腐蚀品 8 符号：上黑下白 底色：上白下黑	表示包装内为带腐蚀性的物品（如硫酸、盐酸、硝酸、氢氧化钾），具有较强的腐蚀性，接触人体或物品后，即产生腐蚀作用，出现破坏现象，甚至引起燃烧、爆炸，造成伤亡

2. 包装储运标志

包装储运图示标志是根据产品的某些特性（如怕湿、怕震、怕热、怕冻）确定的。其目的是为了在货物运输、装卸和储存过程中，引起作业人员的注意，提醒他们按图示标志的要求进行操作。常见的包装储运标志的含义及要求如表9-2所示。

表9-2 包装储运标志

标志类别	图形	搬运要求
小心轻放标志		（1）表示包装内货物易碎，不能承受冲击和震动，也不能承受大的压力 （2）搬运装卸时必须轻拿轻放，绝不能任意摔放

（续表）

标志类别	图形	搬运要求
向上标志		（1）表示包装内货物不得倾斜、倒置 （2）搬运时必须朝上
由此吊起标志	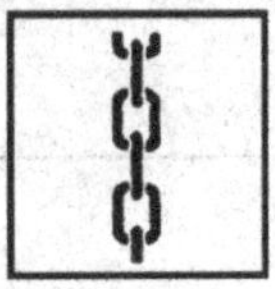	（1）表示吊运货物时挂链条或绳索的位置 （2）可在图形符号近处找到方便起吊的起吊钩、孔、槽等
重心点标志		（1）用于货物重心所在平面及货物外包装上，指示货物重心所在处 （2）在搬运时，避免发生倒箱等损坏现象
重心偏斜标志		（1）表示货物重心向右偏离货物的几何中心，货物容易倾倒或翻转 （2）搬运时要放置平稳
易于翻倒标志		货物易于倾倒，在搬运放置时必须注意安全
怕湿标志		（1）用于怕湿的货物 （2）表示在搬运中要注意防雨淋，绝不能在其外包装上直接洒水 （3）储存时要避免存放在阴暗潮湿或低洼处
怕热标志		（1）表示包装内货物怕热，不能曝晒 （2）搬运时要远离各种高温热源
怕冷标志		（1）表示包装内货物怕冷，不能受冷、受冻 （2）搬运时要做好温度防护

（续表）

标志类别	图形	搬运要求
堆码重量极限标志	"最大…公斤" 堆码重量极限	搬运堆码时要注意重量限制，不能超重
堆码层数极限标志	N 堆码层数极限	搬运堆放时注意层数限制，按照规定的层数值进行堆码
温度极限标志	温度极限	（1）表示货物要在一定的温度环境下存放，不能超过规定的温度 （2）符号上最低温度和最高温度可按货物的需求填写
由此撕开标志		（1）一般用于软封装、纸盒或纸箱等外包装上 （2）表示包装的撕开部位。符号的三个箭头指向表示撕开的方向
由此开启标志		用于较硬的、需用工具开启的外包装箱上。表示包装箱开启位置
禁止翻滚标志		搬运货物时不得滚动，只能作直线移动，如平移、上升、放下
禁用手钩标志		表示不得使用手钩直接钩货物或其包装进行搬运，如纸箱、麻袋等包装件

9.6 搬运过程控制

搬运过程控制是指为了达到搬运目的而采取的一系列作业技术和活动。仓库主管要做好搬运控制工作，可以从制订搬运计划、搬运作业指导书、明确搬运管理办法等方面着手。

1. 制订搬运计划

搬运计划是关于物品装卸、转移和放置等具体活动的方案。

（1）搬运计划的内容

搬运计划的内容如图9–9所示。

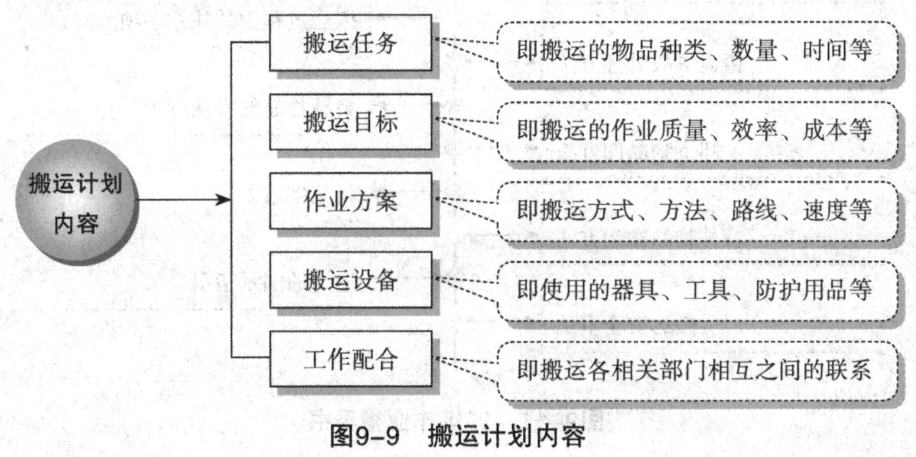

图9–9 搬运计划内容

（2）制订搬运计划时的考虑因素

制订搬运计划时，应主要考虑以下因素，具体如图9–10所示。

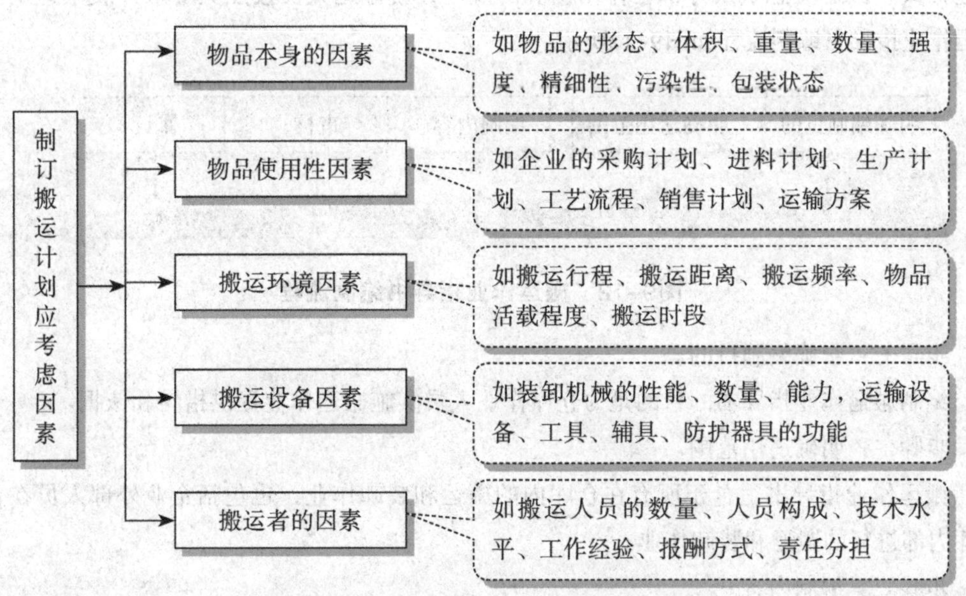

图9–10 制订搬运计划应考虑因素

2. 制作搬运作业指导书

搬运作业指导书是一种规范性文件，它为仓库作业人员实施搬运作业提供指导和依据。

（1）搬运作业指导书的内容

一般来说，搬运作业指导书应包括的内容如图9-11所示。

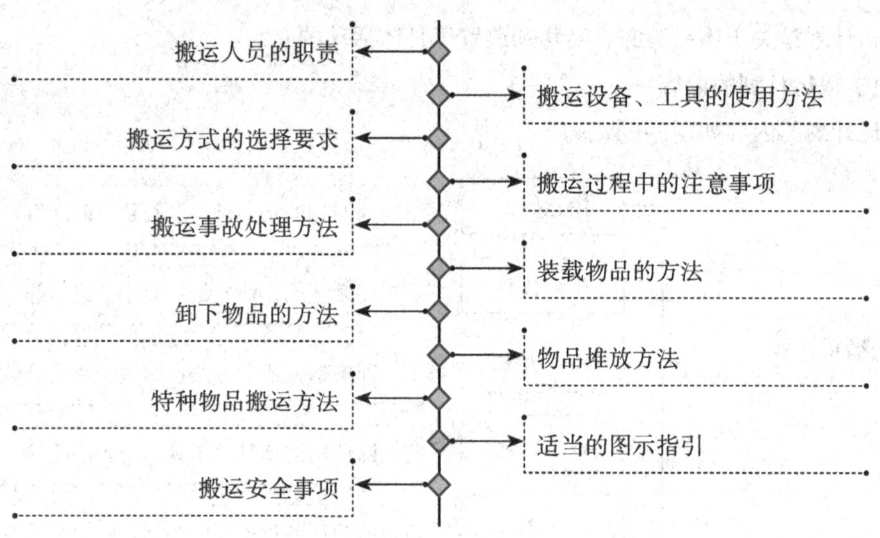

图9-11 搬运作业指导书

（2）搬运作业指导书的编制流程

搬运作业指导书是对搬运工作进行全面指导的重要文件，其对搬运设备的使用方法、搬运方式、搬运注意事项等都会作出明确的规定，使搬运人员按照其要求开展搬运工作。搬运作业指导书编制流程如图9-12所示。

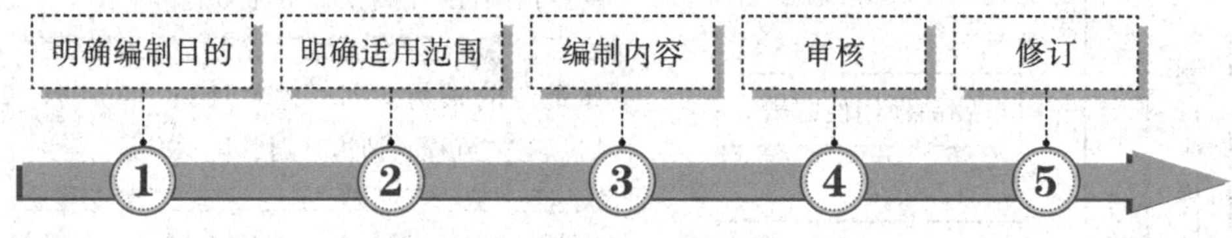

图9-12 搬运作业指导书编制流程

步骤一：明确编制目的。

编制搬运作业指导书的目的是为仓库作业人员实施搬运作业提供指导和依据。

步骤二：明确适用范围。

搬运作业指导书适合于所有在仓库内的搬运和装卸作业，也包括企业外部人员在企业仓库内部进行的搬运和装卸作业。

步骤三：编制内容。

搬运作业指导书的主要内容具体包括搬运人员的职责，搬运设备、工具的使用方法，搬运方式的选择要求，搬运过程中的注意事项，搬运事故处理方法，装载物品的方法，卸下物品的方法，物品堆放方法，特种物品搬运方法和适当的图示指引。

步骤四：审核。

搬运作业指导书编制完成后，应由仓管经理、企业总经理审核。若审核未通过，则应进行修改；若审核通过，则可以颁布实施。

步骤五：修订。

在搬运作业过程中，可能会不断出现一些新情况，因此要定期对搬运作业指导书进行修订，使其符合现场作业的具体要求。

下面是某企业二次加工品搬运作业指导书与危险化学品搬运作业指导书范本，供读者参考。

范本

二次加工品搬运作业指导书

一、目的

在搬运过程中，为使产品不会因作业不当而造成产品损坏和产品混淆，规范搬运过程，进而保障供给客户品质稳定的产品。

二、适用范围

本作业指导书适用于二次加工所有产品的搬运过程。

三、内容

1. 制品搬运移动过程

（1）半成品领料人员每天从车间领取半成品到二次加工半成品待检区，按产品名称和模号进行区分放置，发现不合格、待处理的产品必须按不合格内容进行区分，并标示为“待处理产品”。在此过程中，需确认周转箱重叠的箱数不可超过8个，周转箱和重叠的产品是否为同一产品与同一模号。

（2）产品修理人员按领料人员区分出的“待处理产品”并根据需修理内容，从半成品区把产品搬移到工作台对产品进行修理，修理完成后，放到待检处待检。

（3）产品外观检查人员在半成品区搬运产品到外观检查作业台时，必须确认产品是否可以直接进行外观检查。如果不需要，再对产品进行修理。在此过程中，各作业人员必须对产品名称和模号进行确认，对产品轻拿轻放，外观检查完成后将产品按“部品包装规格书”要求放入产品专用容器内，并搬运到“待包装部品处”进行产品捆包作业。若产品外观检查完成后，有剩余零星数量的产品（不够成品捆包数量标准）并且暂不进行该模号产品外观检查时，可将其放置到“产品尾数放置处”，按产品名称与模号进行区分。

（4）产品捆包作业后，放到搬运专用的小板车上（以一个小板车为一个单位，

（续）

每个单位重叠的周转箱不可高于7箱），将其搬运到出货检查处待检，入库检查时将该批产品判定为合格品后，由出库人员将该批合格成品搬运到指定地点，按产品名称、模号进行划定区域放置。等待出库通知下达时，由仓库人员按通知内容出库数量要求将产品搬运到卡板上，进行出库捆包作业，其产品的层叠高度不高于8个成品箱，成品箱与箱之间必须保持上下对齐，装车时卡板与卡板之间必须保持无间隔。

（5）产品在出库前，出库检验人员必须对产品外包装进行全数确认，以便防止因产品周转箱受损使不良品流出。

2. 注意事项

（1）在产品生产流程的所有工序中搬运产品时，应把周转箱放在小板车上搬运，不可直接放在地面上推行移动，所有工序中拿取产品时必须轻拿轻放，严禁不文明搬运。

（2）捆包成品应稳定整齐放置，不可倾斜倒置（按成品捆包纸箱上的箱头标志），堆码在卡板上时，产品标志（箱头纸）一面应置于外侧，在搬运过程中严禁把较轻或较少的产品放在较重产品的下面。若无特殊情况，严禁不同品名、型号的产品混装（包括成品出库）。

（3）用电梯搬运时，产品堆放不可超出电梯门，以免被夹损。用电瓶升降车搬运或装卸产品时，应掌握电瓶升降车平衡，以避免产品被摔落。

四、附则

（1）本指导书由仓库管理部门负责制定，其修改权、解释权归仓库管理部门所有。

（2）本指导书经总经理批准后，自颁布之日起实施。

范本

危险化学品搬运作业指导书

一、目的

为加强对危险化学品的搬运管理，特制定本作业指导书。

二、适用范围

本作业指导书适用于对仓库现场内所有危险化学品的搬运作业。

三、作业要领

1. 定义

危险化学品具有自燃、爆炸、助燃、毒害、腐蚀等危险特性，受到摩擦、振动、撞击或接触火源、日光曝晒、遇水受潮，或温度、湿度变化，以及性能相抵触

（续）

等外界因素的影响，会引起燃烧、爆炸、中毒、死亡等灾害性事故，造成重大的破坏和损失。因此，在搬运过程中的安全操作极为重要。对于不同特性的危险化学品，其搬运有各自特殊的要求。

2. 危险化学品搬运基本要求

（1）仓库现场应有统一指挥，有明确固定的指挥信号，以防因作业混乱发生事故。仓库现场搬运人员和机具操作人员，应严格遵守劳动纪律，服从指挥。非搬运人员，均不准在仓库现场逗留。

（2）对各种搬运设备，必须制定安全操作规程，并由经过操作训练的专职人员操作，以防发生事故。

（3）在搬运危险品操作前，必须严格执行操作规程和有关规定，预先做好准备工作，认真细致地检查搬运工具及操作设备。工作完成后，沾染在工具上面的物质必须清除，防止相互抵触的物质引起化学反应。对于操作过氧化剂物品的工具，必须清洗后方可使用。

（4）人力搬运时，应量力而行，配合协调，不可冒险违章操作。

（5）操作人员不准穿带钉子的鞋。根据不同的危险特性，应分别穿戴相应的防护用具。对有毒的腐蚀性物质，更要加强注意，应在操作一段时间后，呼吸新鲜空气，避免发生中毒事故。操作完成后，防护用具应进行清洗或消毒，保证人身安全。各种防护用品应有专人负责，专储保管。

（6）搬运危险品时应轻搬轻放，防止撞击摩擦，摔碰震动。液体铁、桶、包搬运时，不应使用快速溜放办法，以防止包装破损。对破损包装可以修理者，必须移至安全地点，整修后再搬运，整修时不得使用可能发生火花的工具。

（7）散落在地面上的物品，应及时清除干净。对于扫起来的没有利用价值的废物，应采用合适的物理或化学方法处置，以确保安全。

（8）搬运作业完成后，应及时洗手、脸、漱口或沐浴，中途不得饮食、吸烟；并且必须保持现场空气流通，防止沾染皮肤、黏膜等。搬运人员发现头晕、头痛等中毒现象，按救护知识进行急救，严重者应立即送医院治疗。

（9）两种性能相互抵触的物资，不得同时搬运。对于怕热、怕潮物资，搬运时要采取隔热、防潮措施。

3. 压缩气体和液化气体搬运要领

（1）贮存压缩气体和液化气体的钢瓶是高压容器，搬运作业时，应用抬架或搬运车，防止撞击、拖拉、摔落，不得溜坡滚动。

（2）搬运前应检查钢瓶阀门是否漏气，搬运时不要把钢瓶阀对准人身，注意防止钢瓶安全帽跌落。

（3）搬运有毒气体钢瓶时，应穿戴防毒用具。剧毒气体钢瓶要当心漏气，防止

（续）

吸入毒气。

（4）搬运氧气钢瓶时，工作服和搬运工具不得沾有油污。

（5）易燃气体严禁接触火种，在炎热季节，搬运作业应安排在早晚阴凉时间。

4. 易燃液体

易燃液体的闪点低，气化快，蒸气压力大，又容易和空气混合成爆炸性的混合气体，在空气中浓度达到一定范围时，不但是火焰能引起它起火燃烧或蒸气爆炸，其他如火花、火星或发热表面都能使其燃烧或爆炸。因此，在搬运作业时必须注意以下几点。

（1）搬运作业前应先进行通排风。

（2）搬运过程中不能使用黑色金属工具，必须使用时应采取可靠的防护措施；搬运机具应装有防止产生火花的防护装置。

（3）在搬运时必须轻拿轻放，严禁滚动、摩擦、拖拉。

（4）夏季运输作业要安排在早晚阴凉时间进行；雨雪天作业要采取防滑措施。

（5）罐车运输要有接地链。

5. 易燃固体

易燃固体燃点低，对热、撞击、摩擦敏感，容易被外部火源点燃，而且燃烧迅速，并散发出有毒气体。在搬运时除按易燃液体的要求处理外，其作业人员禁止穿铁钉的鞋，不可与氧化剂、酸类物资共同搬运。搬运时散落在地面上和车厢内的粉末，要随即以湿黄砂抹擦干净。装运时要捆扎牢固，使其不摇晃。

6. 遇水燃烧物品

遇水燃烧物品与水相互作用时会发生剧烈的化学反应，放出大量的有毒气体和热量，由于反应异常迅速，反应时放出的气体和热量又多，使所放出来的可燃性气体迅速地在周围空气中达到爆炸极限，一旦遇明火或由于自燃会引起爆炸。在搬运此类物品时要注意以下几点。

（1）要注意防水、防潮，雨雪天没有防雨设施不准作业。若有汗水应及时擦干，绝对不能直接接触遇水燃烧物品。

（2）在搬运中不得翻滚、撞击、摩擦、倾倒，必须做到轻拿轻放。

（3）电石桶搬运前须先放气，使桶内乙炔气放尽，然后搬动。须两人抬扛，严禁滚桶、重放、撞击、摩擦，防止引起火花。工作人员须站在桶身侧面，避免人身冲向电石桶面或底部，以防爆炸伤人；不得与其他类别危险化学品混装混运。

7. 氧化剂

在装运氧化剂时除了注意以上规定外，还应单独装运，不得与酸类、有机物、自燃、易燃、遇湿易燃的物品混装混运，一般情况下氧化剂也不得与过氧化物配装。

（续）

8. 毒害物品及腐蚀物品

毒害物品尤其是剧毒物品，少量进入人体或接触皮肤，即能造成局部刺激或中毒，甚至死亡。腐蚀物品具有强烈腐蚀性，除对人体、动植物体、纤维制品、金属等能造成破坏外，甚至会引起燃烧、爆炸。

搬运此类物品时必须注意以下几点。

（1）在搬运时，要严格检查包装容器是否符合规定，包装必须完好。

（2）作业人员必须穿戴防护服、胶手套、胶围裙、胶靴、防毒面具等。

（3）搬运剧毒物品时要先通风，再作业，作业区要有良好的通风设施，剧毒物品在运输过程中必须派专人押运。

（4）搬运要平稳，轻拿轻放，严禁肩扛、背负、冲撞、摔碰，以防止包装破损。

（5）严禁作业过程中饮食，作业完成后必须更衣洗澡，防护用具必须清洗干净后方能再用。

（6）装运剧毒物品的车辆和机械用具，都必须彻底清洗，才能装运其他物品。

（7）搬运现场应备有清水、苏打水和稀醋酸等，以备急用。

（8）腐蚀物品装载不宜过高，严禁架空堆放；坛装腐蚀品运输时，要直套木架或铁架。

3. 制定搬运管理办法

搬运管理办法是为了规范搬运工作而制定的专门行为规范，需要全体搬运人员执行，并依据发展情况实施改进和修订。

搬运管理办法一般包括搬运纪律、工作精神、工作作风、工作要求、防护原则、注意事项、奖惩规定及安全规定等内容。

下面是某企业物料储存、保管、搬过管理办法范本，供读者参考。

范本

物料储存、保管、搬运管理办法

一、目的

为使物料储存、保管、搬运有序进行，以维护物料品质，特制定本办法。

二、适用范围

本办法适用于公司所有物料的储存、保管与搬运管理。

（续）

三、内容

1. 储存期限规定

（1）电子元器件的有效储存期为12个月。

（2）塑胶件的有效储存期为4个月。

（3）五金件的有效储存期为6个月。

（4）包装材料的有效储存期为6个月。

（5）成品的有效储存期为12个月。

（6）化工品及危险品的储存期按供应商提供期限为准。

2. 储存区域及环境

（1）储存区分为：待处理区、良品区和不良品区。

（2）储存条件：仓储场地须通风、通气、通光、干净，白天保持空气流畅，下雨天应关好门窗，以保证物料干燥，防止受潮。

（3）仓库内物料以常湿常温（5℃～35℃）环境储存。

（4）易变质物料在仓储期，要采取封保鲜纸、消毒等适当措施，防止产品变质。

3. 储存规定

（1）储存应遵循三原则：防火、防水、防压；定点、定位、定量；先进先出。

（2）物料上下叠放时要做到"上小下大，上轻下重"。

（3）易受潮物料，严禁直接摆放于地上，应放在货架或卡板上进行隔离。

（4）呆废料必须分开储存。

（5）不允许有火种进仓，下班前应关好门窗及电源。

4. 安全

（1）对危险化学物品的保管，须遵守"三远离，一严禁"的原则，即"远离火源、远离水源、远离电源，严禁混合堆放"。

（2）危险化学物品和易燃品、易爆品要放入指定区域，并派专人保管。

（3）仓内严禁烟火，严禁做与本职工作无关的事情。

（4）认真执行货仓管理的"十二防"安全工作，即防火、防水、防锈、防腐、防蛀、防磨、防爆、防电、防盗、防晒、防倒塌、防变形。

（5）定期检查电线绝缘状况是否良好。

（6）确保消防设施齐全，按消防部门颁布的标准配备，每季度定期检查一次，确保其使用功能。

5. 保管

（1）仓管员应根据仓库内储存区域与料架分布情形绘制"物料储位图"并挂于仓库明显处，当物料存放区域有变更之时，储位图应作相应变更。

（2）坚持执行每日巡仓和物料抽查制度，定期清理仓库内的呆滞物料和不

（续）

合格品。

（3）对仓库内保存期满的产品，应及时通知IQC重验。一经发现物料变质，要书面呈报上级。

（4）所有物料必须建立完整的账目和报表。

（5）每一物料应建立一张物料卡，除表明该物料的名称与储存位置外，还要依卡的颜色分A类、B类和C类，以示重点与一般管理。

（6）对不同的物料，在进厂后要有明显的标示。

（7）贵重物品要入箱入锁，并派专人保管。

（8）严格执行“5S”活动。

（9）查出变质物料后及时隔离并处理。

6. 收发

（1）送领物料的资料手续不全或缺损时，无特殊批准，货仓严禁收发。

（2）遵守货仓收发料的时间规定，严禁私自收发料。

（3）严禁收发已经确认的不合格品（特别情况需征得主管或品质部门的书面同意）。

（4）未经QC检验或无标示的物料不准入仓。

（5）严禁私自使用货仓物品。

7. 搬运

（1）搬运时，重物放于底部，重心置中，并注意各层面的防护，在卡板上堆放整齐，用液压车叉入匀速推行。

（2）严禁超高、超快、超量搬运物料。

（3）物件堆叠，以不超过厂区规划道路宽度为限，高度不得超过2米。

（4）人力搬运时注意轻拿轻放，放置地面应平稳。

（5）货物承载运行时应避开电线、水管及地面不平的地方。

（6）电梯载物应遵循《电梯安全使用规定》。

（7）下雨时，应对搬运的物料进行防淋措施。

四、附则

（1）本办法由仓库管理部门负责制定，其修改权、解释权归仓库管理部门所有。

（2）本办法经总经理批准后，自颁布之日起实施。

学习笔记

通过学习本章内容，想必您已经掌握了不少学习心得，请仔细记录下来，以便继续巩固学习。如果您在学习中遇到了一些难点，也请如实写下来，方便今后重复学习，彻底解决这些难点。

我的学习心得

1. ____________________
2. ____________________
3. ____________________
4. ____________________
5. ____________________

我的学习难点

1. ____________________
2. ____________________
3. ____________________
4. ____________________
5. ____________________

我的运用计划

1. ____________________
2. ____________________
3. ____________________
4. ____________________
5. ____________________

第10章 仓库6S活动

仓库6S管理是一种科学、合理的管理方法，具体来说，就是应用6S的管理思想和理念，营造干净、舒适的工作环境，以提高员工的工作效率和建立良好的企业形象。

学习指引

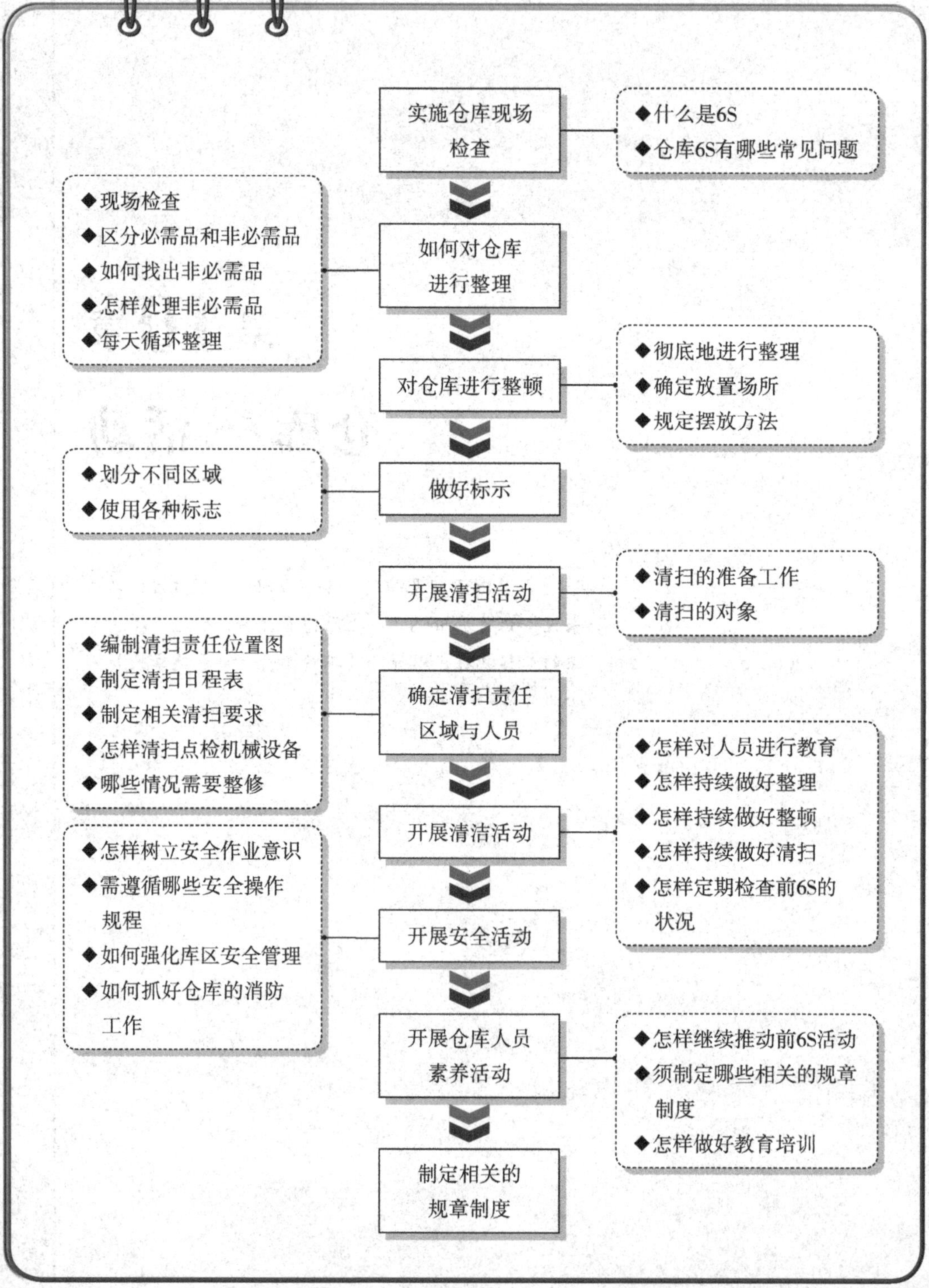

实施仓库现场检查
- ◆什么是6S
- ◆仓库6S有哪些常见问题

如何对仓库进行整理
- ◆现场检查
- ◆区分必需品和非必需品
- ◆如何找出非必需品
- ◆怎样处理非必需品
- ◆每天循环整理

对仓库进行整顿
- ◆彻底地进行整理
- ◆确定放置场所
- ◆规定摆放方法

做好标示
- ◆划分不同区域
- ◆使用各种标志

开展清扫活动
- ◆清扫的准备工作
- ◆清扫的对象

确定清扫责任区域与人员
- ◆编制清扫责任位置图
- ◆制定清扫日程表
- ◆制定相关清扫要求
- ◆怎样清扫点检机械设备
- ◆哪些情况需要整修

开展清洁活动
- ◆怎样对人员进行教育
- ◆怎样持续做好整理
- ◆怎样持续做好整顿
- ◆怎样持续做好清扫
- ◆怎样定期检查前6S的状况

开展安全活动
- ◆怎样树立安全作业意识
- ◆需遵循哪些安全操作规程
- ◆如何强化库区安全管理
- ◆如何抓好仓库的消防工作

开展仓库人员素养活动
- ◆怎样继续推动前6S活动
- ◆须制定哪些相关的规章制度
- ◆怎样做好教育培训

制定相关的规章制度

10.1 实施仓库现场检查

1. 什么是6S

6S是指SEIRI（整理）、SEITON（整顿）、SEISO（清扫）、SEIKETSU（清洁）、SAFETY（安全）、SHITSUKE（修养），因为它们以“S”开头，所以统称为“6S”，如图10-1所示。

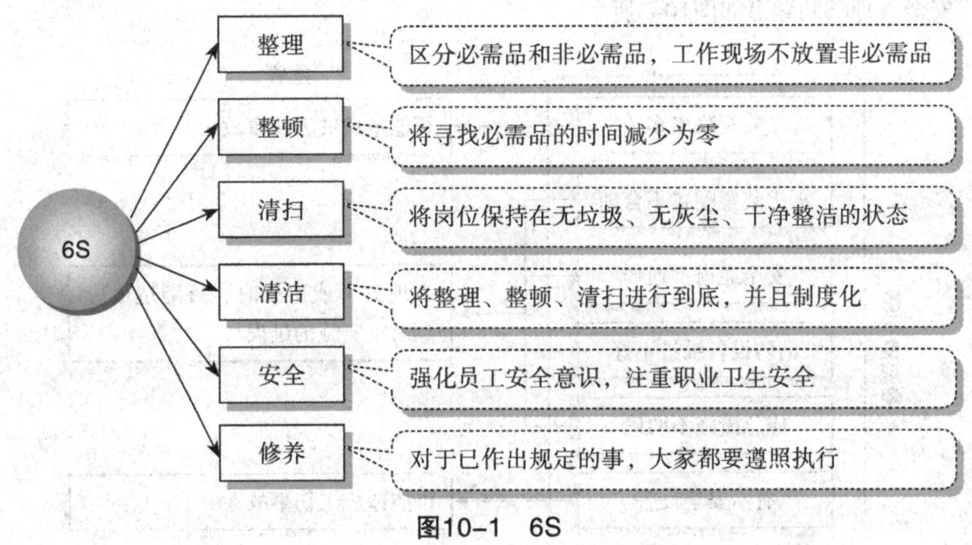

图10-1 6S

2. 仓库6S有哪些常见问题

为了在仓库彻底执行6S，首先要对仓库存在的问题进行分析，以便采取相应的对策。下面是所列仓库6S问题点，供读者参考。

（1）物品管理6S问题点

物品管理6S问题点如图10-2所示。

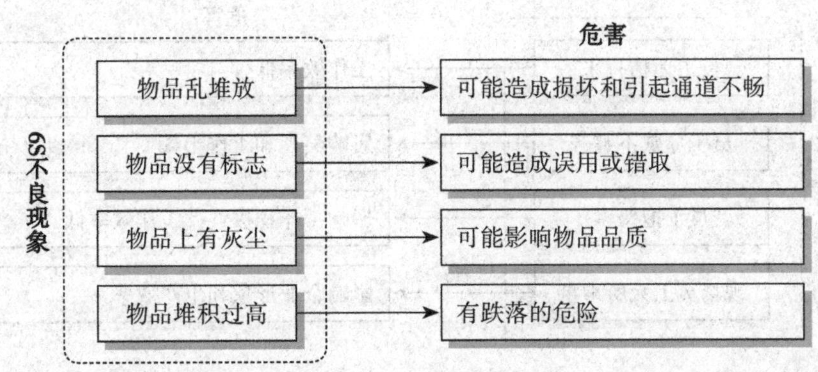

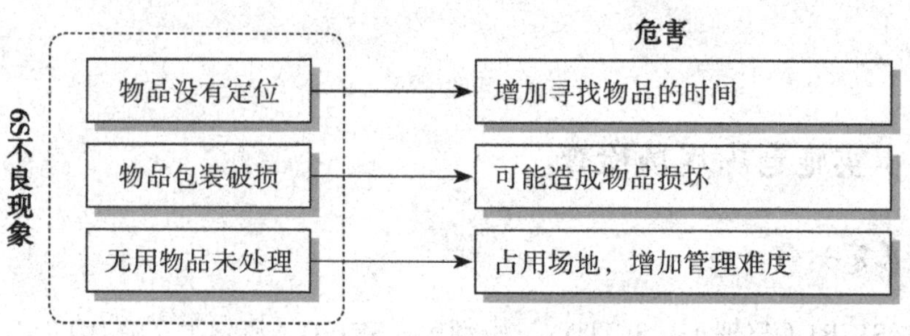

图10-2　物品管理6S问题点

（2）安全管理6S问题点

安全管理6S问题点如图10-3所示。

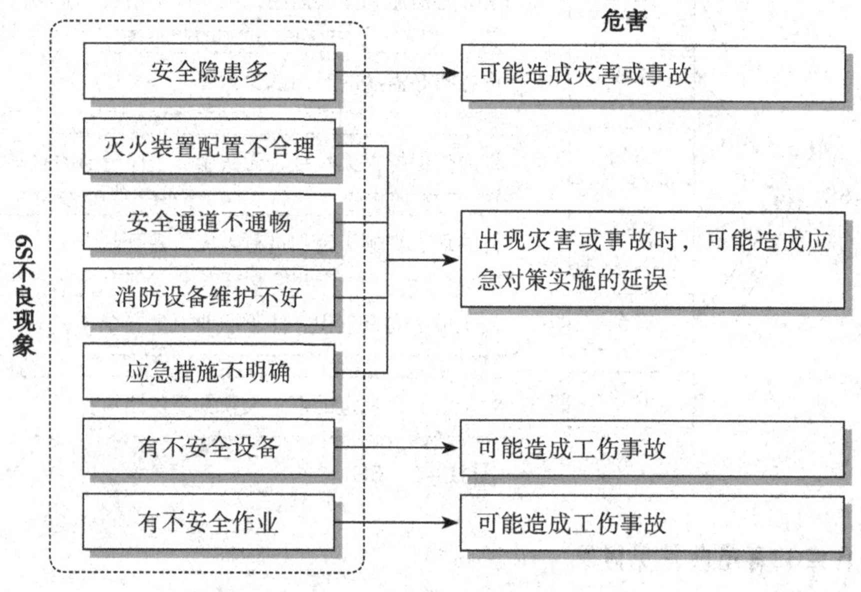

图10-3　安全管理6S问题点

（3）员工精神面貌方面6S问题点

员工精神面貌方面6S问题点如图10-4所示。

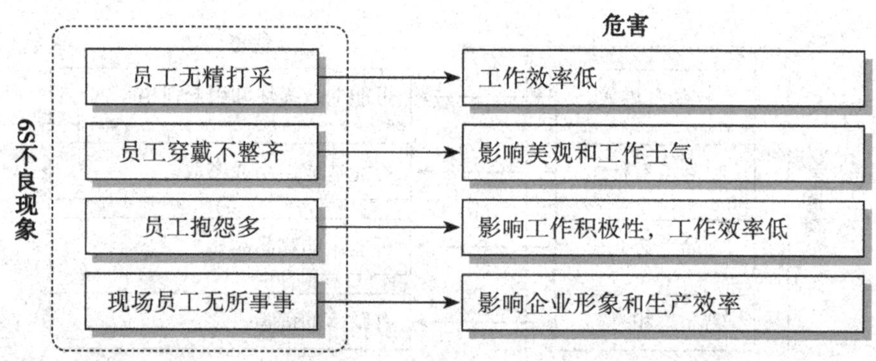

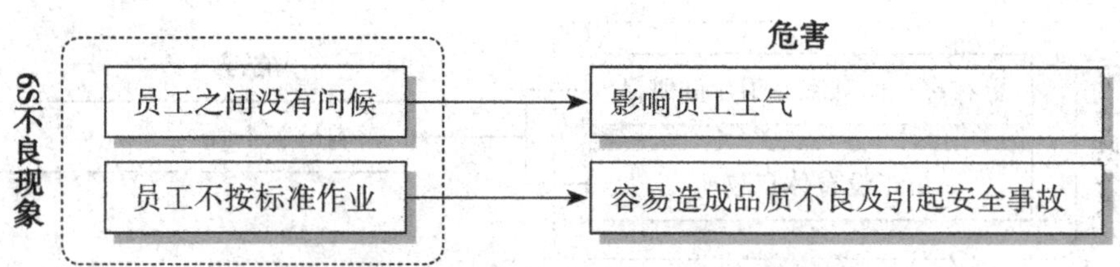

图10-4 员工精神面貌方面6S问题点

（4）区域管理方面6S问题点

区域管理方面6S问题点如图10-5所示。

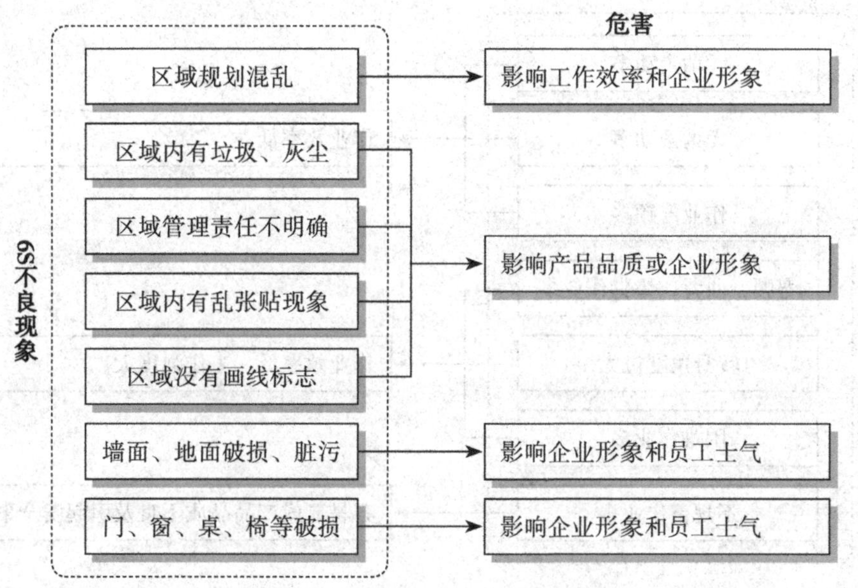

图10-5 区域管理方面6S问题点

（5）工作环境方面6S问题点

工作环境方面6S问题点如图10-6所示。

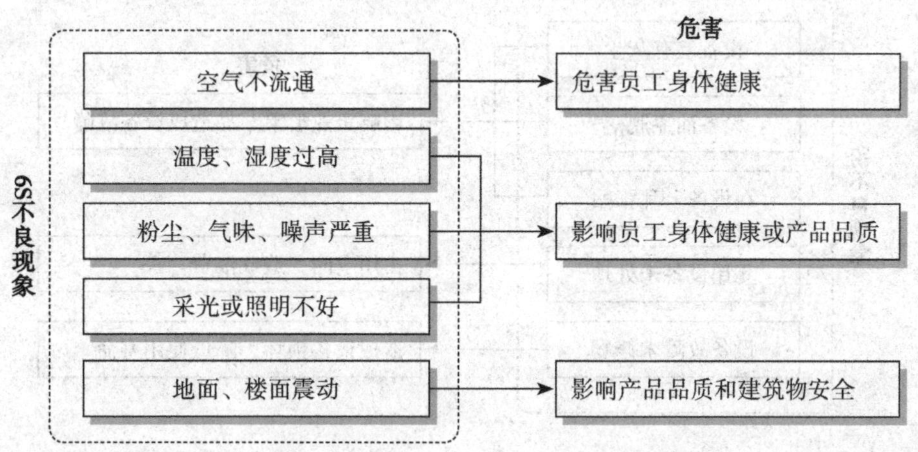

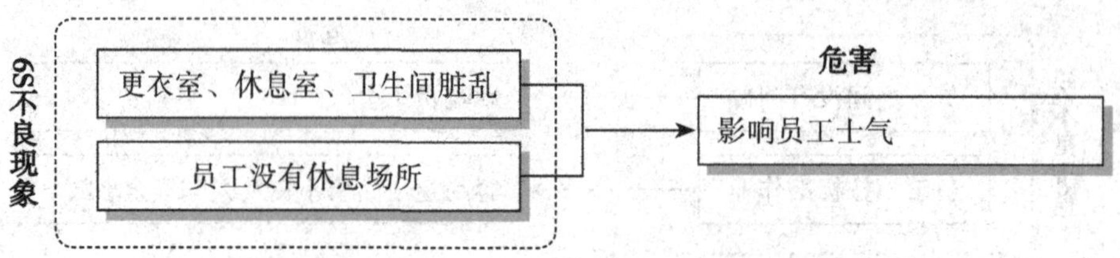

图10-6 工作环境方面6S问题点

（6）作业方面6S问题点

作业方面6S问题点如图10-7所示。

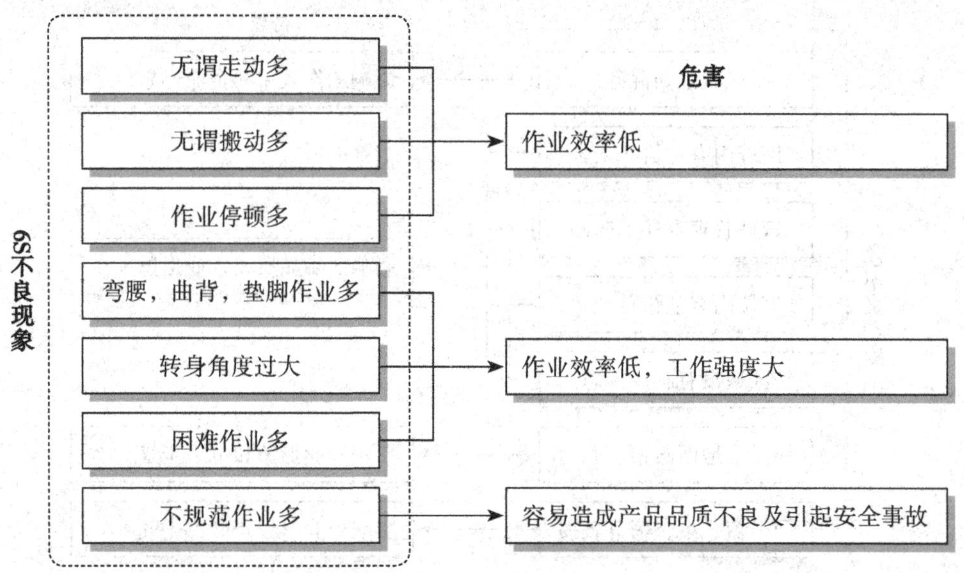

图10-7 作业方面6S问题点

（7）设备方面6S问题点

设备方面6S问题点如图10-8所示。

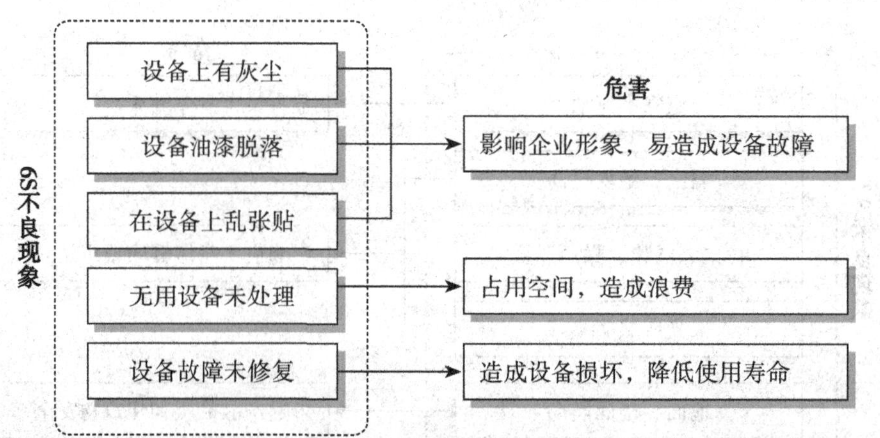

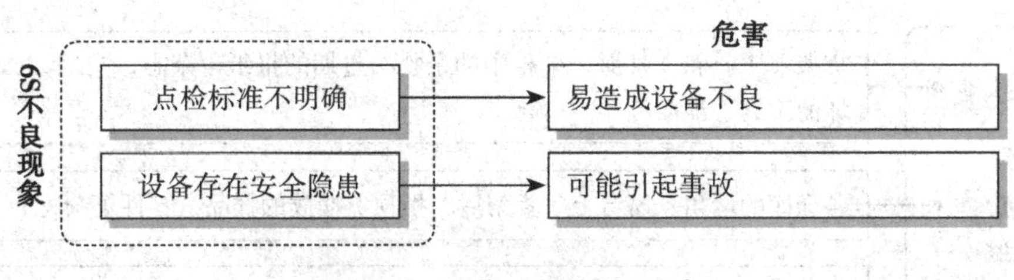

图10-8 设备方面6S问题点

10.2 如何对仓库进行整理

1. 现场检查

现场检查就是对货仓工作现场进行全面检查，包括看得见和看不见的地方，如设备的内部、文件柜的顶部、货架底部等位置。

整理的主要活动有：

（1）明确原则，果断清除（或废弃）无用品；

（2）研究无用品的产生原因，并采取相应对策；

（3）防止污染源的产生；

（4）推行文件编排、存放系统。

2. 区分必需品和非必需品

首先判断物品的重要性，然后根据其使用频率确定管理方法。必需品一般放在工作台附近，以便查找和使用；而非必需品则可以存放到一边，并定期进行检查。那些过期的物品则应及时变卖或丢弃。

3. 如何找出非必需品

在查找非必需品时，要看物品现在有无“使用价值”，而不是看它原来的“购买价值”。常见的非必需品如图10-9所示。

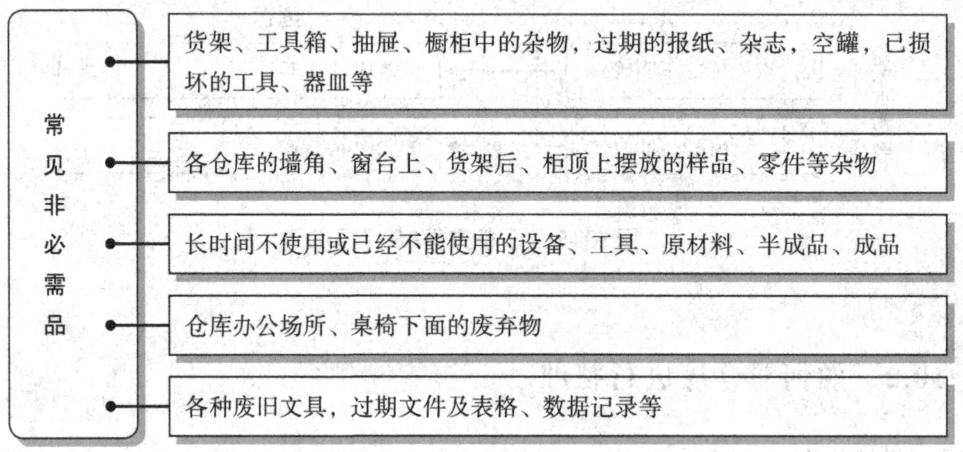

图10-9　常见非必需品

4. 怎样处理非必需品

（1）处理方法

非必需品的处理方法如图10-10所示。

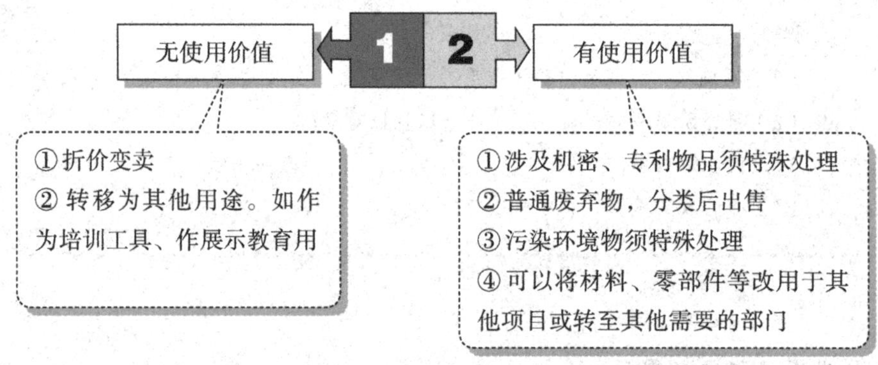

图10-10　非必需品处理方法

（2）建立非必需品处理程序

为了维护整理活动的成果，仓库主管须建立一套非必需品废弃申请、判断、实施及后续管理的程序和机制。

5. 每天循环整理

整理是一个永无止境的过程。仓储现场每天都在变化，昨天的必需品在今天可能就是多余的，今天需要的与明天的需求必有所不同。整理贵在日日做、时时做。

10.3 对仓库进行整顿

1. 彻底地进行整理

整顿是整理的更进一步，因此在整顿时首先应进行彻底的整理。彻底的整理包括如图10-11所示的三个要求。

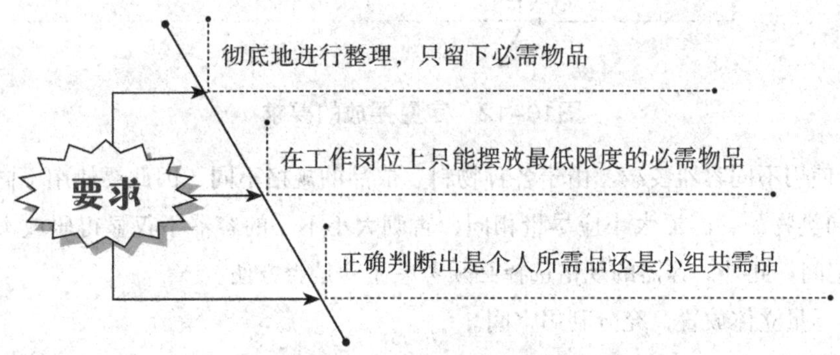

图10-11 彻底整理的要求

整顿的主要活动有：

（1）合理地确定物品的保管方法和布局；

（2）彻底实施定点、定位存放管理；

（3）将物品、场所的有关内容（名称、数量、状态等）进行标示。

2. 确定放置场所

确定各种物品的放置场所，应从以下五个方面着手。

（1）对放在岗位上的哪一个位置比较方便进行研讨。

（2）制作一个模型（1：50），便于布局规划。

（3）将经常使用的物品放在工段的附近。

（4）特殊物品、危险品应设置专门场所保管。

（5）物品放置100%定位。

3. 规定摆放方法

（1）定量摆放。定量摆放有三个要求，具体如图10-12所示。

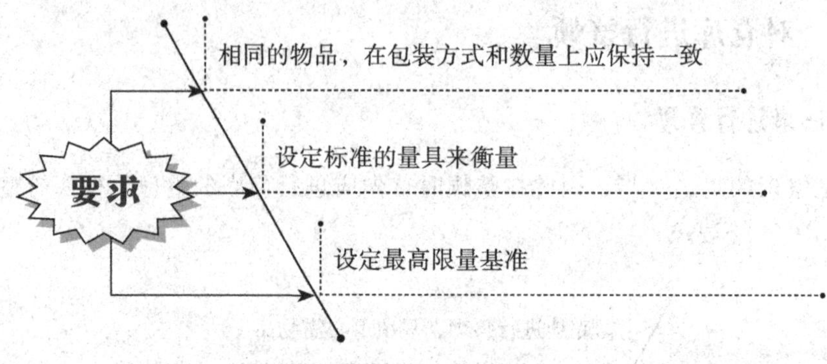

图10-12　定量摆放的要求

（2）使用不同容器装载。由于各种物料、成品的规格不同，因此要使用不同的容器装载。装载同类物品，容器大小应尽量相同，否则大小不一的容器不仅显得码放不整齐，同时也浪费空间。此外，容器的规格选择必须考虑搬动是否方便。

（3）尽量立体放置，充分利用空间。

（4）便于拿取。

（5）在规定区域放置。

（6）堆放高度应有限制。

（7）容易损坏的物品要分隔或加防护垫保管，防止相互碰撞。

（8）做好防潮、防尘、防锈措施。

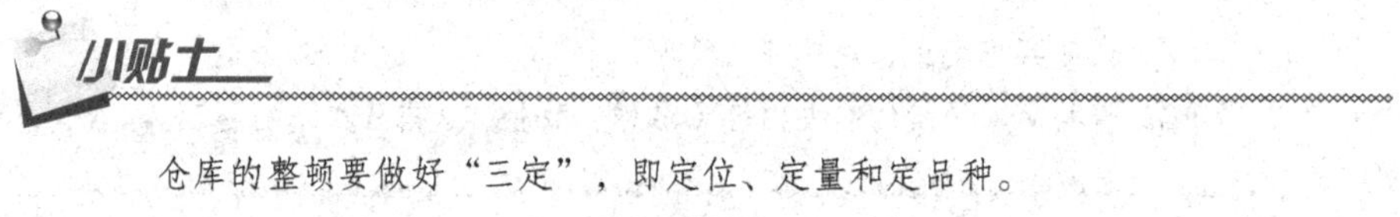

仓库的整顿要做好“三定”，即定位、定量和定品种。

10.4　做好标示

1. 划分不同区域

仓库主管可以组织仓管员使用不同颜色的油漆、胶带、地板砖或栅栏划分区域。

（1）不同颜色的区分。不同颜色代表不同的区域，具体如图10-13所示。

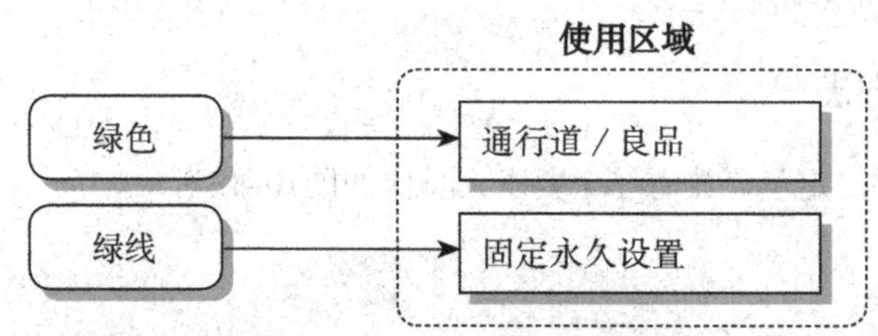

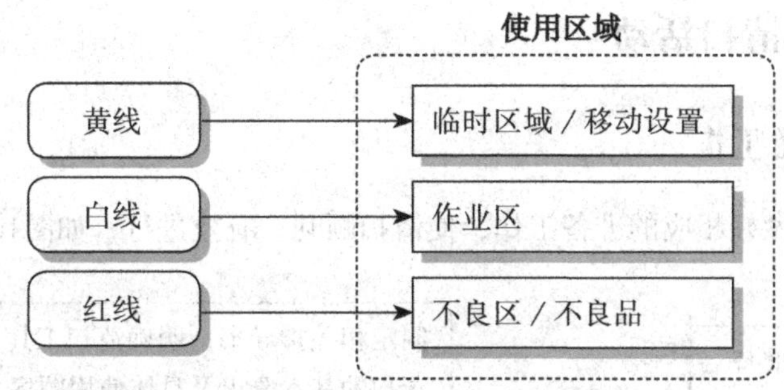

图10-13 颜色区分法

（2）确定通道宽度，具体如图10-14所示。

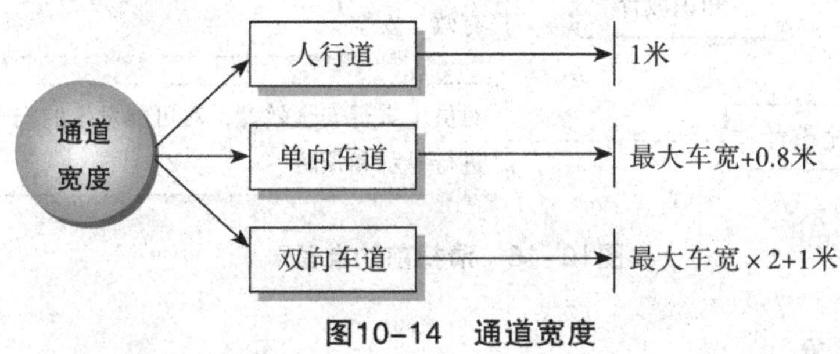

图10-14 通道宽度

2. 使用各种标志

仓库主管可以组织人员使用各种标志，对各类仓库、各种具体的物料、成品等进行区分。仓库标志的使用要求如图10-15所示。

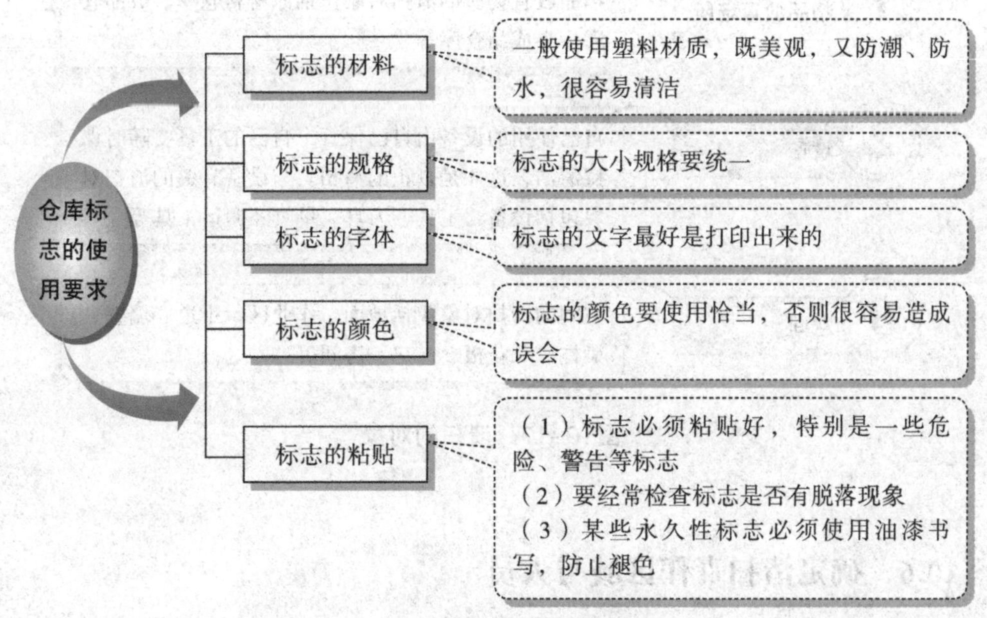

图10-15 仓库标志的使用要求

10.5 开展清扫活动

1. 清扫的准备工作

在清扫前，要做好相应的准备工作，使清扫顺利、有效进行，如图10-16所示。

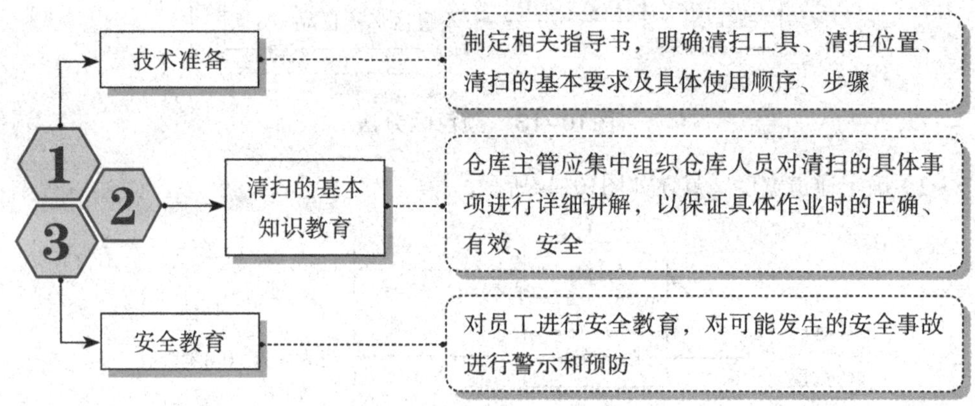

图10-16 清扫前的准备

2. 清扫的对象

清扫时，应扫除一切垃圾、灰尘。具体而言，清扫对象有物品放置场所、设备、空间三类，具体如图10-17所示。

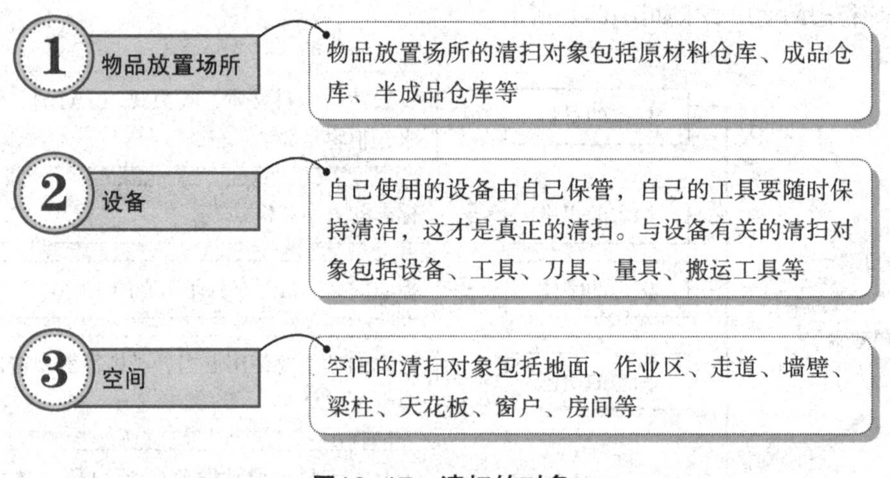

图10-17 清扫的对象

10.6 确定清扫责任区域与人员

仓库主管应实行区域责任制，责任具体到人。

1. 编制清扫责任位置图

以平面图的形式，划分现场的清扫范围，公共区域可利用轮值的方式进行。编制清扫责任位置图具体步骤如图10-18所示。

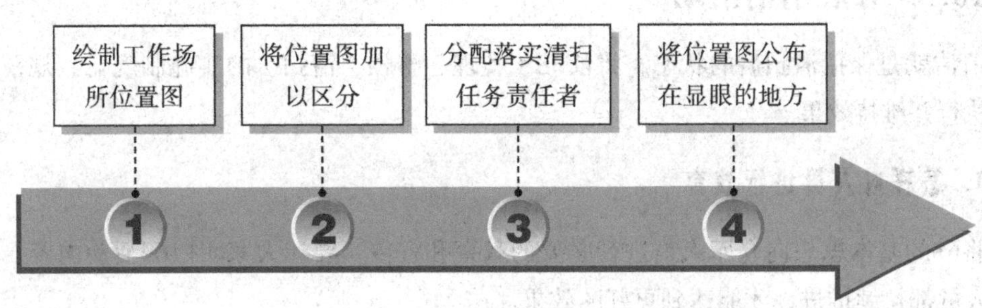

图10-18 编制清扫责任位置图的步骤

2. 制定清扫日程表

仓库主管可以将清扫作业日程化，形成一种日常规范。

3. 制定相关清扫要求

制定相关清扫要求，明确清扫对象、方法、重点、周期、使用工具、责任者等项目，保证清扫质量，促进清扫工作的标准化。

4. 怎样清扫点检机械设备

（1）不仅设备本身，连带其附属及辅助设备也要清扫（如分析仪、气管、水槽）。

（2）要重点检查容易发生跑、冒、滴、漏的部位。

（3）油管、气管、空气压缩机等问题不易被发现和看不到的内部结构要特别注意。

（4）边清扫，边改善设备状况，把设备的清扫与点检、保养、润滑结合起来。

5. 哪些情况需要整修

（1）地面凹凸不平，搬运车辆行走在上面会使物品发生摇晃或碰撞，员工也容易摔跟头，这样的地面要及时整修。

（2）对松动的螺栓要及时加以紧固，并补上缺失的螺丝、螺母等配件。

（3）对需要防锈保护或需要润滑的部位，要按照规定及时进行维护和保养。

（4）更换老化或破损的水管、气管、油管。

（5）清理堵塞的管道。

（6）调查出现跑、滴、冒、漏的原因，并及时处理。

（7）更换或维修难以读数的仪表装置。

（8）添置必要的安全防护装置（如防压鞋、绝缘手套）。

（9）要及时更换绝缘层已老化或被老鼠咬坏的导线。

10.7 开展清洁活动

清洁就是保持清扫后的状态，将前3S（整理、整顿、清扫）的实施制度化、规范化，贯彻执行并维持效果。

1. 怎样对人员进行教育

将6S的基本思想向仓库人员进行必要的教育和宣传，要让大家明白6S活动内容，只有所有人员都持续推进，才能达到更好的效果。

（1）制定清洁手册

清洁手册要明确的内容如图10–19所示。

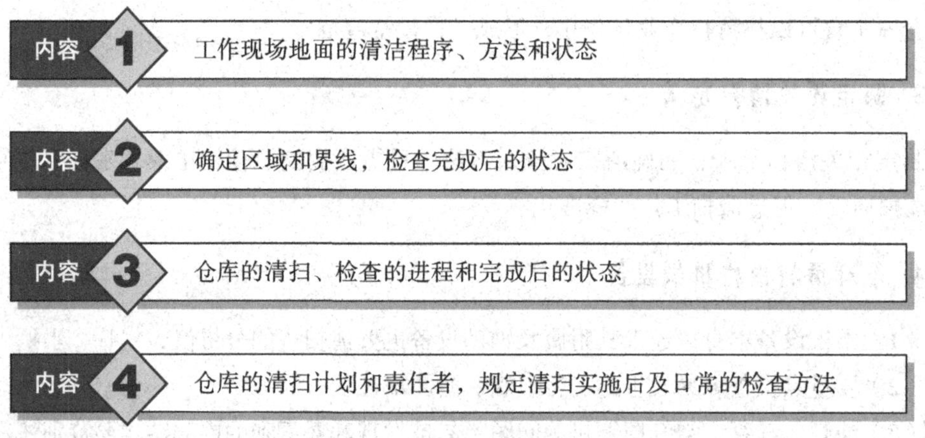

图10–19　清洁手册的内容

（2）宣传6S

多应用早（晚）会、巡查、标贴画、标语、清洁化活动周等手段，大力宣传、营造声势。

2. 怎样持续做好整理

要想持续做好整理，必须做到如图10–20所示的三项内容，

内容一 整理、区分工作区的必需品和非必需品

经过了必要的教育培训，仓库主管应该带领仓管员到仓库现场，将当前所有的物品整理一遍，并调查它们的使用周期，将这些物品记录下来，再区分必需品和非必需品

内容二 向作业者进行确认说明

区分必需品和非必需品时，应先向作业者询问，确认清楚，并对相关事项进行说明

内容三 撤走各岗位的非必需品

将非必需品从岗位上及时撤走，决不能以“等明天”的心态拖延对待

图10-20 如何持续做好整理

3. 怎样持续做好整顿

（1）规定必需品的摆放场所

现场的必需品该怎样摆放？是否阻碍交通？作业者是否操作拿取方便？必须根据实际情况、作业者的作业习惯、作业的要求，合理地规定摆放必需品的位置。

（2）规定摆放方法

规定好摆放场所之后，必须要确认物品摆放的高度、宽度以及数量，以便管理；并将这些规定形成文件，便于日后改善、整体推进和总结。

（3）进行标示

做一些标志，标示规定的位置、规定的高度、规定的宽度和数量。

（4）向作业者进行说明

将规定好的放置方法和识别方法向作业者说明，将工作从推进人员的手中移交给作业者，做日常维护。

4. 怎样持续做好清扫

仓库主管必须划分责任区明确责任人，只有规定了责任范围和责任人，清扫工作才能有效贯彻下去。

5. 怎样定期检查前3S的状况

清洁是通过检查前3S实施的彻底程度来判断其水平和程度的，一般需要制定相应的检查表来具体进行检查。

（1）检查的标准与重点

清洁的标准包含三个要素，即干净、高效和安全。

在检查开始时，要对清洁度进行检查，制定详细的明细检查表，以明确清洁的状态。检查的重点如图10-21所示。

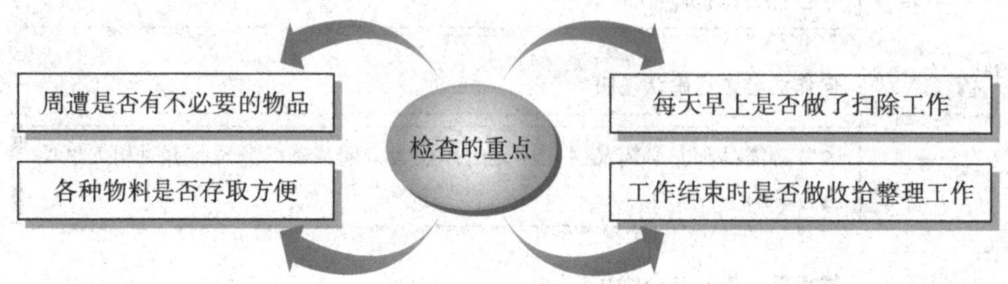

图10-21　检查的重点

（2）实施检查

在具体实施前3S检查时，要按如表10-1所示的三点要求进行。

表10-1　前3S的检查

检查事项	要求	实施要点
整理	检查有哪些废弃的物品	（1）在3S之后，应在周围检查是否有不要的东西并做好相关记录，记录可运用表格形式 （2）将废弃物品编制一览表并处理，处理的规则如下： ①库存是企业的资产，个人不能任意处分 ②编制废弃库存品一览表 ③一定要全数显示 ④与财务负责人协商后处理
整顿	检查物品的放置方法	（1）检查物品的放置方法并列表，做好检查记录 （2）列出整顿鉴定表，再次检查自己的工作场所
清扫	消除灰尘、垃圾	检查仓库的各个区域是否清扫干净，并填写相关表格

10.8　开展安全活动

为了预防及消除伤亡事故，保障员工安全和减轻繁重的体力劳动而进行的管理工作。

1. 怎样树立安全作业意识

为了使仓库作业安全，树立安全作业意识很有必要。为此，仓库主管及仓管员必须树立安全意识，具体内容如图10-22所示。

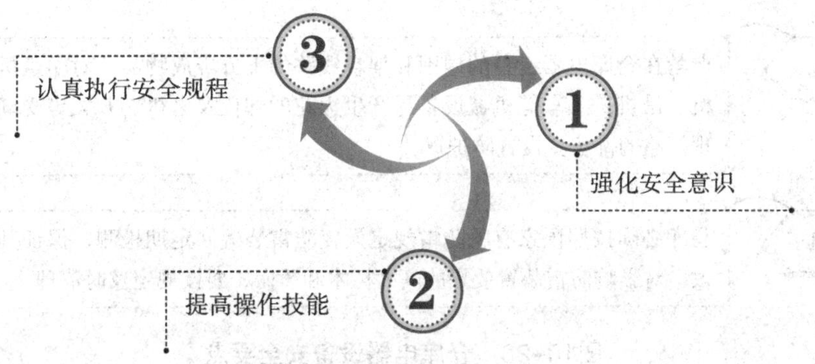

图10-22 树立安全作业意识

（1）强化安全意识

仓库主管应定期对仓管员进行安全知识培训，使其从思想上重视安全作业。

（2）提高操作技能

通过提高仓储设备的技术水平，减少手动直接装卸、搬运，更多地采用机械设备和自动控制装置。

（3）认真执行安全规程

仓库作业的安全操作规程是经过实践检验，能有效减少事故发生的规范化作业操作方法。因此，各仓管员应严格执行操作规程，对违反安全操作规程的行为应及时且严厉制止。

2. 需遵循哪些安全操作规程

（1）机械、工具的安全

仓库的机械化、自动化程度日益提高，为了避免在使用机械设备过程中发生安全事故，需采取一系列安全技术措施，并遵循安全技术操作规程。

仓库主管必须制定相关机械设备的安全操作规程，并明确要求具体的操作人员要严格遵守。

（2）仓库电器设备安全

仓库电器设备安全需注意的要点如图10-23所示。

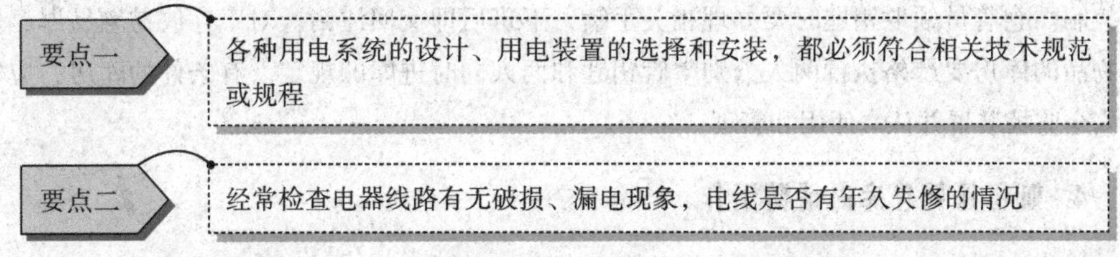

要点三

严禁在仓库电器设备的周围和架空线路的下方堆放物品。对输送机、升降机、吊机、叉车等机械设备易产生火花的部位及电机、开关等受潮后易出现短路的部位要设置防护罩

要点四

仓库必须按照国家有关防雷规定设置防雷装置并定期检测，保证其功能有效。对影响防雷装置效果的高大树木和障碍，要按规定及时清理

图10-23 仓库电器设备安全要点

3. 如何强化库区安全管理

（1）仓库控制区安全管理

仓库控制区安全管理要点如图10-24所示。

要点一

仓库控制区是库区重地，应严格实行安全管理。控制区周围应设置高度大于2米的围墙，上置钢丝网（高1.7米以上），并设置电网或其他屏障。控制区内道路、桥梁、隧道等通道应畅通、平整

要点二

控制区出入口设置日夜值班的门卫，对出入人员和车辆进行检查和登记，严禁携带易燃易爆物品和火源进入

要点三

控制区内严禁进行危及物品安全的活动（如吸烟、鸣枪、烧荒、爆破）。未经上级部门的批准，不得在控制区内进行参观、摄影、录像或测绘等活动

图10-24 仓库控制区安全管理要点

（2）库房的安全管理

经常检查库房结构情况，对于地面裂缝、地基沉陷、结构损坏、防水防潮层损坏和排水沟堵塞以及周围山体滑坡、塌方等情况要及时整修。

库房钥匙应集中存放在仓库控制区门卫值班室，实行业务部门、门卫值班和仓管员三方控制。仓管员领取钥匙时要办理相关手续，下班后即交回注销。对于存放易燃易爆、贵重物品的库房要严格执行两人分别掌管钥匙和两人同时进库的规定。有条件的库房，应安装安全监控装置并认真使用和管理。

4. 如何抓好仓库的消防工作

仓库主管必须检查各仓库的消防设备，并向仓管员讲解消防知识。

常见的消防器材主要有灭火器、沙箱、大小水罐（桶）、斧、钩、锨等。具体的使用注意事项如表10-2所示。

表10-2　消防器材的使用

消防设施	使　用	注意事项
消火栓	扑灭常见的火灾	（1）电气设备着火不能用水来灭火 （2）不能用于对水有剧烈反应的化学危险品（如电石、金属钾、保险粉）灭火 （3）不能用于比水轻、不溶于水的易燃液体（如汽油、苯类物品）灭火
沙土	可以扑救酸碱性物品、过氧化剂、化学危险品等引起的火灾	爆炸性物品着火（如硫酸氨）不可用沙土扑灭，而要用冷却水或将旧棉被或旧麻袋用水浸湿覆盖在燃烧物上
灭火器	根据不同的用途选择使用	（1）泡沫灭火器适宜于扑救汽油、煤油等易燃液体的火灾 （2）二氧化碳灭火器用于扑灭电气、精密仪器、小范围的油类等发生的火灾，但不宜用于金属钾、钠、镁等的灭火 （3）“1211”灭火器适宜于扑灭油类、有机溶剂、精密仪器等的火灾 （4）干粉灭火器适宜于扑灭油类、可燃气体、电气设备等的火灾

10.9　开展仓库人员素养活动

素养就是通过整理、整顿、清扫、清洁等合理化的改善活动，使仓库人员养成遵守标准和规定的习惯，进而全面提升管理水平。

1. 怎样继续推动前5S活动

前5S既是基本动作，也是手段，主要目的是通过开展5S活动，能够使员工养成保持整洁的习惯。

通过5S（整理、整顿、清扫、清洁、安全）使仓库人员达到工作的基本要求——素养。6S可以理解为：通过谁都能做到的整理、整顿、清扫、清洁、安全，达到素养要求。

2. 须制定哪些相关的规章制度

制定相应的操作规范、行为礼仪及员工守则等，能够保证员工达到基本素养要求。

3. 怎样做好教育培训

培训可分为岗前培训和在岗培训两种。

（1）岗前培训

岗前培训就是上岗之前的培训，主要是针对仓库新进人员。培训的内容如图10-25所示。

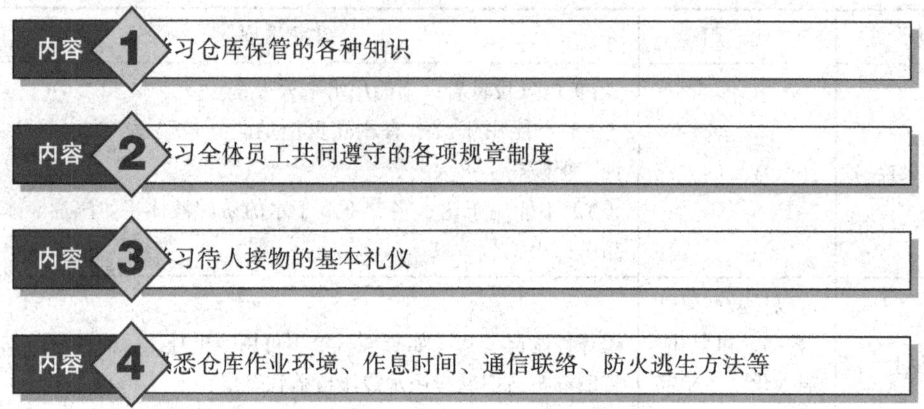

图10-25 岗前培训的内容

（2）在岗培训

在岗培训是指为了提高仓库人员的工作技能，在完成工作的同时，接受各种有针对性的培训活动。常见的在岗培训内容如图10-26所示。

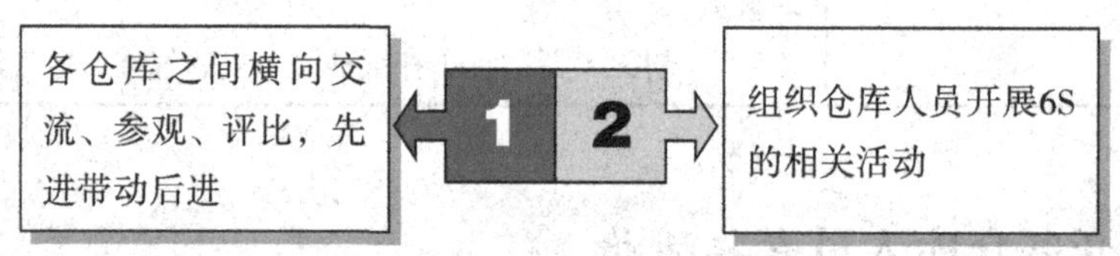

图10-26 在岗培训的内容

10.10 制定相关的规章制度

仓库6S管理制度主要用于规范仓库5S管理的各项工作，以便仓管人员按照制度要求开展工作。仓库5S管理制度对5S的含义、5S的目标等都做出了明确规定，仓管人员在开展6S管理工作时，应按照其规定进行。

下面是某企业6S管理相关的规章制度常用表格范本，供读者参考。

范本

仓库6S管理制度

一、目的

通过实施6S管理，为大家创造良好的工作环境，和谐融洽的管理氛围，塑造仓库良好形象，特制定本制度。

二、适用范围

本制度适用于公司仓库6S管理。

三、内容

1. 6S定义

整理：将工作场所的所有物品区分为“需要”与“不需要”两类，合理处理“不需要”物品。

整顿：对所在区域的物品放置位置和方式进行规划，把“需要”物品按照一定的规律进行分类，整齐摆放并做相应标识，从而提高寻找和管理的效率。

清扫：将工作场所清扫干净，保持工作场所干净、亮丽；清扫过程中如发现问题要力图恢复至完好状态。

清洁：持续地维持整理、整顿、清扫的成果。

安全：强化员工安全意识，注重职业卫生安全，全员参与，重视预防，降低劳动强度，改善工作环境。

素养：每位成员养成良好的习惯，并遵守公司规章制度，培养积极主动的精神，确保6S工作持久进行，不断深化。

2. 人员职责

（1）主管：负责组织下属执行规定，同时对6S工作进行定期或不定期检查并向上级汇报检查结果，列入个人绩效考核中。

（2）6S组长：负责审核各主管提交的6S管理规定，并评估是否具有可行性；

（3）6S助理：负责提出6S目标，制定和修改6S管理规定。

（4）仓管员、物资配送员、叉车司机、制单员等：执行6S管理规定，提出6S改善建议，促进仓库内部工作改善。

3. 日常工作要求

（1）随时处理与工作现场不相关的物品。

（2）规划不同区域。办公室内文件柜、办公桌椅、试验设备的位置摆放合理、整齐。

（3）各物品和所在定置区域标志清晰。文件柜都要用标签标志，便于放置与查找单据或工具。

（4）确定每个人的清扫范围和清扫职责。根据所分配的个人负责区域，应彻底打扫干净，对象为所在区域的所有设施，包括办公桌椅、文件柜、设备、地面、墙

（续）

壁等表面看得见和看不见的地方。

（5）制定并张贴清扫及物料整理时间表，按照清扫整理时间表进行清扫和整理，确保清扫对象能够得到及时的清扫，从而使工作环境始终保持干净亮丽。

（6）在清扫和整理过程中努力发现并解决问题。当需要相关人员才能解决问题时，有特殊情况应及时向上级领导反映并要求修复。

（7）遵守工作规章制度，如考勤制度，安全制度，消防制度，仓库管理制度。

（8）工作态度认真，无聊天、说笑打闹、吃零食现象；不随便离开工作岗位等。

（9）工装穿戴整齐，佩戴员工卡，注意安全作业，避免安全事故的发生。

（10）听从领导安排，客观、理性地处理问题，避免鲁莽行事。

4. 6S检查

以各班为单位，当班主管组织人员安排6S检查工作。

（1）检查人员数量：2～3人。

（2）检查时间：每天一次。

（3）记录及汇报方式：图片、文字说明。

（4）跟踪处理：持续改善，及时汇报改善情况。

四、附则

（1）本制度由仓库管理部门负责制定，其修改权、解释权归仓库管理部门所有。

（2）本制度经总经理批准后，自颁布之日起实施。

范本

仓库规范6S检查表

项目	规范内容
整理	（1）对呆料、废料、滞料进行处理 （2）把生产计划内不使用的物品放到指定位置 （3）把生产计划内要使用的物品放到易取位置
整顿	（1）应有货仓总体规划图，并按规划图进行区域标示 （2）物品按规划进行放置，放置位置也应规划 （3）物品放置要整齐、便于收发 （4）物品在显著位置要有明显的标志，便于辨认 （5）货仓通道要畅通，不能堵塞 （6）运输工具使用后应摆放整齐 （7）消防器材要便于拿取

（续）

（续表）

项目	规范内容
清扫	（1）地面、墙面、天花板、门窗要打扫干净，表面不能有灰尘 （2）物品不能裸露摆放，包装外表要清扫干净 （3）运输工具要定期进行清理、加油 （4）物品储存区要通风，光线要好 （5）一些排水管、油污管等要进行修护
清洁	（1）每天上下班花3分钟做前3S工作 （2）随时进行自我检查，并互相检查 （3）对不符合的情况要及时纠正 （4）整理、整顿、清扫保持得非常好 （5）员工佩厂牌、穿厂服，且整洁得体，仪容整齐大方 （6）员工言谈举止文明有礼，对人热情大方
安全	（1）消除各种安全隐患 （2）灭火器正确放置 （3）消防通道畅通，没有堵塞情况 （4）各种机械、搬运工具的安全使用
素养	（1）员工工作精神饱满 （2）员工运输货物时小心谨慎 （3）员工有团队精神，互帮互助，积极参与6S活动 （4）员工时间观念强

范本

6S培训计划

内容	项　目	目标值	对象	4月	5月	6月
6S知识培训	（1）6S的起源和适用范围 （2）6S定义 （3）6S的作用	考试合格80%以上	全员	培训	现场操作	考核

（续）

（续表）

内容	项　目	目标值	对象	4月	5月	6月
6S活动步骤	（1）成立推进小组	100%理解并能实施	管理人员			
	（2）推进成员集中学习					
	（3）设定6S改进岗位					
	（4）推进成员进行现场诊断					
	（5）推进小组开展改进活动					
	（6）员工自身开展改进活动					
	（7）确认活动					

范本

仓库6S管理问题票

编号：

物资名称		日期	
问题描述：			
解决结果记录：			
部门		责任人	

范本

清扫值日表

6S区	责任人	值日检查内容
电脑区		机器设备是否保持干净，无灰尘
检查区		作业场所、作业台是否杂乱，垃圾桶是否已清理
计测器区		计测器摆放是否整齐，柜面是否保持干净，柜内有无杂物
休息区		地面有无杂物，休息凳摆放是否整齐
夹具区		夹具摆放是否整齐，夹具是否保持干净

（续）

（续表）

6S区	责任人	值日检查内容
不良品区		地面有无杂物，除不良品外有无其他零件和杂物存放
零件规格放置区		柜内零件规格摆放是否整齐，标志是否明确
文件柜及其他		文件柜内是否保持干净，柜内物品是否摆放整齐
备注：（1）此表的6S区是由责任者每天进行维护 （2）下班前15分钟开始 （3）其他包括清洁器具放置、柜、门窗、玻璃		

范本

6S责任标签

6S责任区			
编　号	区域间	责任部门	责任人
C022	车间管理看板	生产组	×××

范本

班组6S评比宣传栏样式

______年___月份××车间6S工作评比							
	1	2	3	……	30	31	备注
1班	◎	○	◎		▲	◎	
2班	▲	◎	○		○	◎	
3班	※	○	○		○	◎	
4班	○	▲	※		▲	▲	
5班	◎	▲	○		○	◎	
说明	◎代表良好（绿色）　○代表中等（蓝色） ▲代表及格（黄色）　※代表较差（红色）						

学习笔记

通过学习本章内容，想必您已经掌握了不少学习心得，请仔细记录下来，以便继续巩固学习。如果您在学习中遇到了一些难点，也请如实写下来，方便今后重复学习，彻底解决这些难点。

我的学习心得

1. ______________________________
2. ______________________________
3. ______________________________
4. ______________________________
5. ______________________________

我的学习难点

1. ______________________________
2. ______________________________
3. ______________________________
4. ______________________________
5. ______________________________

我的运用计划

1. ______________________________
2. ______________________________
3. ______________________________
4. ______________________________
5. ______________________________

第11章 现代仓库管理系统

仓库的功能主要是储存和保管物品。随着时代的发展，仓库的管理也融入了现代化管理理念。仓库主管对仓库进行现代化的管理，必须使用各种信息化管理系统，MRP和ERP就是对仓库物料进行科学化管理的系统。

学习指引

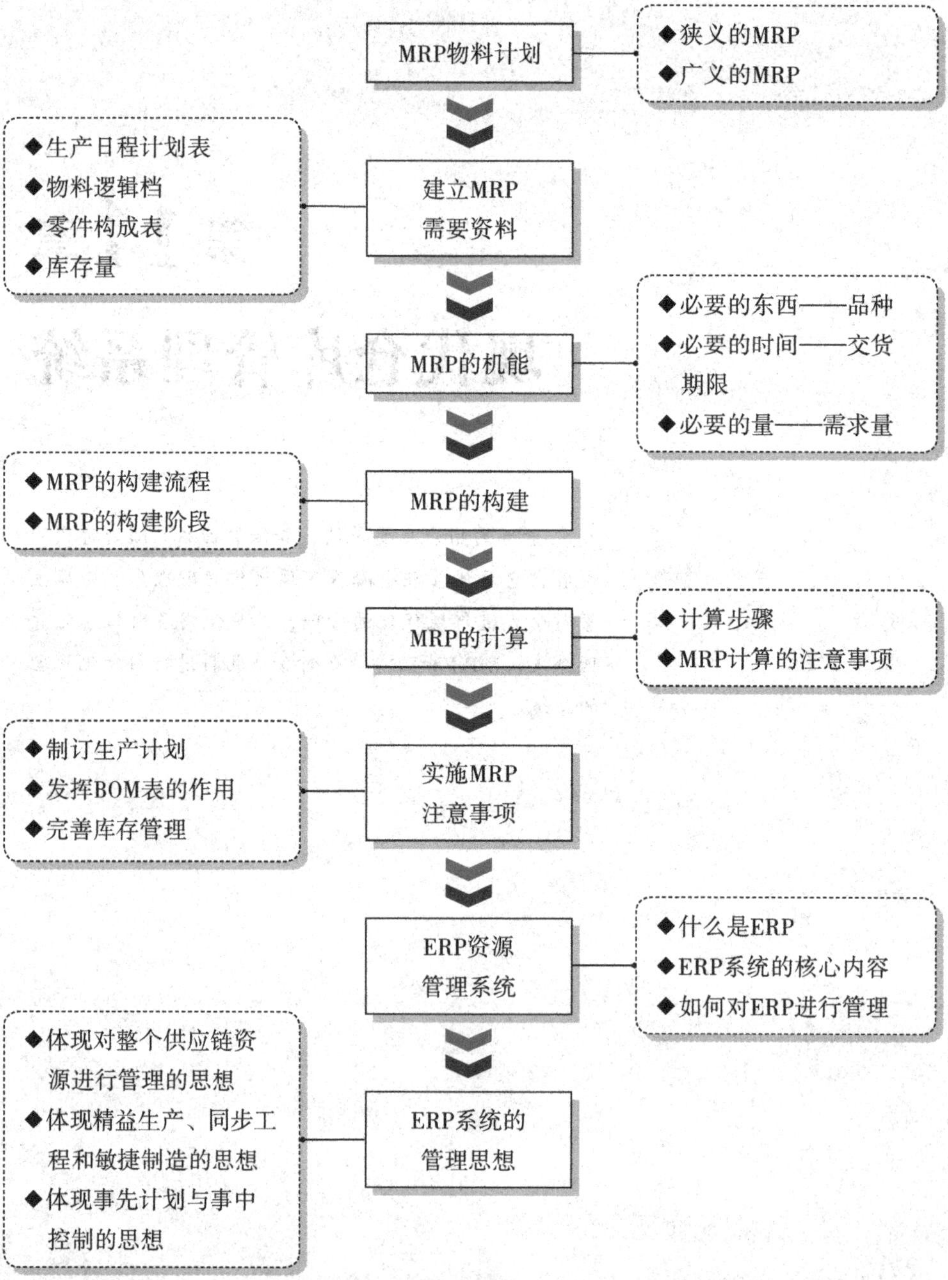

MRP物料计划
- ◆狭义的MRP
- ◆广义的MRP

建立MRP需要资料
- ◆生产日程计划表
- ◆物料逻辑档
- ◆零件构成表
- ◆库存量

MRP的机能
- ◆必要的东西——品种
- ◆必要的时间——交货期限
- ◆必要的量——需求量

MRP的构建
- ◆MRP的构建流程
- ◆MRP的构建阶段

MRP的计算
- ◆计算步骤
- ◆MRP计算的注意事项

实施MRP注意事项
- ◆制订生产计划
- ◆发挥BOM表的作用
- ◆完善库存管理

ERP资源管理系统
- ◆什么是ERP
- ◆ERP系统的核心内容
- ◆如何对ERP进行管理

ERP系统的管理思想
- ◆体现对整个供应链资源进行管理的思想
- ◆体现精益生产、同步工程和敏捷制造的思想
- ◆体现事先计划与事中控制的思想

11.1 MRP物料计划

物料需求计划（MRP）是利用生产日程总表、零件结构表、库存报表、已订购未交货订购单等各种相关资料，经正确计算而得出各种物料零件的变量需求，并以此提出各种新订购计划或修正各种已开出订购的物料管理的方法。

1. 狭义的MRP

物料需求计划（Materials Requirement Planning，简称MRP）是借助计算机对从物料到产成品的物流作适时、适量管理的方法，从而在生产管理上，对物料不足、呆滞料、库存高等问题进行系统的解决。其实施的基本程序如图11-1所示。

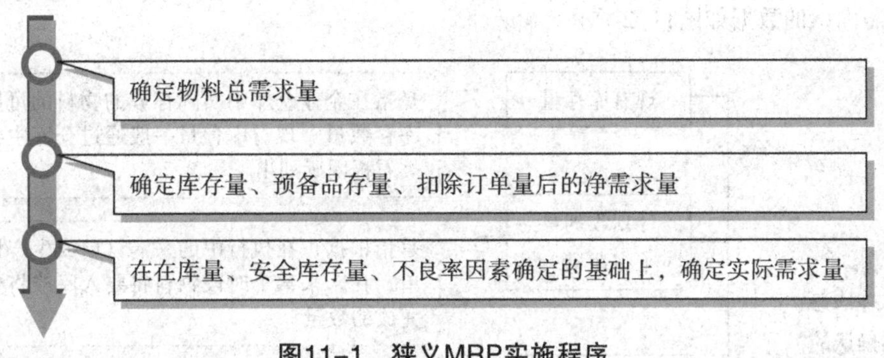

图11-1 狭义MRP实施程序

2. 广义的MRP

广义的MRP又称“MRPⅡ”即“制造资源计划”。它的内容除“物料需求计划”外，还包括产能需求计划（Capacity Requirement Planning，简称CRP）、现场控制（Shop Floor Control，简称SFC）、需求管理（Demand Management，简称DM）等内容。

11.2 建立MRP需要资料

建立MRP管理系统需要基本的生产计划、零件构成表、物料逻辑档和库存量等资料。

1. 生产日程计划表

生产日程计划表（Mater Production Schedule）一般是根据客户合同、生产能力、物料状况和市场预测等来排定的。它通常以周为单位，把经营计划或生产大纲中的产品系列具体化，使之成为实施物料需求计划的主要依据，起着从综合计划向具体计划过渡的承上启下作用。

2. 物料逻辑档

物料逻辑档储存的是一切有关成品、半成品与物料的各种必要资料，如物料名称、ABC物料分类表、产品结构阶层表、采购前置时间、物料基准存量表。

3. 零件构成表

零件构成表（BOM清单）是最终产品零件的构成内容明细及需要数量的资料，它将产品、组合品、零件、原料等物品都体现在上面，能够让人了解以产品为分类的各零件的构成，并以此确定产品所需的组合品、零件及物料。

4. 库存量

库存信息是保存企业所有产品、零部件、在制品、物料等存在状态的数据库。在MRP系统中，将产品、零部件、在制品、物料甚至工装工具等统称为“物料”或“项目”。库存信息需确认的数据如图11-2所示。

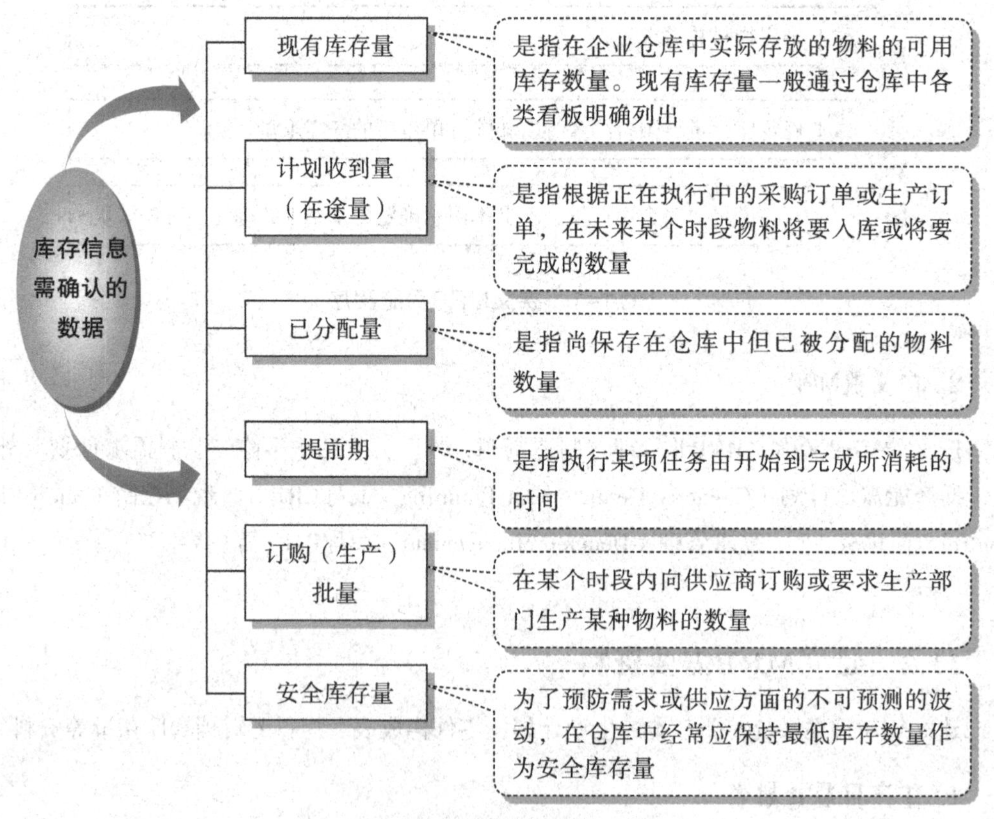

图11-2 库存信息需确认的数据

根据上述各个数值，可以计算出某项物料的净需求量。其计算公式为：

净需求量=毛需求量+已分配量−计划收到量−现有库存量

物料、半成品的库存信息是MRP运作的基础资料。根据现有量与物料净需求量，可进一步计算是否发出新订购单、生产命令单、外协加工单，或已发的订购单、生产命令单、外协加工单是否需要超前或延后。因此，MRP的运作可得知物料净需求、现有库存量、供应商的交期与数量以及自制零件、半成品的完成时间与数量，以符合生产计划表的要求。

生产日程计划表、物料逻辑档、零件构成表、库存量这四类资料是开展MRP必需的，要完整地进行准备。

11.3 MRP的机能

MRP的机能是"在必要的时间，把必要的东西，安排出必要的数量"的计划，是按品种、交货期和需求量三个要素，制成以零件、原料为对象的中日程计划，具体如图11-3所示。

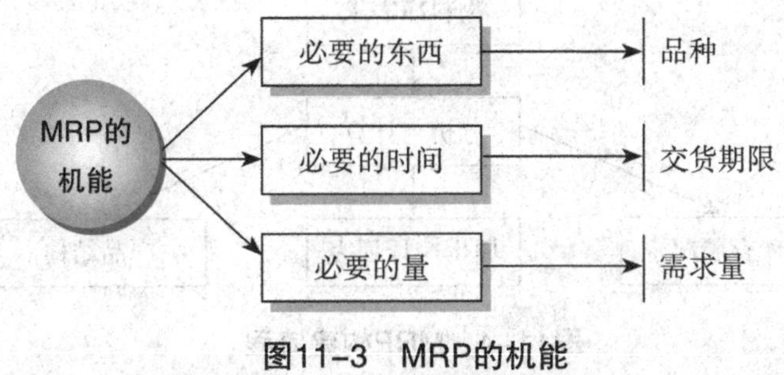

图11-3 MRP的机能

1. 必要的东西——品种

按生产计划，提供必要的产品及零件，且根据零件表（BOM），供应生产产品必要的组合品、零件及原料。

2. 必要的时间——交货期限

以生产计划上提供的产品交货期限为基准，扣除记载在零件表（BOM）上的前置时间，计算出组合品、零件、原料的交货期限。

3. 必要的量——需求量

产品和零件的需求量是由生产计划所指定的。为了充分满足需求，依零件表（BOM）上的组合品、零件、原料的基本单位，计算出需求量（毛需求量），接着考虑库存状况，求出真正不足的部分（实际需求量）。

11.4 MRP的构建

1. MRP的构建流程

在了解了MRP运作所需的资料要求后，接下来要了解其构建流程以开展进一步的工作。MRP构建流程如图11-4所示。

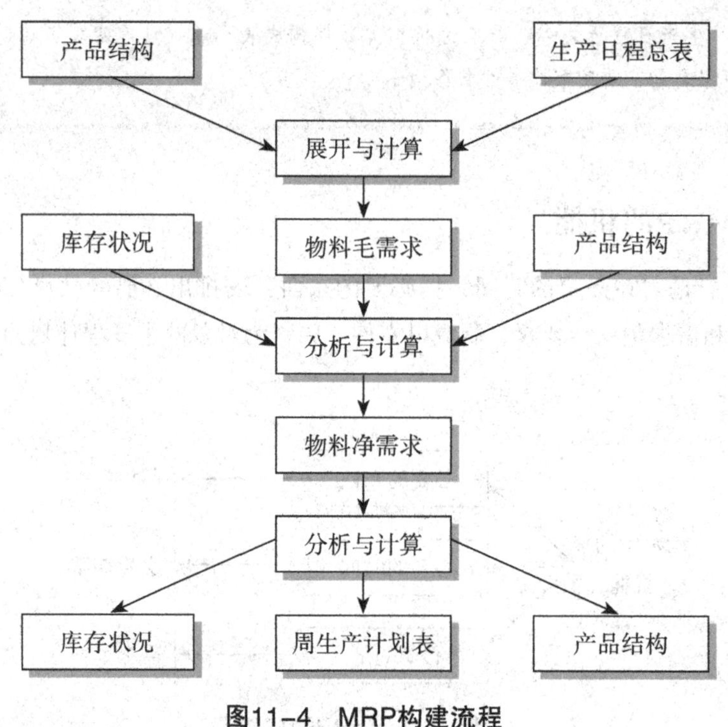

图11-4 MRP构建流程

2. MRP的构建阶段

企业可分三个阶段建立MRP系统，从而循序渐进地分段实施MRP管理技术，具体如图11-5所示。

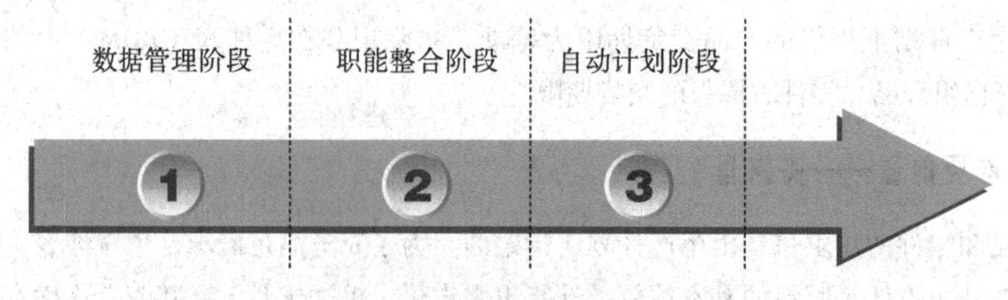

图11-5 MRP构建的阶段

（1）数据管理阶段

工厂内的许多活动（如接单、出货、采购或生产加工验收）都可以用产品或物料的品种、数量、金额等单位来描述与表达，即可用数据来表达。

这类可用数据表达的活动又称“交易”，每一次活动均可视为一项交易。

所谓数据管理，是对各种交易的记录、整理、分析、应用、保存等工作所进行的管理。

该阶段的目标是借助计算机做好各项交易的处理工作，确保库存的资料准确、完整、及时。生产、供应、销售等职能业务的交易资料也要逐步纳入计算机系统管理。

生产、供应、销售等职能业务的交易资料也要逐步纳入计算机系统管理，如：营业职能的订单管理、库存管理及销售分析；生产职能的用料结构管理、采购管理、生产命令管理、外协管理；财务职能的应收账款管理、应付账款管理、票据现金管理、总账会计等。

（2）职能整合阶段

本阶段的主要目标是在各项基本职能的交易数据纳入计算机管理后，整合不同职能，以消除不必要的或重复的作业，强化全局的管理控制，并降低交易处理所需要的人力成本。

本阶段在软件的配合上，第一阶段不限制的某些功能（如无采购单的验收、无制造命令的领料等）应随着计算机应用化范围的扩充（计算机化系统延伸），管理体质的强化（作业程序标准化），而逐步规范严格。

本阶段的工作重点是严格地实施各项管理规范，使得不同职能间的工作更紧密地联系在一起，提升相关资料的准确性与及时性，为下一阶段的工作做好准备。

（3）自动计划阶段

通过前面两个阶段的努力，利用计算机做好交易数据管理和职能整合工作后，这时企业的资料已达到一定的标准，同时企业的管理制度也得到进一步的贯彻，这时就可开展第三阶段的工作：利用计算机进行通盘性的计划作业，其中最主要的计划如图11-6所示。

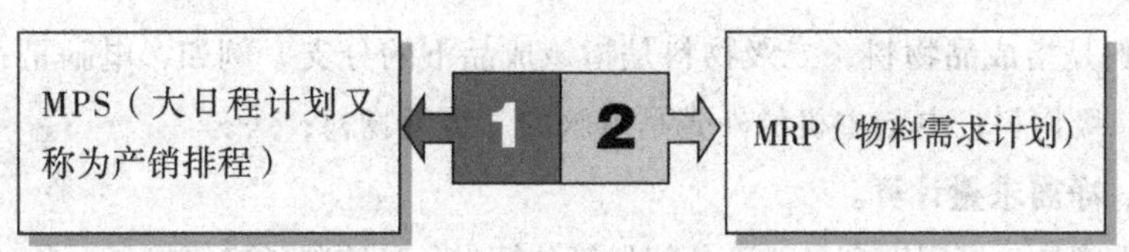

图11-6 第三阶段的主要计划

当然，自动计划并不是全部由计算机完成。管理者只是利用MPS、MRP的逻辑运算能力来协助做好通盘性的计划工作，管理者自身的判断与取舍，才是计划成功不可或缺的要素。

11.5　MRP的计算

MRP的计算通常分为两步，先根据主生产计划导出物料的需求量与需求时间，再根据物料的提前期确定投产与订货时间。

1. 计算步骤

MRP的计算依以下步骤展开，如图11-7所示。

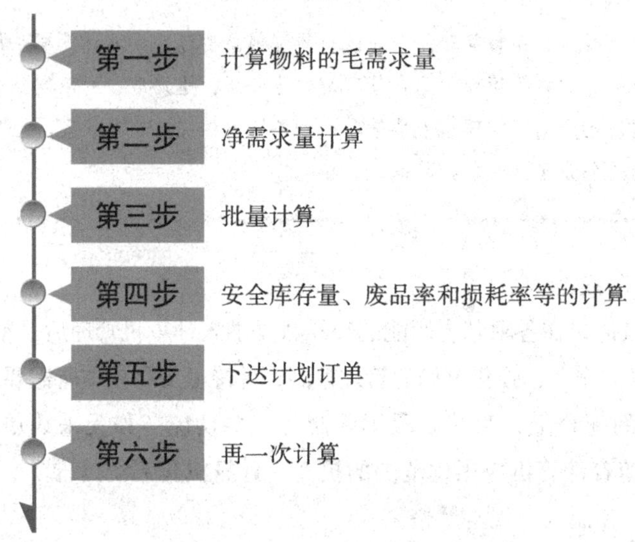

图11-7　MRP的计算步骤

第一步，计算物料的毛需求量。

这一步骤是根据主生产计划算出一级物料的毛需求量，然后根据一级物料的BOM表算出二级物料的毛需求量，再根据二级物料的BOM表算出三级物料的毛需求量。后面的四级、五级以此类推，直到最低层级物料毛坯或采购件为止。其计算公式为：

毛需求=计划生产量×物料清单（BOM）+杂项需求

一级物料是指成品物料，二级物料是指该成品下的分支。例如，电脑是一级物料；主机是电脑的二级物料；电脑主机的外壳是电脑的三级无物料；……

第二步，净需求量计算。

根据毛需求量、可用库存量、已分配量等计算出每种物料的净需求量。其计算公式为：

净需求量=毛需求量+已分配量-可用库存量-在途量

第三步，批量计算。

相关计划人员对物料生产作出批量策略决定。不管采用何种批量规则或不采用批量规则，净需求量计算后都应该表明是否有批量要求。

第四步，安全库存量、废品率和损耗率等的计算。

物料计划人员需要用废品率和损耗率来确定净需求量，同时确保安全库存。其计算公式为：

库存量=现有库存－生产线已开单未领量

第五步，下达计划订单。

通过MRP计算过后，已经知道了需要的物料数量。但MRP所生成的计划订单，要通过能力资源平衡确认后，才能开始正式下达计划订单。

第六步，再一次计算。

MRP的再次生成大致有两种方式，具体如图11-8所示。

图11-8　MRP的再次生成的方式

2. MRP计算的注意事项

在进行MRP计算时，必须注意以下事项，具体如图11-9所示。

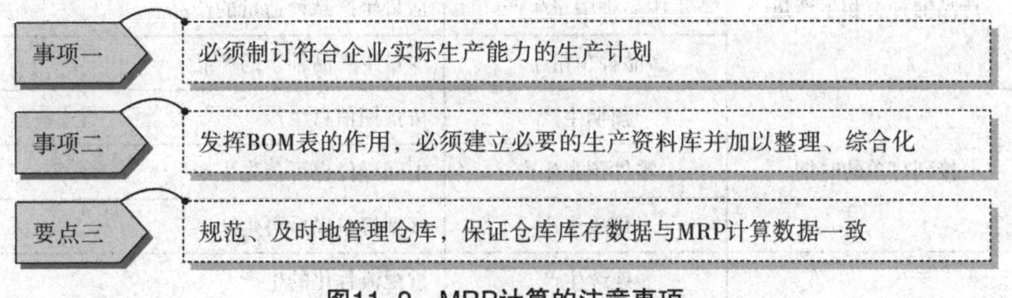

图11-9　MRP计算的注意事项

11.6　实施MRP注意事项

1. 制订生产计划

生产计划是生产活动的起点、实施MRP的条件之一。制订生产计划时应遵循以下五个步骤。

（1）分清企业的生产形态

以各种观点分析企业的生产形态，找出适合的生产结构，切实强化生产计划功能。检查生产计划的功能，最重要的是对生产形态的分析。通过以下四种观点，可了解企业的生产形态，如图11-10所示。

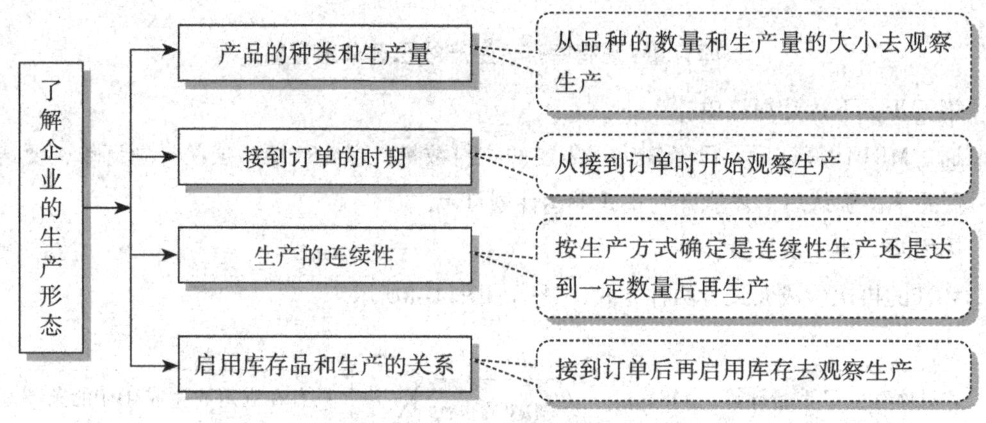

图11-10　了解企业的生产形态

生产形态的种类如表11-1所示。

表11-1　生产形态的种类

观点	生产的方法	内容
产品的种类和生产量	少品种多量生产	大量生产品种少的产品
	中品种中量生产	适量生产品种适量的产品
	多品种少量生产	少量生产品种多的产品
接到订单的时期	预期生产	按预期信息生产
	零件预先生产	中间零件也可预先生产
	订单生产	接到订单以后再生产
生产的连续性	连续生产	重视流程化的生产
	整批生产	整批货一起生产
	个别生产	以订购货物作为生产的单位
启用库存品和生产的关系	库存品启用生产	在产品生产阶段启用预期产品的生产
	零件中心生产	收到订单时启用零件的生产
	个别接单生产	按照所接到的订单，安排个别生产

（2）作成零件及材料需求的生产计划

工厂生产的基本活动是“筹集物料”，如何适时筹集必要的零件、材料，对生产计划的完成有很大影响。通常把生产计划按日程区分，具体如表11-2所示。

表11-2　计划的种类一览表

日程	内容	计划对象	单位	期限
大日程计划	是半年或一年的计划，以产品及产品群为单位，按月份决定生产量的精确计划 适用于长期材料筹备及能力调整上	独立需求项目 （1）产品 （2）产品群 （3）零件	以月为单位	半年至一年
中日程计划	按工程别及日别，决定各零件及材料的生产计划 适用于零件及材料的筹备，以及各工程的作业安排	从属需求项目 （1）组合品 （2）零件 （3）材料 （4）工程/供应商	以日为单位	一个月至三个月
小日程计划	每天按小时决定各工程实际生产时必要的事情 适用于作业员和机械的安排	（1）工程 （2）机械设备 （3）作业者	以小时为单位	一天至一个星期

（3）做成产品的生产计划

要想让客户满意，配合客户的要求去生产产品，就必须有一个考虑到各部门能力的生产计划。

①统计生产数。按装配线、产品别、日别统计接受订单的数量。

②计算生产日数。生产日数可逆推计算，从日别的生产数量，算出生产开始日。

③按订单的优先顺序排程。按订单优先顺序的判定基准，通常为交货期限。若交货期早，则优先。除交货期限外，还应考虑交货日期前的富余程度。

（4）启用预先生产计划所生产的库存品

企业通常有两种生产计划，一种是预期备品（库存）的计划，另一种是接单后再生产的计划。为此，企业必须活用预期生产计划下所生产的产品。

预先生产计划和接单生产计划并非各自独立，在有些企业里，是按接到订单和预期的不同而形成生产计划。

两种计划的关联性取决于企业的生产形态。不同的生产形态启用的库存对象及制度要点不同，具体如表11-3所示。

表11-3 不同生产形态启用的库存对象及制度要点表

生产形态	生产计划的必要性		启用库存对象	一般性问题	制度化要点
	预期	接订单			
个别接单生产	×	√	材料	（1）很多突发订单和特急订单 （2）式样常变更 （3）操作度不稳定	（1）使用PERT的日程计划 （2）生产能力掌握确切 （3）交货期限管理彻底
零件中心生产	√	√	中间零件	（1）缩短交货期限 （2）品种增加 （3）数量减少 （4）可操作性差	（1）预期生产使用MRP方式 （2）接单生产使用生产号码方式 （3）中间零件的库存管理
产品启用生产	√	√	产品	（1）需求的变动大 （2）设备投资的增加 （3）新产品开发激烈	（1）需求预测正确化 （2）MRP方式 （3）产品库存适度化

（5）制订符合生产能力的计划

为应对客户要求，企业的生产能力需要富有弹性。由于订单量的突然增加，常会影响交货期，因此要充分检查生产计划是否符合企业的实际生产能力。

此阶段应启用库存品，并制订基本的生产计划。

对制订好的计划，必须检查其是否符合企业的实际生产能力。具体检查内容如图11-11所示。

图11-11 具体检查内容

2. 发挥BOM表的作用

要想实施MRP，零件表（BOM）不可或缺，要充分发挥其作用，具备技术资料管理功能。为此，在运用零件表（BOM）时应遵循以下五个步骤，具体如图11-12所示。

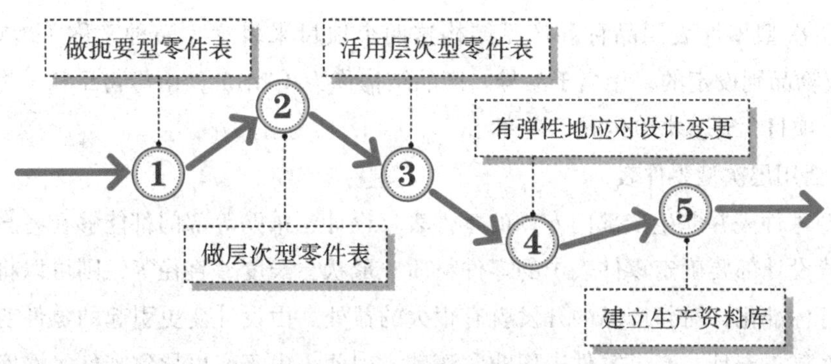

图11-12　运用零件表的步骤

（1）做扼要型零件表

筹备物料是生产的基本活动，针对物料筹备的零件表称为扼要型零件表。应先有扼要型零件表，再有物料的采购（下订购单）。

有了扼要型零件表，接到订单便可在系统中输入订单资料，查出需要购买的零件和材料，然后根据结果发出订购单。

许多企业并没有零件表，但可能有材料表或购买明细表等。材料表通常把产品所需的材料集中体现，是为了便于安排采购所形成的一种零件表（又称扼要表）。编制扼要型零件表前，先要弄清具体的产品，再按每一种产品，查出应购入的零件及材料，接着针对要使用多少材料，设定使用量的单位。

（2）做层次型零件表

物料筹备好后，接下来就是生产。此时必须制作和产品生产步骤相适应的零件表，即层次型零件表。层次型零件表同扼要型零件表最显著的区别如图11-13所示。

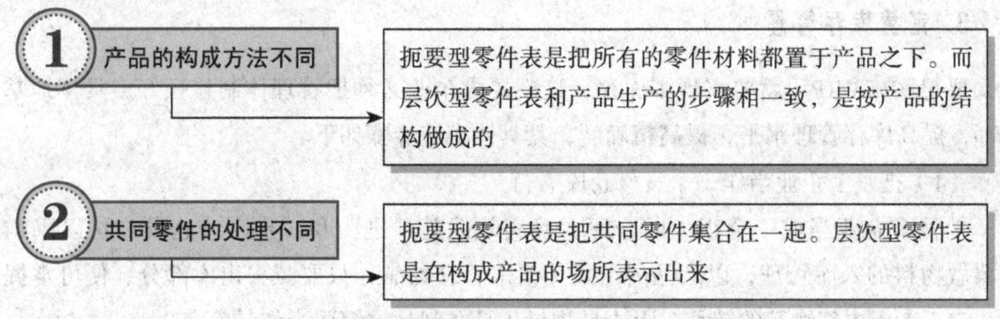

图11-13　层次型零件表同扼要型零件表的区别

通常层次型零件表用品种和产品结构这两个项目来表示。品种又称（P/M）或（I/M），是按物品别设定的，相当于品号。产品结构称为（P/S），由母物品和子物品的关系而定，这个项目含有基本单位和不良率。

（3）活用层次型零件表

层次型零件表并非生产部门专用的零件表。设计、采购等部门都能够在各自的业务上活用它。若设计部要确定零件表中的零件材质、形状、长度、直径等，则可以将零件分门别类，进行标准化，对新产品的开发就有很大的益处。由设计变更引起的零件变更，会影响哪一部件哪一产品，有了零件表便非常清楚。因此，由于变更导致零件呆滞库存的机会也会大大减少。

物控部、采购部是零件表的直接受益者，可使用MRP的BOM表进行采购的计划、安排，也能做随之而来的物料管理及在制品管理。

（4）有弹性地应对设计变更

零件表并非做好后就一成不变。通常只要产品还有市场，总会发生一些变更，因而，企业必须有弹性地应对。

（5）建立生产资料库

在筹备物料时，通常需要采购方面的资料以及生产工程方面的资料。为此，企业要做单元性的管理，以免在各种资料间发生矛盾。

有了零件表及应对设计变更的弹性方式，相当于备齐了实行MRP的技术资料。

但这只能实行狭义的MRP，若要实施广义的MRP，只有生产管理的资料还不够，应具备实施采购计划和生产计划所需的技术资料。

①实施采购计划的资料。狭义的MRP是安排零件和材料的中日程计划，必须再做购买零件、材料的小日程计划才行。采购计划应决定供应商、单价、交货日期，需要供应商资料、单价资料等。

②实施生产计划的资料。对生产计划同样要把它分解成各生产单位、各生产工程的作业开始日和完成日的计划，这也是小日程计划。实施计划时，需要工程资料和工程步骤资料，并根据安排的数量，按工程单位的累积负荷，做能力和负荷的调整。

3. 完善库存管理

要想实施MRP，就要实现零库存，这就要求企业必须把管理体制整顿好，具体地掌握库存，提高库存管理水平，提高精确度，其具体实施步骤如下。

（1）把整个企业当作一个资材仓库看待

把整个企业当成一个很大的仓库，确实掌握其“进”和“出”。这种方法以采购的传票做物料的入库管理，以产品的出货传票来管理物品，只要减去出库部分，便可掌握库存。它不考虑内部物品的转移，无论是物料还是在制品，都要当作是库存。

用电脑进行这种进、出库存处理，出库部分的扣除须同时考虑两点内容，如图11-14所示。

内容一 不要弄错单位的转换

对1个产品的消耗物料量，不应以1个、2个来计算，而应换算成千克、平方米等与产品不同的单位，然后给予扣除

内容二 应在考虑耗损率之后再予以扣除

耗损率是因失败发生的损失或因某些特定因素使物料的利用率无法达到100%的情况，这部分耗损若没有预先扣除，则会使账面的库存逐渐增加，和实际库存不符

图11-14　出库部分扣除需考虑的内容

（2）把企业分为资材库和产品库

生产企业可大致一分为二，“进”是资材仓库，“出”是产品仓库。这样就同资材的补充和接单出货相对应。完成传票是资材的出库传票，也是产品的入库传票。

有了这个传票，当产品生产完成，从资材库中扣除时，要作产品库存的入库处理，因此，能进一步提高库存管理的精确度。如果把半成品及部分零件当作预备库存保管在仓库中时，也要和产品一样，在入库时做完成传票，出库时做出货传票。

（3）将在制品库存从资材仓库分离出来

确定了资材仓库和产品仓库之后，接下来需要把企业内部整顿好，将整个企业当作一个工程，正确地掌握在制品库存，要把生产的工程作一个整体管理。当物资从资材库向工程转移时，一定要开立传票，且必须把开立传票的责任单位及流程标准化。

以该方式运作时，必须注意以下三点：

（1）确保资材配放场所，并有安排进出货的负责人；

（2）如果没有出库申请单的话，即使是特急状况，也不能出库；

（3）多余的资材不得堆放在工程中，要立即开退回传票。

（4）企业外部的在制品也要管理

在制品库存不仅限于企业内部。向外订购的物品和在制品库存的性质是一样的。因此，要把在制品库存区分为企业内部和企业外部两种，以掌握订购的库存。

企业外部库存就按放置场所和供应商类别掌握其库存。这时可依供应商的资材支付传票入库，并从交货时的验收传票中予以扣除，以此管理供应商的支付材料库存。

提供给供应商的材料要加以管理，有偿提供时，等于在会计上销售一次，因此，应在资产上扣除。这些资材迟早会成为产品的一部分加以回收，在管理上，可当作供应商的在制品。

（5）工程别在制品库存的管理

把企业的物流过程分成若干个工程，分别掌握每个工程的在制品库存。

为了掌握工程的在制品库存，必须把终端放在现场，以有效的方式收集信息。在这个步骤里，要利用一品一张的作业传票进行工程与工程间的转移。

11.7 ERP资源管理系统

1. 什么是ERP

ERP管理主要是通过各种ERP软件对整个企业从生产到仓库的管理。

ERP是英文Enterprise Resource Planning（企业资源计划）的缩写。它是从MRP（物料需求计划）发展而来的新一代集成化管理信息系统，它扩展了MRP的功能，其核心思想是供应链管理。

2. ERP系统的核心内容

ERP系统的特点及核心内容如图11-15所示。

内容一：企业内部管理所需的业务应用系统，主要是指财务、物流、人力资源等核心模块

内容二：物流管理系统采用了制造业的MRP管理思想，有效地实现了预算管理、业务评估、管理会计、ABC分类法等现代基本财务管理方法；人力资源管理系统在组织机构设计、岗位管理、薪酬体系以及人力资源开发等方面同样集成了先进的理念

内容三：ERP系统是一个在全企业范围内应用的、高度集成的系统。数据在各业务系统之间高度共享，所有源数据只需在某一个系统中输入一次，保证了数据的一致性

内容四：对公司内部业务流程和管理过程进行了优化，主要的业务流程实现了自动化

内容五：采用了最新的主流技术和体系结构：B/S、互联网体系结构，Windows界面。在能通信的地方都可以方便地接入系统

内容六：具有集成性、先进性、统一性、完整性和开放性

图11-15 ERP系统的核心内容

3. 如何对ERP进行管理

为了对仓库实行ERP管理，仓库主管必须学会使用各种ERP软件，并组织对仓库其他人员如仓管员，记账员进行相关的操作培训。

11.8 ERP系统的管理思想

ERP的核心管理思想是实现对整个供应链的有效管理，主要体现在三个方面。

1. 体现对整个供应链资源进行管理的思想

现代企业间的竞争是一家企业的供应链与另一家企业的供应链之间的竞争，即企业不但要优化自己的资源，还必须把经营过程中有关的各方（如供应商、制造工厂、分销网络、客户）纳入一个紧密的供应链中，这样才能在市场竞争中获得优势。ERP系统正是适应了市场竞争的这一需要，实现了对整个企业供应链的管理。

2. 体现精益生产、同步工程和敏捷制造的思想

ERP系统可支持混合型生产方式的管理，其管理思想表现在以下两个方面。

（1）“精益生产”思想

企业把客户、销售代理商、供应商、协作单位纳入生产体系之中，与之建立利益共享的合作伙伴关系，进而形成企业的供应链。

（2）“敏捷制造”思想

当市场上出现新的机会，而企业的基本合作伙伴不能满足其新产品开发生产的要求时，企业组织一个由特定的供应商和销售渠道组成的短期或一次性供应链，形成“虚拟工厂”，把供应和协作单位看成是企业的一个组成部分，运用“同步工程”组织生产，用最短的时间将新产品打入市场，时刻保持产品的高质量、多样化和灵活性。这是“敏捷制造”的核心思想。

3. 体现事先计划与事中控制的思想

ERP系统中的计划体系主要包括主生产计划、物料需求计划、能力计划、采购计划、销售执行计划、利润计划、财务预算和人力资源计划等，这些计划功能与价值控制功能已完全集成到整个供应链系统中。

另外，ERP系统通过定义事务处理相关的会计核算科目与核算方式，以便在事务处理发生的同时自动生成会计核算分录，保证了资金流与物流的同步记录和数据的一致性，从而可以根据财务资金现状，追溯资金的来龙去脉，并进一步追溯所发生的相关业务活动，改变了资金信息滞后于物料信息的状况，便于实现事中控制和实时作出决策。

学习笔记

通过学习本章内容，想必您已经掌握了不少学习心得，请仔细记录下来，以便继续巩固学习。如果您在学习中遇到了一些难点，也请如实写下来，方便今后重复学习，彻底解决这些难点。

我的学习心得

1. ____________________

2. ____________________

3. ____________________

4. ____________________

5. ____________________

我的学习难点

1. ____________________

2. ____________________

3. ____________________

4. ____________________

5. ____________________

我的运用计划

1. ____________________

2. ____________________

3. ____________________

4. ____________________

5. ____________________

××公司仓库管理制度范本（一）

一、目的

1. 为加强库存及在借物品管理，明确物品出、入库手续及流程，提高公司资金、物品使用率，保证仓库安全，特制定本管理制度。

2. 制度中所指的物品是因销售、生产、工程及研发所需而储存的各种成品、半成品及原材料。

二、程序

（一）物品入库管理

1. 所有物品购入、退回、测试、样品、借用、归还及生产完工成品等，均应经质量部检验合格后入库。

2. 物品入库单为“外购入库单”，由事业部、产品制造部等相关部门办理物品入库手续时负责填写；“成品入库单”由产品制造部办理物品入库手续时负责填写。

3. 仓库人员根据质量部出具的验收合格后的物品入库单及时核对物品编号、名称、规格型号、数量，最长不超过一个工作日核对完毕。若相符，则填写物品入库单实收栏，并根据物品入库单登记物料卡及台账；若不符，则仓库人员予以拒收并立即告知质量部。

4. “外购入库单”第一联由仓库存档，第二联送财务部报账，第三联由质量部存档，第四联由采购部门存档；“成品入库单”第一联由仓库存档，第二联由仓库交递财务部，第三联由产品制造部经办人存档。

（二）物品出库、发货管理

1. 物品出库

持有物品最终使用部门经理或主管部门领导审批后和综合部经理核准后的相关单据方可提货（领导授权亦可），相关单据上必须说明领货原因；套料发放应附“生产通知单”或“生产计划单”和“套料清单”，仓库人员按单的紧急程度及时发料，最长不得超过2个工作日。

2. 物品发货（正式合同）

发货通知单必须经合同执行部门经理和主管部门领导审批，综合部经理核准（领导授权亦可），由仓库人员复核上述手续后方可发货。

3. 物品发货（非正式合同）

发货通知单必须经合同执行部门经理和主管部门领导审批后并经财务管理部经理、综合部经理核准（领导授权亦可），由仓库人员复核上述手续后方可发货。

4. 物品发货（个人借用、返修）

发货通知单必须经所需部门经理、主管部门领导审批、综合部经理核准（领导授权亦可），由仓库人员复核上述手续后方可发货。

5. 所有物品发货由仓库人员负责发出、跟踪至用户手中，并负责跟货运公司核对相关货运资料，发货所产生的费用由相关部门承担。

6. 生产、维修、开发及相关人员：领用物品应办理“物料申领单”；合同出货应办理“成品出库单”；上述单据均为一式三联，第一联仓库存档，第二联交财务入账，第三联由经办人存档。

7. 仓库人员严格按照发货单上拟定的日期组织物品出库，并遵循先进先出的原则，物品上标有生产流水号的应记入物料卡，以防止领出物品的随意调换；物品不全应及时通知相关部门人员。

8. 物品发货

必须检查物品的性能、外观及附件，确认各项无误后，并经质量部人员在相关单据确认后，由仓库人员发货；仓库人员均于出库当日将相关资料准确录入电脑台账，不得隔日作业，以利于物品存量的精确。

9. 因特殊情况，由供应商直接发货给用户的物品，由相关部门、人员及时办理入库、出库、发货手续；同类事项未及时补办手续，原则不准再由供应商直接发物品给用户。

（三）借用物品管理

1. 内部人员借用物品时，应填写“物品内部借用单”，该单据均需经过相关部门经理审核、主管领导批准、综合部经理核准方可借用（领导授权亦可）。

2. 出差在外的人员借用物品时，应填写“借用设备（委托）申请表”并签字确认，该单据均需经过相关部门经理审核、主管领导批准、综合部经理核准方可借用（领导授权亦可）；特殊情况可由他人代填，但要部门领导确定其借用人身份。

3. 仓库每季度将在借用物品情况统计表于下季度首月5个工作日内发出，相关部门经理或指定专人在收到统计表后，根据统计表上所规定的事项及时核对在借物品情况，并在8个工作日内按要求以书面或电子邮件形式反馈到仓库主管处；未按规定及时反馈将通知财务部门从次月起开始从工资中扣除相关部门经理和指定专人或当事人各100元作为罚款。

4. 借用物品期限从发货之日起为三个月，所借物品经质量部检验合格后，方可核销借用账；三个月未能归还，借用人应提出书面申请，经相关领导同意后，可延续再借用三个月；如仍无法归还，由借用部门或当事人按比例承担该物品使用年限的折旧费，若所借物品转为销售合同将返还所扣折旧费。

（四）物品退回与归还管理

1. 合同退回、合同更换、个人借用（出差在外人员）、试用退回的物品，由仓库人员负责接收、记录、处理或再分发给相关人员处理。

2. 合同退回的物品

由相关人员填写“物料退仓申请单”，在备注栏填写客户名称及退回原因、合同号，经部门经理核实确认后，由质量部检验合格后并经综合部经理核准，方可给予办理退库手续。

3. 合同更换物品

先借用物品，由相关部门人员办理“物品内部借用单”手续；待更换物品退回时借用人持“物料退仓申请单”办理合同退库手续，并将办理完毕的单据转给相关部门，由相关部门同时出具发货通知单（即更换物品）和出库单，同时填写“物料退仓申请单”，注明对应出库单据号并由质量部签字确认，以冲减借用人的借用账。

4. 个人退回借用物品

由经办人出具“物料退仓申请单”，标明借用时间、借用单号等，将质量部检验结果转交本部门经理确认，并经综合部经理核准后办理退库手续并销账。

（五）物品报废

1. 物品报废原因

仓库

（1）变质的（生锈、霉变、虫啃、鼠咬等）；

（2）超过使用寿命的；

（3）已不再使用的；

（4）在运输中损坏的。

生产部

（1）因无法维修或无维修价值的；

（2）生产过程中损坏的。

事业部

（1）生产在途时，顾客取消合同的；

（2）因技术更改升级而造成报废的；

（3）已购买，但开发、销售、生产更改滞后，经协调无法退回的；

（4）合同发货后，因系统无法升级而退回的；

（5）已购物品，在生产时发现为不良，经采购人员与供应商协商不可退换的；

（6）借用/试用后，经质量部判定为无法再修品的；

（7）因计划失误导致采购引起的。

2. 物品报废流程

（1）仓库人员统计库存所需报废的物品，由相关责任部门出具“报废申请单”，由质量部和相关部门出具检测结果、财务管理部出具报废物品的价值、相关责任部门和综合部核准后，予以报废，价值在10 000元以上的须呈报企业领导审批；

（2）相关责任部门人员凭具审批后的“报废申请单”和“物料申领单”到仓库办理报废手续。

3. 物品报废注意事项

（1）所有已办理报废手续的物品归仓库保管；

（2）生产部负责将报废半成品、成品上仍可用的元器件拆除（如单板上的IC、电阻、电容等），送质量部IQC检验，合格品办理退仓手续。

（六）账务管理

1. 所有入库、出库均应按照单据所规定内容详细填写，不得涂改，成品发货必须附有"发货通知单"，否则仓库人员拒绝入账或发货；

2. 物品入库和退仓，该单据必须经质量部检验合格，相关领导签字确认后方可入账；

3. 物品账必须与单据一致，每月底自查，发现操作错误及时更改，若隔月则需查明原因，并由经办人写明调整单，报物控主管审核、综合部经理审批后方可调整，并通知财务部；

4. 经办人月底将当月发生单据装订成册，由仓库专人负责保管；

5. 仓库人员每周及时将单据交于财务部，以便财务入账。

（七）仓库管理

1. 按现有仓库面积，规划平面图，分别按料号次序摆放，并将各物品型号、规格用标签纸列示于物品前，各项物品对应陈列其后。

2. 仓管员对于所经管物品的排列以利于先进先出的作业原则分别决定储存方式及位置。

3. 遵循6S原则（整理、整顿、清洁、清扫、素养、安全）。

4. 未经检验的物品，摆放在指定区域。

5. 检验合格的物品，及时入库贮存。

6. 换货、报损的物品区分存放，并单独记账。

7. 非货架贮放的物品，不可超高、压线、倒置、重压。

8. 禁潮物品应做好防潮措施。

9. 保持适宜的仓贮温、湿度条件

温度控制在5℃～35℃之间，湿度控制在40%～85%之间，由仓管员负责将每日点检结果记录于"仓库温、湿度点检表"中。

10. 易燃、易爆、易腐蚀的物品应分开贮存，并加以明显的警告标识。

11. 仓库内严禁烟火，不得使用过分发热而可能造成火灾、危险的电器。

12. 庞大、笨重物品放下方；轻便、小件物品放上方。

13. 物品堆放不宜过于紧密，保留间隙及库房进出通道顺畅。

14. 易碎、易破物品须轻取轻放。

15. 配套物品应成套存放，以防混乱。

16. 每月28号前结账，并发送当月物品库存情况给相关部门。

17. 年中、年末，仓库会同财务部、质量部对物品进行盘点，查实物品的料号、品名、规格及型号，核对物品数量是否与账面一致，并随时接受主管部门及财务部检查人员的抽查。

18. 出具盘点报告，出现盘盈或不可避免的盘亏情况，由仓库主管呈报部门领导、公司领导核准后调整，若为保管不善引起则由保管人员承担相应赔偿责任。

三、附则

1. 本制度由综合部起草，公司领导核准，解释权属综合部；

2. 凡公司以前之制度、规定与本制度有冲突的，以本制度为准；

3. 本制度由综合部负责修订，修订周期为半年，报企业领导审批后颁布执行。

四、附表

1. “外购入库单”（略）

2. “物料申领单”（略）

3. “物品内部借用单”（略）

4. “成品入库单”（略）

5. “成品出库单”（略）

6. “物料退仓申请单”（略）

7. “发货通知单”（略）

8. “借用设备（委托）申请表”（略）

9. “报废申请单”（略）

附录

××公司仓库管理制度范本（二）

一、物资的验收入库仓库管理制度

1. 物资到公司后，库管员依据清单上所列的名称、数量进行核对、清点，经使用部门或请购人员及检验人员对质量检验合格后，方可入库。

2. 对入库物资核对、清点后，库管员及时填写入库单，经使用人、货管科主管签字后，库管员、财务科各持一联做账，采购人员持一联作请款报销凭证。

3. 库管要严格把关，有以下情况时可拒绝验收或入库。

（1）未经总经理或部门主管批准的采购。

（2）与合同计划或请购单不相符的采购物资。

（3）与要求不符合的采购物资。

（4）因生产急需或其他原因不能形成入库的物资，库管员要到现场核对验收，并及时补填“入库单”。

二、物资保管仓库管理制度

1. 物资入库后，需按不同类别、性能、特点和用途分类分区码放，做到“二齐、三清、四号定位”。

（1）二齐：物资摆放整齐、库容干净整齐。

（2）三清：材料清、数量清、规格标识清。

（3）四号定位：按区、排、架、位编号定位。

2. 库管员对常用或每日有变动的物资要随时盘点，若发现误差须及时找出原因并更正。

3. 库存信息及时呈报。须对数量、文字、表格仔细核对，确保报表数据的准确性和可靠性。

三、物资的领发仓库管理制度

1. 库管员凭领料人的领料单如实领发物资，若领料单上主管或总经理未签字、字据不清或被涂改的，库管员有权拒绝发放物资。

2. 库管员根据进货时间必须遵守"先进先出"的仓库管理制度原则。

3. 领料人员所需物资无库存，库管员应及时通知使用者，使用者按要求填写请购单，经总经理批准后交采购人员及时采购。

4. 任何人不办理领料手续不得以任何名义从库内拿走物资，不得在货架或货位中乱翻乱动，库管员有权制止和纠正其行为。

5. 以旧换新的物资一律交旧领新；领用的各种工具均要上工具卡，并由领用人和总经理签字。

四、物资退库仓库管理制度

1. 由于生产计划更改引起领用的物资剩余时，应及时退库并办理退库手续。

2. 废品物资退库，库管员根据"废品损失报告单"进行查验后，入库并做好记录和标识。

附录

××公司仓库管理制度范本（三）

一、库房管理目的

（一）仓库标准化管理，保证材料及产品在存储期间的质量。

（二）及时为生产提供优质的材料、零配件以及半成品。

（三）及时为销售部门提供合格优质的产成品。

（四）明晰、完整、及时记录出入库情况，定期向财务部汇报数据。

（五）出入库管理办法：原材料和成品按以下九个大项分类管理。

1. 塑料件；

2. 橡胶件；

3. 标准件；

4. 电子件；

5. 电机；

6. 软化剂；

7. 外加工；

8. 包装物；

9. 产成品。

二、原材料入库

外购原材料到货后，库房管理员应按实际情况填写“入库单”，并仔细核对物资的数量、规格、型号，核对无误后入库。

三、产成品入库

（一）经品质部验收合格并填写“检验移交单”后入库。

（二）对需要质量验收的原材料进行验收。

四、入库时先标识

（一）待验品按规定及时通知质检部门进行验收，经认定合格的原材料放入指定合格品区域；判定不合格的原材料则标识“不合格品”标识，隔离堆放。

（二）在验收过程中发现数量、规格型号、颜色、质量及单据等不符合时，应立即向有关部门反映，以便及时查清、解决问题，必要时通知对方。

五、对临时寄存在库房的货品，必要时划出区域，隔离存放，做好“待处理品”标识。

六、对退货产品的处理应按“退货单”进行清点和出入账，并查明退货原因。退货属返修产品的，需报生产部与供应部，由生产开具“返修产品领料单”进行返修；退货属报废产品的，由品质部验收签字后入废品库，并报总经理批准后进行报耗。

七、对于不合格品、生产过程中合理消耗产生的废品需入废品库，经品质部和生产相关责任人签字后方可入库。废品库需明确划分。

八、入库物资的堆放必须符合先进先出的原则。

九、入库物资应及时入库。

十、原材料的出库与发放

（一）凡属产品配套原料，由生产部出具“生产通知单”和“生产领料清单”。由仓库保管员进行分解消化，车间专人来领取原材料，严格按“生产领料清单”的规格、型号、数量等发放。

（二）由于生产过程中造成报废或损失而需进行补料的，则需由生产部开出“补料单”后方可发放。

（三）非生产所用的物资发放，需严格审批手续、必要时需财务副总经理批准，凭“领料单”发放。

（四）物资（包括成品）的发放力求先进先出，具体按仓库物资先进先出执行规范进行操作。当面点清数量，核对规格名称，并及时登记处入账（手工及电脑账），做到账物相一致，账账相符。

（五）废品库内物资由生产部负责处理，保留处理清单，并负责组织出库，仓库人员严格清点数量，出库时开具产品出库单，并及时登记入账。

十一、物资贮存与防护

（一）物资定期盘点数量，确认库存的余缺情况，上报相关部门，并由财务部进行抽查。

（二）仓库应编制平面定置图，将物资合理布局，合理存放，禁止混放、倒塌和包装破损，妥善保管，杜绝积压，反对浪费，及时提供相关信息。

（三）仓库做到通风、干燥、清洁、安全，防尘和避光，防止产品损坏变质。储存易燃物品的库房还应做到密封，并远离火源、热源。

（四）有色金属上货架，保持通风；非金属及电器材料，应分品种、规格、型号存放，摆设合理。

（五）做好物资的标识管理，包括产品标识及监视和测量状态标识，严防误用。

（六）对有贮存期限要求的物资，按时检查库存情况，以便及时发现变质苗头。对超期物资标志待处理标识，及时开具送验单交品质部重新验证，验证符合要求的标志“合格品”可继续使用，不符合要求的标志“不合格品”识移交废品库，并做好记录。

（七）对于长期库存（既超过质保期限经质检部合格的库存物资）在电脑账及手工账中做好标识并及时及通知财务部。

（八）非工艺损耗或其他原因而产生的材料多余，仓库必须及时配合车间做好退料工作，退料需查清余料原因，核对材料的应余数，及时办理退料手续及入账。

（九）对于残余的原材料或不满包装的材料根据实际包装情况，进行封口或封箱处理。

十二、应急情况处理

（一）遇到紧急情况如失火及突发性天灾时应及时联络值班领导，及时采取相应的措施。

（二）灭火使用泡沫及干粉灭火器（易燃物品需使用泡沫灭火器）。

十三、库房管理规定

（一）公司各类库房指定专人负责。

（二）采购人员购入的物品必须附有合格证及“入库单”，收票时要当面点清数目，检查包装是否完好，发现短缺或损坏，应立即拆包核查，如发现实物与入库单数量、规格、质量不符合，库房管理人员应向交货人提出并通知有关负责人。

（三）库房物品存放必须按分类、品种、规格、型号分别建立账卡。

（四）严格管理账单资料，所有账册、账单要填写整洁、清楚，计算准确，不得随意涂改。

（四）严格执行出入库手续，物资出库必须填写出库单。

（五）库房物资未经允许不得外借，特殊情况须由总经理或副总经理批准，并办理外借手续。

（六）每月需对库房进行盘点、整理，出现账实不符及时上报，不得隐瞒。

（七）严格按照公司管理规定办事，不允许非工作人员进入库房。

（八）库房管理要做到清洁整齐、码放安全、防火防盗。

（九）库房内严禁吸烟，禁上明火，禁止无关工作人员入内，库内必须配备消防设施，做到防火、防盗、防潮、防鼠，相关管理制度张贴于明显位置，禁烟、禁火标识应设置于库房大门外。

（十）因管理不善造成物品丢失、损坏，物品管理人员应承担不低于物品价值20%的经济损失。

十四、本制度自颁布之日起实施。